帝国的智囊团

大清名相

古 岳／著

中国华侨出版社

总序

居庙堂之高则忧其民；处江湖之远则忧其君。是进亦忧，退亦忧。
然则何时而乐耶？其必曰"先天下之忧而忧，后天下之乐而乐"乎？
噫！微斯人，吾谁与归？

这是宋代范仲淹在他的代表作《岳阳楼记》中留下的千古名句。
一段话道尽了自己身为庙堂之臣的心路历程。事实上，这也是历史上
这群被称作宰相的人所处的尴尬位置，和他们当中的杰出者的崇高志
向的真实写照。

宰相可以说是古往今来最令人为难的职务。虽然历朝历代称呼不
同，秦、汉、唐都习惯叫丞相，宋代叫参知政事，明代叫内阁首辅，
清代叫军机大臣，但其职权范围却变化很小。我们可以用"总理政务，
调和阴阳"这八个字来概括其职权范围。

何谓"总理政务，调和阴阳"？"总理政务"指的是宰相的日常工
作。皇帝身为一国之君，在国事上可以抓大放小，但宰相身为百官之
首，在国事上却必须事无巨细。全国大大小小的事务由各部门统一汇

总到宰相那里，宰相再选择其中最重要的部分呈递给皇帝御览，这是中国自古以来最基本的行政流程。

"调和阴阳"指的则是宰相在国家机器当中所扮演的角色。事实上，宰相向来都是皇帝与百官之间的枢纽。在皇帝眼中，宰相是百官之首，是百官的代言人；而在百官眼中，宰相却是皇帝的助理，是皇帝的代言人。因此，身为宰相，就必须懂得如何调和阴阳，平衡皇帝与百官之间的关系。

这两点既是宰相的职责，同样也成了宰相难做的原因。总理政务让宰相庶务缠身，一刻不得清闲；调和阴阳又使得宰相劳心劳力，时时在皇帝与百官之间斡旋。由此可见，国之宰辅一方面位高权重，于运筹帷幄之间决定整个国家的兴衰荣辱；另一方面却又不得不忧谗畏讥，小心翼翼，否则这一刻还"居庙堂之高"，下一刻便会被流放，"处江湖之远"。

正是由于宰相这个职位的特殊性，使得宰相这个群体拥有了别样的精彩，这也正是本套丛书成书的原因。身为个人奋斗所能达到的最顶点，身为国家政策的制定和执行者，我们可以在历代的宰相们身上看到个人奋斗与王朝兴衰之间那千丝万缕的联系。

由此，本套丛书选取了秦、西汉、唐、北宋、明、清这 6 个最有延续性也最具代表性的朝代，每个朝代选取数位名相。透过他们的个人经历，我们可以清晰地看到一个王朝的发展脉络，看到这个王朝究竟因何而兴、为何而衰。

以史为鉴，可以知兴替；以人为鉴，可以明得失。古之名相，无不是人中之杰，今之人可以此为鉴。

目录
Contents

目录
Contents

第二篇　张廷玉——屹立不倒，肱骨汉臣

目录
Contents

目录
Contents

第一篇

陈廷敬
——为官是典，治学为范

陈廷敬，康熙年间重臣，为官五十四年，升迁二十八次，历任吏、户、刑、工四部尚书，官至文渊阁大学士。在治国、修书、写诗、治学方面均有重大成就，康熙称他为"老大人"、"极齐全底人"。

　　什么样的出身、教育、原则、志向，能使一个人获得如此多的成功和赞誉？什么样的人生轨迹，才能成为万世的典范？陈廷敬给了人们一个明确的答案。

第一章
年幼志向，要使物皆春

　　出身诗书之家，年少得志，平步青云，陈廷敬的入仕生涯几乎没有什么波折，他是一个幸运者，更是一个心怀远大志向的幸运者，在他九岁的时候，就写出"要使物皆春"这样的诗句，渴望一展才华，使万物得其所，见其春。

书香传家

　　洛阳以北，临汾、交城以东，有一座依山傍水的村落，村子有个颇大气的名字：皇城村。过去，这个地方叫中道庄。中道庄有个陈氏家族，明宣德四年（1429 年）从山西泽州迁居于此。陈氏家族世代注重读书和科举，从明朝到清朝，陈家培育了 41 位贡生、19 位举人、9 位进士、6 位翰林。是名重一时的书香之家。其中最有名的子孙是康熙朝的陈廷敬。

陈廷敬，明末崇祯十一年（1638年）十一月二十七（阳历12月31日）出生于中道庄，原名陈敬，字子端，号说岩、午亭等。这个生于明朝末世的男孩有旁人羡慕的好运气。中道庄远离朝廷战火，他并未尝过战争的苦头。到了记事的年纪，改朝换代业已完成，他所在的小村庄平静地接受了清朝的统治。到了参加科举的年龄，他恰好遇到了重视汉族文化的顺治帝，并没有因汉人的出身被统治阶层排斥在外。

不止如此，待到他身居官场，他遇到的更是千古一帝康熙，这位开创了康乾盛世、具有雄才大略又重视人才的帝王一直重用陈廷敬，陈廷敬为官五十四年，升迁高达二十八次，曾在吏部、工部、户部、刑部等部门任职，并常伴康熙左右，担任帝王讲师。陈廷敬不但官运亨通，还是著名的经学学者、清朝有名的诗人，如此辉煌的人生轨迹，让人羡慕不已。

想要了解陈廷敬，先要了解一下他的家族。

陈氏家族最大的特点，就是重视读书教育和道德培养。在陈廷敬之前，最有名的人莫过于三世祖陈秀，这位"工诗善书，若出天授"的县级官员并没有名留青史的传奇经历，却因为为官时的善政得到了乡亲们的称赞。他还写了许多童谣，教给子孙勤学苦读、为人处世的道理，其中有这样的训诫：

百岁光阴易掷梭，痴儿莫得等闲过。

起家绍业由勤俭，处事交人贵缓和。

酒饮三杯须用止，书攻万卷未为多。

我今欲着灯窗力，冀点秋霜奈老何。

刻苦、勤俭、谨慎、博学，这是陈秀为子孙后代定下的原则。在陈廷敬身上，可以清楚地看到这些特点。自陈秀之后，陈家人把"读书—科考—为官"当作整个家族的正途。陈家的生计主要来自农田，此外，有人曾经营铸铁生意。陈家不算大富大贵，但经常赈济村民，在地方上享有美誉。这也是因为陈家代代都是读书人，把急公好义、扶持危难当作美德和责任。

　　陈廷敬就生在这样一个家族。刚出生的时候，他的名字叫陈敬，改名是后来的事。他的父亲叫陈昌期，从小刻苦攻读诗书，成绩一向不错。但科举考场人才济济，陈昌期并没有如愿高中。倒是他的哥哥陈昌言在明朝时考中了进士，并在朝廷为官，陈昌言牢记家族教育，为官清正有廉名，不但政绩好、名声好，学问也好，还曾出过自己的文集。

　　陈昌期因哥哥在外，就主动担起了家族的担子，撑起家业。这一对兄弟自幼便比一般兄弟更为互敬互爱，直到各自娶妻生子也没有分家，而是和睦共处，待对方的孩子如自己的孩子，此事一时传为美谈。

　　家族的友爱与正气，以及陈昌期对子侄们的严格要求，让陈廷敬从小就能把所有注意力都放在做学问上。他平日除了跟随家塾里的老师读书，还经常聆听父亲的教诲。陈昌期虽没能像哥哥陈昌言一样中举，却是一位对理学有多年研究的宿儒，整个州县都知道他的名声。他教导子侄们读书的目的是学以致用，从这一点来看，就可知陈昌期不是个腐儒。

　　陈廷敬的母亲张氏也是个读书人。陈家重视书香世家的清贵名声，为儿孙安排婚姻时，在择人上大下功夫。张氏的祖父张之屏是明朝的进士，父亲考中过举人，两代人都曾为官，张氏不但是名门闺秀，还是个才女。她从小就显示出读书的天赋，在"女子无才便是德"的时代，女子的才华并不被看重，但张氏的父亲为人开明，在家中教授女儿读四书五经，乃至《资治通鉴》。嫁进陈家后，张氏做家务、读书两不误，一有闲暇就拿起书本，或与丈夫研读经义，夫唱妇随，其乐融融。

陈廷敬继承了父母二人的优良基因，从小就显出了好读书、爱做学问的本色。孩子太小还不能进私塾，丈夫事忙不能每日陪孩子读书，张氏便主动做了陈廷敬的启蒙导师，每天教孩子识文断字，如此几年，直到陈廷敬六七岁的进学年龄，陈昌期为儿子请了一位王姓塾师，陈廷敬正式开始读书。

陈廷敬的早年教育

和所有寒窗数载的学子一样，陈廷敬从六七岁进入学堂，识文断字，学习句读。塾师王先生惊讶地发现，眼前的小小童子早已识得许多文字，能够自行读书。陈廷敬爱看书，家中藏书丰富，满足了他的学习需要。不论新书旧书，他都一本接一本地看，胸中学问着实不少。因受父亲的影响，他对理学类书籍特别爱好，特别是理学家薛瑄的著作，让他大为佩服。

孩童难免贪玩，学习没长，父亲常年务农理家，母亲继续承担管教陈廷敬的任务。白天，陈廷敬跟着王先生读书；晚上，张氏点起烛火，在灯下监督儿子温习当天的功课，不亚于一位严师。陈廷敬在两位老师的教育下，打下了坚实的古文基础。又因广泛阅读，积累了丰富的学识，他的成长人人都看得见。

特别是被陈家聘用的王先生，陈廷敬的聪明、好学让他为之自豪，也给他带来很大的心理负担，他清楚地知道，这个不到十岁的小孩的学识已经远远地超过了同龄人，赶上老师指日可待。他怀着复杂的心情继续教导陈廷敬，回答陈廷敬提出的越来越难的问题，自感不能胜任。

陈廷敬十岁那年，王先生认为自己的学识不足以继续辅导陈廷敬，提出辞职。陈昌期一面感激地送走了这位负责任的老师，一面为儿子如何继续学习而伤脑筋。想来想去，陈昌期决定让儿子跟着他的堂兄陈元学习。

陈元，是陈昌期的哥哥陈昌言的儿子。陈昌言常年在外，陈元的教育由陈昌期一手包办，十几岁的时候，他就成了州县有名的才子，古文造诣更比一般人深厚。陈廷敬一向敬佩这位堂兄，便欣然随着陈元学习如何写文章，如何鉴赏古文，不亦乐乎。陈元有学问，还是个好老师，在他的悉心辅导下，陈廷敬的古文造诣、文笔思路逐日提高。

陈家以考取功名为事业，祖祖辈辈都在读书的道路上努力着，陈廷敬从一出生，就注定要走上父辈、祖辈为安排好的道路，努力学习，参加一级一级的考试，考不上就继续读、继续考。陈家是科举社会的一个缩影，一个家族、一个家庭想要提高自己的社会地位，科举是最安全、最有效的途径，于是，千万个家族、家庭、个人在科举的道路上一试再试，落榜的、失意的读书人远比风光腾达的要多。

一家之主陈昌期自己虽然放弃了对功名的追求，却以更加严格的态度对待子侄。他对陈元和陈廷敬一视同仁，一旦发现他们在学业上有松懈，在品行上有错误，就会终日呵责。严父之威，让幼小的陈廷敬早早地学会明断是非，修身克己，也早早地认定了自己将来的道路，更难得的是，陈廷敬从一开始就有远大的志向，他的思想境界，远远高于同辈的人，甚至高于他的父兄祖辈。

　　在陈廷敬九岁的一天，他在纸上写了一首诗：

《咏牡丹》
牡丹春后开，梅花先春坼。
要使物皆春，定须春恨释。

　　这首诗看似简单，含义却很深刻。只有使春花、春草，乃至世间万物消除花开花落的伤感和遗恨，才能令百花盛开。人与人、人与事的关系又何尝不是如此？倘若人人都能学会"释恨"，世间万事便能像春天一样和谐、温暖。这样的诗由一个仅有九岁、未经世事的孩子写出来，怎能不让人惊讶？

　　陈廷敬的母亲首先看到这首诗，她大吃一惊，说："此子欲使万物皆其所也！"母亲看到自己的儿子胸怀大志，深感自豪。这首诗很快传了出去，听到的人都不由得夸奖孩子的志向远大，纷纷预言其前途不可限量。当同龄人还在为"句读之不知、惑之不解"而烦恼时，陈廷敬已经表达了要使万物皆春的雄心壮志，这也许注定了他会成为一个国家的栋梁之才。

十四岁

陈廷敬十四岁那年，成家，"立业"。

那年是顺治八年，一年前，清朝摄政王多尔衮死于塞外，顺治开始亲政。多事之秋，国内上下都兴起抗清起义，顺治是个有政治头脑的皇帝，他决定采取怀柔政策，改变了过去四处围剿的强硬态度，对农民以招降、安抚为主。同时，他大力发展农业生产，又不断启用汉族官员经略各地，局势正在慢慢地朝有利于清朝的方向发展。

中道庄依然是个安全又宁静的地方，陈廷敬在父母安排下，娶了一位贤惠的妻子。妻子王氏是前朝吏部尚书王国光的玄孙女，符合陈家一向的择媳标准。人逢喜事精神爽，陈家上下一片喜气，更让他们高兴的是，十四岁的陈廷敬已经通过院试，成了秀才。

清朝沿用明朝的科举制度，童子接受教育，可以选择私学。私学，是指家族或个人聘请有学问的儒士来教导家中子弟。也有国家创办或地区做慈善的富人创办的学校，经过初步教育的学子都有资格参加国家设立的科举考试，他们被称为童生。

童生想要成为秀才，需要参加童子试，经过三级考试。

第一级，县试。以陈廷敬为例，他需要在考试前在县上报名，填写自己的姓名和父母、祖父母、曾祖父母的姓名以及履历，还要有一张县上开具的身份证明，证实自己清白的身份。这次考试一共有五天，每天一早就进场，写完交卷离场。考试内容主要是根据四书五经写文章，还要考写诗。这些都是旧时文化人的基本功。

第二级，府试。通过二月的县试，才能参加四月的府试。府试的考试方式、内容与县试大同小异，只是竞争更为激烈。

第三级，院试。这场考试由各省学政主持，规章制度更为严格。考生进入考场前要经过严格的检查，以防止夹带小抄。学政在考场中亲自点名，以防止有人冒名顶替。一旦通过院试，就能入府学习。

陈廷敬在潞州参加院试，有意思的是，他的父亲也和他在同一天考试。在科举制度盛行的明清时代，父子同场考试的事并不新鲜，还有一些人读了一辈子书，也仅仅是个童生或秀才。在古典白话小说中，经常有老童生或老秀才一类的人物。

院试和县试、府试有所不同，在考试之前，须先安排一场加试，才进行主场考试。加试主要考考生对四书五经和历史的见解，也有考官考诗词歌赋，考生必须能够随机应变，显示出自己的学识和才能，这大大增加了难度，难怪一些死读书的人一辈子也考不到一个秀才。

陈廷敬没有这个顾虑，他为人聪明，家学渊博，从小就随着父亲攻读经典著作，又随着堂兄学了几年文章法度。考官对他询问一番，知道他很早就能写诗，想来诗词难不住他，就偏偏让他释义五经，陈廷敬张口就来，让考官连连称赞，认为陈廷敬是这届童子中最好的一个。

考试结果，陈廷敬果然拿到了第一名，风光地进入潞安府学，也就是官学。童生参加选拔考试后，合格者可以进入官学读书。官学，是由国家出资创办的学校，有府学、州学、县学之分。学生称为秀才，他们跟随学官学习，有教材要求以及严格的纪律。每到三年，便可以参加岁考。

三年后，在府学经过三年学习的陈廷敬参加乡试，可惜这一次未能考中。考场失意是常事，陈廷敬没有泄气，继续努力攻读书本。在此期间，他的大儿子陈谦吉出生，仍在修学的他感到了为人父的喜悦，肩上也多了更多的责任。第二年，他二十岁，再次参加乡试，这一次，他中了举人。

十四岁中秀才，二十岁中举人，这是一个少见的好成绩。第二年，陈廷敬遇到了好时机。重视人才、急需大量官员的顺治帝增加了恩科，举行会试。按照惯例，陈廷敬中了举人后要等三年后才能继续考试，没想到他能在中举的第二年就去北京参加会试。

这是顺治十五年（1658年），陈廷敬自信满满，赴京赶考。榜单一出，果然榜上有名，二十一岁的陈廷敬中了进士。这次会试共取士三百四十三人，会试成绩分三等，分别是一甲三人（也就是俗称的状元、榜眼、探花），二甲八十名，三甲二百六十名。这些来自全国各地的才人们经过层层选拔，脱颖而出，从此踏上"国家公务员"之路，成绩不同，待遇也有差别。

一甲三名是人中魁首，直接进入翰林院为官，其余三百四十人还要经过一次考试，成绩优秀的被挑选为庶吉士，其他人则直接授予低等官职，去地方上当知县或主簿。陈廷敬虽然没能高中一甲，但被选为二甲庶吉士。

庶吉士又名庶常，是明代和清代设立的职位。朝廷会在科举进士之中选择一些有潜力的人进入翰林院。庶吉士没有官职，他们需要到翰林院进行长达三年的学习，三年后毕业考试，及格的人授予官职。

这次重要的考试也有一个专有名词——散馆。

从入学到散馆，课业的安排比从前更加紧张，如果庶吉士能顺利完成学业，等待他们中成绩优异的人的将是翰林院内的好职位，这种情况称为"留馆"。这些职位官阶虽不高，却靠近权力中心，很容易直接被授予重要职务，也是内阁大臣的重要来源。可以说，这三年的学习，就是当代人说的"镀金"，经过三年镀金，一个人的身价便远远高于同期那些被安排到地方当官的进士。

翰林院是一个新的起点，陈廷敬将在这里接受最高等的国家教育，结交更多的朋友，为自己今后的官宦事业打下坚实的基础。为此，他拿出十二分的精神，每日早起晚睡，博览群书，完成课业。他的努力，所有人都看在眼里，他的优异成绩，更是有目共睹的。

更名

庶吉士的生活并不枯燥。

庶吉士没有官职，就没有俸禄，但国家每个月都会拨给他们足够的生活费，保证他们衣食无忧，能够专心于学业。他们平日除了上课，也有大量的课余时间，可以看书吟诗，沟通有无，结伴同游。庶吉士中的上进者以留馆为目标，抓紧一切时间学习；也有人只希望顺利散馆，被授予一个差不多的官衔，他们显得很有余暇。

庶吉士们有一项重要修业，就是学习满文。对于从小拿汉语当母语的人，早已习惯了汉语思维，突然要学习一门外语，实在困难。何况满文不似汉字那样有象形含义，易学易记，一眼看去，满文书籍中每个字都长得差不多，想要辨认都不容易。庶吉士们只能从零开始，勤学苦练，陈廷敬也一样。

重视人才的顺治帝，还会亲自到庶吉士们学习的场所，询问他们的学习状况，和他们交谈。作为庶吉士中一等一的好学生，陈廷敬更是得到了皇帝的重视。顺治记住了这个好学生，有时去游玩时，便下旨召陈廷敬前去，有时还会与他谈话，亲切地询问他的生活情况，用陈廷敬的话说，"延问如家人"。可见从一开始，陈廷敬就很合皇帝眼缘。

难得的是，陈廷敬并没有因为顺治特别的欣赏而变得骄傲自满，他的年纪并不大，也没有经历过挫折，一般来说，这样的年轻人最容易得意忘形，被眼前的成绩冲昏头脑。陈廷敬却是天生的沉稳冷静，别人越是重视他，他就越知道分寸，越知道其中的危险，行动上越是小心谨慎。

从一件小事上，就能看出陈廷敬缜密的个性。

在顺治十五年的会考中，有两个叫"陈敬"的人，一个来自山西泽州，一个来自直隶通州。当时陈廷敬尚未更名，为了区分，常被叫作"泽州陈敬"，另一位则叫"通州陈敬"。后者也和陈廷敬一样，被选为庶吉士。

通州陈敬自从进入翰林学习，便有些轻慢骄狂，在学业上不肯用功。庶吉士也有考试，在第一年的考试中，泽州陈敬名列前茅，而通州陈敬不但其他成绩不好，满文成绩还没达到及格线。顺治帝下了一道旨意，惩罚了包括通州陈敬在内的几个满文不及格的庶吉士。

没过几天，陈廷敬就提出了一个合理的请求，他说二人同名陈敬多有不便，希望能更改自己的名字。于是，他的名字便被加了一个"廷"字，更名为陈廷敬。

陈廷敬的担心不无道理。二人同名，通州陈敬给皇帝和身边的人都留下了不用功的坏印象，这种印象难免会影响到陈廷敬，毕竟，皇帝每天要面对数不清的官员、学子、侍卫，很难一一记住别人的名字，倘若顺治将泽州陈敬当作通州陈敬，或者哪位高官也有类似误会，将会大大影响他的声誉和前途。

陈廷敬的这个行为，也来自他平日的观察。他和通州陈敬同窗共读，自然知道其为人如何，划清界限，是为了让自己不受连累。一年后，通州陈敬又一次因为成绩不好受罚，这一次，他失去了庶吉士的地位，"俱著革退，永不叙用"。而陈廷敬早已更名，仍然是皇帝赏识的学生，还取得了会试同考官的资格。

顺治十八年（1661年），陈廷敬以散馆第一的好成绩被授予内秘书院检讨一职。同年，顺治帝驾崩，年幼的康熙即位。因康熙只有六岁，顺治遗诏索尼、苏克萨哈、遏必隆、鳌拜四位大臣辅政。这四位满清贵族排斥汉族文化，排挤汉族官员，相对顺治帝在位时开明的文化政策，四大臣的专断使汉族官员惴惴不安。此时陈廷敬的母亲生病，他思母心切，就于第二年请了个长假回乡探亲。一来可以服侍母亲，二来可以借机观察时局。这一去，就是三年之久。直到康熙四年（1665年），他才返回京城。

第二章
帝师帝友，廉政清风

1661 年，陈廷敬 24 岁，康熙帝登基。从康熙亲政开始，陈廷敬就受到了相当的重视，官位连连提升，并当上了日讲起居注官，常常给皇帝讲课。

常言道：伴君如伴虎。陈廷敬与当朝帝王相处几十年，一直受到倚重，他是如何处理君臣之间敏感的关系的呢？

青云直上

每个饱读圣贤书的儒者都有这样的人生目标——经世治国。陈廷敬也是如此。回到京城后，他仍然被授予检讨一职。但京城的环境并不理想，皇帝年幼，政事全由鳌拜决断，即使康熙宣布亲政，这种情况也没有得到好转。陈廷敬在翰林院工作，每日读书修书，看似远离朝堂纷争，但翰林院是清朝的高级人才库，但凡朝堂大事，翰林院无不知晓，看到鳌拜专横，少主无权，翰林院的一干书生暗暗焦急。这期间，陈廷敬负责编写《世祖实录》。

康熙八年，发生了一件振奋人心的大事，年仅十六岁的爱新觉罗·玄烨设计擒拿鳌拜，清理了鳌拜一党。少年皇帝显示出的老成果断，令人震惊，也让人佩服。接下来，包括陈廷敬在内的汉族官员迎来了他们的春天，康熙帝继承了顺治帝的文化政策，这意味着汉族官员将会获得重用，甚至能够与满清贵族官员平起平坐。

果然，在翰林院干了好几年却没有升职的陈廷敬，当年就被提升为国子监司业。国子监是当时中国的最高学府，也就是历史上"太学"的延续。清太祖首先提出在北京修葺国子监，顺治帝按照明朝旧制设置国子监的官职。国子监的主要教学内容是"六学"，包括国子学、太学、四门学、律学、书学和算学，为的是培养高级治国人才。国子监最高官员为祭酒，相当于全国的教育部长和国子监校长，其次为司业，相当于副校长。

陈廷敬由从七品官升为正六品官，又是这样一个重要位置，他自然不敢怠慢。很快，他发现国子监内有个陋习，但凡学生入学，都要带着礼品去拜见国子监的官员。陈廷敬立刻下令：今后新生入学，一律不许送国子监官员礼物，以免有舞弊之嫌。这是陈廷敬第一次以官员的身份理事，显示出他今后的为官特质：清廉，正直，强硬。

在国子监，陈廷敬的主要工作是主管教学，他还要继续负责《世祖实录》的编撰工作。因为工作认真，为人严明，他又被封为奉政大夫。到了康熙十一年，他已经升迁五次，成为翰林侍讲学士。又因为《世祖实录》完成，成为日讲起居注官。

日讲起居注官是一个重要职位。这个有点长的官名包括"日讲"和"起居注"两个职能。日讲，负责为帝王讲解经史子集，回答帝王学习过程中的疑问。起居注，就是记录帝王的一言一行。日讲起居注官一般由翰林院的资深学者担任，既有满人也有汉人。其中那些直接给皇帝讲课、接受皇帝询问的官员，无一例外地成为康熙的近臣。

　　日讲起居注官也有内部分工，有人负责编写、检查讲课文稿，有人负责直接给皇帝讲课。陈廷敬上任之初，自然负责幕后工作。他的主要职责在起居注这一方面，他要记录康熙每日的旨意，也要在康熙接见官员的时候旁听记录。

　　能者多劳，康熙十二年（1673年），朝廷举行武会试。顾名思义，武会试与文会试相对，是为了考察武生才能的科举考试，也称武举。武举第一名的进士叫作武状元。这一年的武举加了策论内容，为的是选拔"重武兼重文"的全面人才，结合之后平三藩、定漠北、战俄国的清朝历史，当时的清朝，的确需要文武兼备的战略性帅才。从武举入手引导人才方向，可见康熙皇帝目光长远，用心良苦。

　　陈廷敬任副考官，他非常赞同康熙的这一举措，他认为一个人只知习武，不知韬略文墨，就只能当一个小兵，最多不过当一个裨将，根本无法胜任将帅。这一年武会试，一个叫郎天诈的浙江人一举夺魁。陈廷敬也因工作得力，受到了康熙越来越多的重视。

　　康熙对陈廷敬的重视，来自多年的观察。陈廷敬最初的升迁靠的并不是谁的提拔，而是资历和认真的工作态度。他为人不逢迎，不结党，不取巧，只把做好工作、让人放心，当作自己的资本。对康熙而言，陈廷敬，最初不过是翰林院众多小官中不起眼的一个，这个名字出现的次数多了，康熙自然有了印象，稍稍观察，就发现此人为人严肃，办事可靠，于是，康熙越来越习惯将重要的任务交给陈廷敬。

康熙十四年（1675年）二月，康熙次子胤礽被立为太子，正位东宫。康熙对太子寄予厚望，特从翰林院选拔大儒担任太子的讲师。陈廷敬被升为詹士府詹士。詹士府，就是负责辅助太子的机构，詹士，则是詹士府的主要负责人，为正三品官。从康熙八年到康熙十四年，陈廷敬由七品小官升到正三品高官，可谓青云直上

这六年，陈廷敬虽然升迁快，但所做的工作仍然离不开编书和教学，离他那经世治国的志向尚有一定的距离。历史没有辜负陈廷敬的努力，又过了两年，他终于得到了机会。

帝王之师

康熙十六年，陈廷敬登上职业生涯的新台阶，他被擢升为翰林院掌院学士。

翰林院是国家最为权威的学术机关，负责科举会试、人才选拔、培养高级人才、编撰国家丛书、皇帝的日讲等工作，翰林院的掌院学士享有正三品地位。此时，陈廷敬身兼数职：掌院学士、礼部侍郎、詹士府詹士、日讲起居注官。没多久，他又被授予教导庶吉士的重任，而且开始直接为康熙讲课。

康熙不同于初入翰林院的庶吉士，他虽然年轻，却是个饱经政治

风波的成功帝王，而且，经过多年苦学和翰林院大儒们的悉心教诲，他通略经典，擅长诗文，加上兴趣广泛，思维活络，本身就是个饱学之士。即使如此，康熙依然保持好学的态度，重视经筵日讲，他的主要目的是从几千年的经史之中，学习治国之道。

在治国问题上，汉族大臣熊赐履对康熙影响最大。康熙即位后，满汉冲突尤为激烈，顺治帝的推重汉文化的政策被搁置，满清大臣们排斥汉制，四位辅政大臣大力恢复满洲传统。这时，一位叫熊赐履的进士写了一封《万言疏》，批评时政，希望康熙学习儒家思想，以儒学为立国、治国的根本。这封上书引起了少年康熙的重视。

康熙亲政后，熊赐履的地位节节高升，熊赐履经常为康熙讲解儒家经典，并在讲解中阐释仁义为本的治国理论，康熙也认识到儒家对治国的重要性，潜心学习。康熙是个有雄心的帝王，他需要的不是满洲那过时的制度，而是能够帮他收服人心、扩张疆土、驾驭群臣、治国安邦的帝王之术。

为此，康熙设立了南书房。南书房在乾清宫西南角，又称南斋，康熙在此读书，并在翰林院选择大臣进入南书房值班。入值南书房和经筵日讲又有不同，"非崇班贵檩、上所亲信者不得入"，也就是说，它是皇帝私人设立的智囊团，所有入值官员都由康熙选择，他们和皇帝谈论文学艺术，治国道理，还要为皇帝起草诏令，有时还要参与军国大事的商议。当时的文人官员都以进入南书房为荣。

最早进入南书房的官员是康熙宠信的大臣张英和高士奇，康熙十七年，陈廷敬也接到入值南书房的旨意。这意味着他从此不但是康熙的讲官，还是康熙的信臣。与皇帝朝夕相处，是机会，也是挑战。他希望能借此对国家大计产生影响，希望帝王"存心于天下，加志于穷民，洞知闾阎之疾苦，历观稼穑之艰难"。

康熙对他的讲官们有很高的要求，南书房的学者不但要有广博的学问，最重要的是要对朝政有所察、有所思、有所建，"学问无穷，不在徒言。"康熙每日早起听政，每日进学，从无懈怠。南书房的官员们同样兢兢业业，学者们用自己的知识和思考，培养这位帝王，为康乾盛世奠定了思想基础。

日讲官员的职能之一是当帝王的老师，为帝王传授学问，但帝王并不是私塾的学员，讲授遵从君臣之礼，而不是师生之礼。多数时候，康熙提出问题，陈廷敬恭敬地做出回答，这回答也要有分寸，不能答非所问，不能胡乱应付，短短的答复中既要有学识，又要有见地，才能让康熙这个严格的学生满意。从康熙一直没有撤换陈廷敬的职位来看，陈廷敬是一个合格的讲师。

南书房的讲师还有一个重要任务，就是担任皇帝的智囊。皇帝对国事有了疑问，就喜欢在学习时问大儒们的看法，学者们或者引经据典，或者就事论事，在这样的交流中，君臣相互了解，相互信任，感情得到了巩固。

对君臣关系，陈廷敬看得明白："人臣尽忠事主，人君以礼使臣。"正因为遵循这个简单的标准，康熙和陈廷敬的君臣关系分外融洽，从未发生过矛盾。

康熙十七年年底，陈廷敬的母亲张氏病逝。得到噩耗，陈廷敬失声痛哭。母亲不但是陈廷敬的启蒙老师，还是他常年的精神支柱。陈廷敬在外修学为官，她每每来信嘱咐他尽忠尽职，修身克己，给他以严厉的教诲，让他受益良多。这一年陈廷敬刚满四十，中年丧母，使他深受打击。

康熙听闻陈廷敬母亲去世，立刻派人前往陈廷敬家慰问，又赐茶酒。过去，只有满人大臣去世，皇帝才会派人赐茶酒，这个惯例因陈廷敬而改，可见君臣间的情谊。陈廷敬回乡后，为避嫌，从不与当地官府要员往来，而是潜心读书，拜访当地名儒，只就教育体制的弊端给当地官员写了几封信——自律若此，难怪深得康熙信任。

陈廷敬是个实干家

提起饱读诗书的儒者，人们首先想到的是文采斐然、谈吐有度，但难免有个"读书读傻了"的冬烘印象。学者最为人诟病的特点就是夸夸其谈，人们看到他们高谈阔论，却看不到真实的业绩。从古至今，这样的儒士举不胜举，更有诸多书生误国的经典案例。朝堂之上，各州才子济济，究竟哪个人会说不会做，哪个人会做不会说，哪个人既会做又会说？这考验着帝王用人的智慧，也是检验官员能力的重要标准。

陈廷敬一生都从事与文化有关的工作，给帝王讲课，编书、写书、读书、作诗就是他的日常生活，人们很容易将他当作一个纯粹的文化人，当作康熙重用、拉拢汉族官员的标志人物，其实，这是对陈廷敬的误读。真实的陈廷敬，可不是只会讲几堂课，讲讲历史和经典书籍的人，他是个真正的实干家。

康熙二十三年（1684 年），陈廷敬进入吏部工作，他的任务是管理户部钱法。

陈廷敬面对的第一个问题是铜钱。平定三藩后，清朝经济局面混乱，表现在银钱方面，就是过去的一两银子能兑换一千枚铜钱，如今一两银子只能换到九百枚铜钱。铸币标准不统一，会引起流通中的很多问题，陈廷敬决心首先解决铜钱铸造的标准问题。

经过调查，陈廷敬很快查明了造成这种现象的原因。因为商人经常把大量铜钱私自熔化贩卖。当时，一两银子可以兑换一千枚铜钱，而在市面上，一两银子能买七斤铜。也就是说，按照古代一斤等于二十两的计量标准，把一千枚铜钱熔化，可以得到八斤十二两铜，商人可以从中得到一斤十二两铜，大获其利。

这也是长期战乱带来的恶果之一。从前，私自销毁钱币是重罪，但社会不稳定时，政府执法力度就会被削弱，私熔铜钱的人越来越多，市场上流通的钱币越来越少。陈廷敬立刻想到应对措施。他对朝廷提议：

一、为了遏制私熔钱币风气，应减轻铜钱重量。

二、允许百姓开采铜矿，增加铜产量，使铜价稳定。

建议经过朝臣商议后开始执行，有效解决了当时的铜钱问题。陈廷敬工作负责，被升为左都御史后，依然对钱法工作进行后续调查，并针对铜钱流通问题写了好几份奏折。他特别强调整顿钱法风纪，在整顿钱法的过程中狠抓廉政。

陈廷敬像扑面清风，只要他主事、协理的部门，都要从廉政抓起，从根本上杜绝贪污腐化，进而革除弊端，提高效率。康熙看重他的作风，又让他进入督查院，专管国家法纪。陈廷敬在其位、谋其政，正直敢言。

康熙三十年（1691年），陈廷敬的父亲陈昌期去世，陈廷敬回乡守孝三年。在此期间，户部尚书之位空缺，户部官员请求补缺，康熙却说："等陈廷敬回来再说。"于是这个职位足足空置了大半年，直到陈廷敬服满回京，康熙即刻命他担任户部尚书。

对工作，陈廷敬始终保持冷静、客观的态度，注重调查，不轻信人言，擅长发现问题，也能够提出解决之道，陈廷敬在吏部、户部、刑部、工部都曾有过职位，张英去世后，他又成了南书房总管，不论做什么，他都实干苦干，清正廉洁，让所在部门风气为之一变。也难怪康熙越来越重视他，让他身兼数职，似乎哪里都离不开他。

民本与吏治

陈廷敬幼时志向是"要使物皆春"，为官之后，他不断探索治国的方略，由他直接制定的政令并不多，他的贡献主要在具体工作和对康熙的影响上。他的父亲陈昌期教导他要学以致用，陈廷敬运气好，面对的是盛世蓬勃的局面和一位虚心好学的帝王，让他的才能有了用武之地。

陈廷敬注重民生，民本思想贯穿了他的政治生涯。但他从一开始就是一位接近权力中心的官员，而并非从地方上一步步提拔上来的，所以很少有为民请命的色彩，他的民生思想主要体现在他强调教化作用，积极推行便民、利民措施，特别是对那些受自然灾害和战争影响的农民，陈廷敬一再强调要免除他们的赋税并加以赈济。

以民为本，康熙与陈廷敬保持了思想上的一致，这也是从古至今的政治家们追求的理想君王境界。在包括陈廷敬在内的一大批学者的影响下，康熙朝的大政方针呈现出明显的儒家特点，包括体恤民生、重本务实、好问好察、从简从廉等等。这些政策让当时的人们能够安居乐业，极大地巩固了清朝的统治根基。

儒家的一大特点是重礼制，自上而下推行教化。陈廷敬也认为移风易俗，使民心向善是国家统治人心的根本所在。他建议康熙首先从服饰器物上效仿古代严格的等级，从外在形式上使等级观念深入人心，也可同时刹住大臣们的奢靡僭越之风。康熙很快下旨督促新的礼仪制度。并身体力行，提倡节俭。

除了民本思想，陈廷敬最重视的就是吏治。陈廷敬做过四部长官，当过纪委领导，对官场上的弊端看得一清二楚。清朝是个大帝国，行政区域广阔，想要维持这样一个庞大的国家机器，靠的就是制度和组织管理。在制度上，清朝秉承明制，也就是中国维持了千年的中央集权，加强组织管理，就是加强吏治。

陈廷敬强调官员的个人品质，他在《劝廉祛弊请敕详议定制疏》中说："贪廉者，治理之大关；奢俭者，贪廉之根柢。欲教以廉，当先使俭。"建议皇帝狠抓廉政建设。他认为上行下效，"上官廉，则吏自不敢为贪；上官不廉，则吏虽欲为廉而不可得"，必须从中央开始加强官员作风，才能将清正的风气推广到全国各地。

陈廷敬认为地方官员必须经过严格的考察，以杜绝违法乱纪。他向康熙推荐的官员，第一注重是否清廉，他要求督抚想要举荐地方官吏，必须注意官吏的品行记录，那些有贿赂、诉讼前科的人不应被举荐。朝廷应该加强对地方官员的品行考量。

陈廷敬高屋建瓴，重视制度。他对君臣之道有过深入的研究和明确的主张，对各级官吏也从国家大局出发，提出要求。例如，在刑部任职时，陈廷敬根据工作实际，为刑部官员制定了工作原则，包括严禁贪污，依法审案，整肃严明，禁止官吏作威作福，虐待、恐吓、敲诈罪犯等。

陈廷敬的主张实用性强，注重实效，他随时发现问题，及时解决问题，而不是长篇大论，乱讲道理。陈廷敬的吏治思想是民本思想的延伸，两者一为表一为里，他在各个部门工作，都能留下良好的口碑，让官吏们佩服不已，这既来自于他的人格垂范，也来自于他卓越的能力。

陈廷敬的吏治，目的是振朝纲、抚万民，隐隐能看到在他的心中，"要使物皆春"的志向依然在，一直在。只是官场复杂，千百年来形成的风气非一朝一夕能够改变，尽管陈廷敬铁面无私，屡次上书，以身作则，依然只能起到局部的效果，而不是整体的革新。即使如此，陈廷敬也从未放弃努力，这为他赢得了普遍的尊重。

第三章
清者不屈，廉者不败

康熙朝人才济济，大臣之间的关系却错综复杂，满清官员之间、满汉官员之间乃至汉族官员之间都存在钩心斗角，利益集团或勾结或相互攻讦，很少有人能在官场独善其身，陈廷敬为官五十余年，担任过吏、户、刑、工四部尚书，官至大学士，却能一直保持清廉的做派。

清廉，来自陈氏家风，来自陈廷敬的早期教育，更来自他的人生追求，这种行事作风不但成了他为官的特点，也成了康熙尊重、信任他的主要原因，更成了他的人生的一张王牌。

官场如旋涡

康熙四十二年（1703 年），陈廷敬升任文渊阁大学士。

大学士为正一品官职，清朝没有宰相，大学士的职能相当于宰相。换言之，六十五岁的陈廷敬当上了清朝最高等的文官。陈廷敬仍然担任经筵讲官，入值南书房，兼任吏部尚书。当时，既担任要职又能入值南书房的官员只有陈廷敬一人，充分说明了康熙对陈廷敬的倚重。

内阁是清朝的政务中枢，总管全国政务，大学士每日都要阅读全国各地的奏折，并提出处理意见，再将奏折上交给皇帝。奏折内容有军事、政治、民生、教育、经济……无所不包，陈廷敬除了做好学士工作，还要继续给皇帝讲课，与皇帝商议国事。皇帝出游，年老的陈廷敬也要随驾。

陈廷敬为官数十年，深得康熙信任，却很少与当朝权贵有私下往来。他并非清高孤僻，只因深知官场险恶，皇帝忌惮结党营私之徒，于是他就一直避免是非。陈廷敬议论朝政对事不对人，举荐人才论才不论身家，靠着一腔正直和一贯的谨慎在官场生存，只求两袖清风，一心为国。

树欲静而风不止。当时，朝中有两大势力集团，一个以索额图为首，一个以明珠为中心，这两个人各自拉拢朝廷官员，排除异己，打压对方势力。一次，被称为"天下第一清官"的直隶巡抚于成龙密奏康熙："官已被纳兰明珠和余国柱卖完。"余国柱也是康熙时期的名臣，在依附明珠之前，他是个颇有政绩的廉洁官员。加入明珠一党后，他升为武英殿大学士，结党受贿，排除异己，人称"余秦桧"。康熙看罢奏折纳闷地问："为什么没有大臣参劾这二人？"高士奇答道："谁不怕死？"

由此可知明珠的气焰滔天，索额图也是如此。他们当然不会错过一向深得皇帝器重的陈廷敬，于是，他无奈地成为两党争取的对象。陈廷敬深知自己的身份，他虽有皇帝的重视，却并不是身在高位的权臣，索额图和明珠想拉拢他，不过是看重他和皇帝关系密切，他说话能对皇帝产生一些作用。倘若他选择其中一派，大树底下好乘凉，必然能够得到更高的官职，但也会受到另一派的打压；倘若他想独善其身，就会受到两派的共同打压。比起前者，后者更为困难。

但陈廷敬选择了后者。他牢记家乡祖辈父辈的教诲，尽管常常与两党要员接触，却不偏不倚，一心只为皇帝尽忠，谨守自己的职责。那时的他还只是个没有根基的小官，有这样的勇气，可见其人品性情。正因如此，后来他才能避开官场的是是非非，始终让康熙放心。

陈廷敬谨慎稳重，但他并不想做个一味唯唯诺诺的官场老油条，对朝廷的党争，他并非毫无作为。在给康熙讲课时，他含蓄地讲述小人的危害，提醒康熙要提防明珠这类位居高位的官场小人。他的同僚李光地既佩服他的学识与清正，又觉得他有时太过求稳求全，但这正是陈廷敬的风格。

就连教育孩子，陈廷敬也体现了这种稳中求稳的风格。有一次，陈廷敬的儿子陈壮履在工作上犯了错误，陈廷敬不徇私情，上奏折要求朝廷处分自己的儿子，并给儿子写了一首诗作为训诫："得失知何定，艰危睹未萌。前非应痛悔，后患免怔营。"教导儿子一定要善于改错，做事前应该深思熟虑，有长远目光。

不过，身在官场，就算再谨慎也难免会有疏忽，有时还会受他人牵连。陈廷敬的仕途也不是没有这一类的挫折，他也曾因卷入受贿案件而被免职。官场如旋涡，谁也逃不脱。

张汧案

陈廷敬经历的最大的官场风波，是康熙二十七（1687 年）年发生的"张汧案"。

张汧，湖广巡抚，为人贪婪，搜刮成性。只因他是明珠的党徒，朝廷官员害怕遭明珠报复，不敢揭发他的所作所为。此人在山东、福建为官时已有贪名，当了湖广巡抚后，刚到地方便在地方上大肆敛财。御史陈紫芝上书参劾，揭露张汧的罪行，并认为保举张汧的人定有营私舞弊嫌疑，应该一并查处。

康熙震惊，当即询问身边的大臣："张汧为官如何？"时任吏部尚书的陈廷敬第一个回答："张汧是臣的姻亲，此人的行为一向乖戾。"刑部尚书张玉书和左都御史徐乾学也都说张汧名声不好。康熙立刻派以于成龙为首的几名官吏前去查证，发现此人不但收受巨额贿赂，还派人索取大量银子。很快，张汧便被免官。

更让康熙吃惊的事发生了，张汧在供状中说，他老弱无能，本不敢去当湖广巡抚，无奈徐乾学、高士奇、陈廷敬三个人一再督促他。他还曾贿赂徐、高、陈三人。康熙见此事牵扯甚广，只好私下命令于成龙"不可蔓延"，但张汧供状一出，满朝皆知，不少人想要趁机扳倒康熙信任的这三位大臣。徐乾学将事情推得干净，只说拿了银子的人是高士奇和陈廷敬。

陈廷敬有冤无处诉。他和张汧的确是儿女亲家，他的二女儿嫁给了张汧的儿子。但张汧早在顺治三年（1646年）就已中了进士，又是明珠的亲信，陈廷敬在顺治十五年（1658年）才中举，又经过庶吉士的学习和中途的请假回乡，官场资历无法和张汧相比，更谈不上举荐张汧。事实上，徐乾学才是那个拿了张汧银子又让张汧做湖广巡抚的人。

在这件事上，陈廷敬也不能完全撇清。他和张汧是姻亲，和高、徐二人同在南书房，对高、徐、张所行之事，他并不是一无所知，只是碍于亲戚、同事的情面，睁一只眼闭一只眼。当康熙就此事询问他时，他也并未据实以告。事已至此，陈廷敬又是委屈又是愧疚，只能写了一封奏折，向康熙提出辞职回乡，言辞恳切。

这封奏折名为《俯沥恳诚祈恩回籍以安愚分疏》，折中写了自己为官后一直"不徇亲党，不阿友朋，上恐负圣主之殊恩，下欲全微臣之小节"，也因为自己一向的行事，与人"积有疑衅"，被人"飞语中伤"。陈廷敬坦言，他和张汧虽是姻亲，但一向泾渭分明，他更是为了避嫌少与张汧接触。等到张汧事败，便怀疑陈廷敬没有帮自己，因此怨恨诬陷陈廷敬。

康熙看了奏折并没有作出明确的答复。张汧一案牵扯众多官员，单单保举过张汧的人，就有大学士梁清标、尚书熊一潇、内阁学士卢琦、户部侍郎王遵训等人，在查办过程中，更牵扯出与张汧互相揭短的荆南道祖泽深，包庇张汧的侍郎色楞额，后来又扯出每日在他身边的高士奇、徐乾学和陈廷敬，康熙深感官官相护、皇帝以一人之目无法明察，对那些平日清正廉明的大臣，也不由起了疑心。

张汧一案的结果是：张汧以贪官治罪，有举荐之实的官员被革职，包庇者收监，高士奇、徐乾学和陈廷敬三人原官解职。结局最惨的却是那位敢于直言的御史陈紫芝，没多久，他就不明不白地死了。也有人说明珠害怕他继续追查，偷偷害死了他。

陈廷敬虽被解职，康熙却没有同意他离京回乡，而是命他在京城修书。这个案子结案仓促，康熙怕牵扯出更多的人，却让很多事无从追查，陈廷敬就此担上了不明不白的罪名，他究竟收没收张汧的银子？因案子已结束，这件事从此没有真相。但从后来康熙的行为看，他依然相信陈廷敬。

这种信任并非凭空而来。高士奇、徐乾学和陈廷敬因同一案被解职，陈廷敬解职后闭门谢客，一心编书，还写了不少文章，很少与官场人士来往。因为张汧一案，陈廷敬大受打击，心情郁闷，终日沮丧。高士奇和徐乾学与他不同，他们各自有党朋，且都有收受贿赂的前科，先后被御史弹劾。康熙失望之余，依然照顾这两个近臣，没有追究他们，只让他们提前退休，回家养老。徐乾学刚走，康熙就重新启用了陈廷敬，命他上任左都御史。没过几个月，陈廷敬又被任命为工部尚书。

一生廉洁

当时，位居高官的人鲜少有真正的廉者，即使那些表面看起来高尚的人，身后也有一笔受贿账目。官场自有一套体系，即使智慧如康熙也摸不透。例如，康熙深信的宠臣徐乾学与高士奇，都是皇帝的忠臣，也是办事的能臣，康熙经常夸奖他们的品行。他却不知道这二人享有"九天供赋归东海（徐乾学），万国金珠献澹人（高士奇）"的"美誉"。

何况，对臣下的贪污问题，只要不太严重，康熙不愿过分追求。康熙认为人无完人，对大臣，特别是近臣相对宽容。这也造成了被康熙宠爱的大臣们大钻空子。

陈廷敬也难免要面对金钱的诱惑。曾有人备下重金为他祝寿，希望借此成为他的门生。在清朝，想在官僚机构内部快速高升，要么有显著的政绩，要么有朝中重臣的提拔。这样的事，陈廷敬碰到过很多次，他每次都严词拒绝。一来这样做有违他的做人原则，他也不欣赏这样的门生；二来他知康熙深忌有人结党营私，他平日极力避嫌，更不会有以权谋私的行为。

也有人锲而不舍，每天守在陈廷敬家门口，到了晚上趁机钻进陈家，长跪不起，请求陈廷敬收下礼物。陈廷敬大怒，将此人骂走。这看似"诚心"的人后来因为违法乱纪被指控，可见一个人的操守从平日的言行就能看出一二，有操守的人不论何时，都不会行贿。

陈廷敬对待亲人从不徇私。他的亲弟弟陈廷愫在为官期间颇有清名，写信希望哥哥能在京城帮他谋一个官位，陈廷敬写信回绝；另一个弟弟陈廷弼在广州为官，曾被人参劾，他也不曾动用自己职权帮弟弟遮掩，而是公事公办。他的儿子也在朝廷为官，他经常告诫儿子为官要清廉，"清贫耐得始求官"。

陈廷敬对贪污深恶痛绝。康熙十八年（1679 年），他回家乡为母亲守孝，发现泽州老家教育落后，深以为忧。经过调查，他发现富人家的子弟能够通过贿赂得到进学的名额，有才学的寒门学子因此失去机会，陈廷敬大为愤慨，上书揭露官员们营私舞弊的丑态，并要求官府一定要革除弊端，改变泽州教育落后的现状。可见，对贪污腐败，即使在居丧期间，陈廷敬也并未视若无睹。

关于陈廷敬的廉洁，有很多美谈，最著名的莫过于《二钱说》。这件事发生在陈廷敬奉旨管理钱法时期。他的工作地点在宝泉局，也就是清朝专门铸造钱币的机关。上任时，陈廷敬曾说："此天下钱之所由出也。吾自矢不受一钱。"

一天，宝泉局的一个官员在一堆废铜里看到一枚秦朝的钱币，这是秦始皇统一六国后铸造的铜币，重半两，上面有半两二字，因此又名秦半两。官员对陈廷敬说："佩戴古币吉利，您戴着吧！"因为这种钱币铸造量大，传世多，并没有太大价值，陈廷敬欣然同意。

又有一天，宝泉局的官员将新铸造的钱币拿给陈廷敬过目，收起来的时候将一枚钱币落在席上。官员走后，陈廷敬便将那枚面值不大的钱币随手收了起来。

过了几天，陈廷敬突然醒悟，他对自己说："我不是发誓说不受一钱吗，怎么能先后拿了两枚钱币？"他立刻将这两枚钱币还给宝泉局，并写了《二钱说》一文，警诫自己防微杜渐。

陈廷敬并不胆小怕事，一味避祸以求自保，在为官上，他有自己的追求，也有雷厉风行、百折不回的严肃的一面。他不但以廉洁自律，更将廉洁作为政治清明的一大标志，力主廉政。在打击贪官方面，陈廷敬更是重拳出击，成为朝廷的执法旗帜。

在陈廷敬担任左都御史期间，他把反贪矛头指向云南巡抚王继文。王继文是个能人，素有威名，并协助朝廷攻克三藩之乱中的最大敌人——吴三桂。陈廷敬经过查证，发现王继文趁平定三藩之际，钻了国家捐纳的空子，侵吞九十余万两饷银。

三藩之乱中，清朝财政吃紧，不得不令各地总督、巡抚便宜行事，在当地要求捐纳。这类捐纳物资属于战时国家财产。王继文在云南地区积储了大批粮草。平定三藩之后，王继文没用这批粮草供给军用，反而另外向国家支取大笔库银，来支付军用粮草。陈廷敬查出王继文支用的库银将近百万，当即上书直言。王继文是功臣，陈廷敬此举自然有许多压力，但他依然下决心要为国家清除这个大蛀虫。

这一上书果然引起了康熙的重视，经朝廷派人调查，陈廷敬所奏属实，王继文因此丢掉官职。此番杀鸡儆猴效果显著，"由是风纪整肃，中外大小官吏莫不色动神慑"。

以横向比较，看看与陈廷敬一朝为官的同僚们的际遇，更能深刻地了解"清廉"这种品德对陈廷敬人生的意义。

纳兰明珠。明珠是满洲正黄旗人，历任内务府总管、刑部尚书、兵部尚书直至太子太傅等要职，在康熙的一系列重大军事举措中，他是帝王坚定的支持者与参谋。明珠结党营私，卖官鬻爵，被直隶巡抚于成龙揭发，被康熙罢官，再也没能受到朝廷重用。

索额图。索额图是满洲正黄旗人，在康熙年少时期就是他的左膀右臂，康熙得其相助才能擒拿鳌拜得以亲政。索额图一直受到康熙重用，官居高位，参与皇帝的一系列政治活动，并代表清朝与俄国签订了著名的《尼布楚条约》。和明珠一样，索额图不但结党，还参与了被康熙嫌弃的皇太子的皇位之争，最后死于监牢。

徐乾学。汉族人，一代大儒顾炎武的外甥，是康熙九年科举探花，曾主持编修《明史》《大清一统志》等重要书籍，是康熙的重要侍讲学士，官至刑部尚书。此人虽有才学，但为人阿谀，不是勾结高官以自保，就是推荐才人以沽名，后因结党、受贿被弹劾。

高士奇。汉族人，清朝著名学者，学富五车，诗文书法无一不精，更是一位著名鉴赏家，家中藏有历代书画精品，并有多卷著作传世。他以个人学识引起康熙注意，一直为康熙讲授经书，得到器重，官至翰林院侍读学士。他也因结党、受贿、行骗等罪行被弹劾，只能提前致仕归乡。

……

对比这些大人物，陈廷敬更显难能可贵。他将清廉视为人生追求、做人原则、为官纪律，正是因为一直以来的严格要求，没有人能在人品上对他提出非议，清廉，是他最大的撒手锏，他的二十八次升迁，原因就在于此。

学问与诗文

陈廷敬一生都不曾放松对学问的追求，长期的学士性质的工作带给了他极大的便利，他不仅可以在皇家图书馆博览各种珍本书籍，还能和当时最顶级的学问家们长期相处，共同切磋，更在数部图书的编撰中积累了丰富的知识。工作之余，陈廷敬的手中不是捧着书，就是握着笔，一首首诗、一行行文就这样诞生。陈廷敬所著的《午亭文编》共50卷，其中既有诗词，又有他对经学的解读，对人生的感悟，对朝政的建议，他不但是个优秀的官员，也是个著作等身的文人。

康熙四十九年（1710 年），康熙交给陈廷敬一个重要任务——在明代《字汇》、《正字通》的基础上，编撰一部广泛收录汉字的大字典。这部书由陈廷敬和另一位大臣张玉书担任总裁官，第二年，张玉书去世，陈廷敬一人负责总裁，这部书编撰期间，陈廷敬病逝，没有看到成书。《康熙字典》共计四十二卷，收入汉字四万七千零三十五个，是陈廷敬的最大成就之一，迄今仍是人们研究汉字的主要文献。

此外，陈廷敬还负责《大清一统志》《佩文韵府》《方舆路程》《世祖章皇帝实录》《太宗文皇帝实录》《鉴古辑览》等书籍的编撰。这些国家级图书是陈廷敬的主要工作内容，在个人学问上，陈廷敬同样著作甚丰。

作为一个大学问家，他从小就爱读薛瑄的著作，成年后依然研究理学，他有很多文章写对《易》的解析。他对《诗》《书》《礼经》独特的分析。为了给康熙讲课，他常年研究经史，总结治国之道，除了将心得写成讲义和奏折，还将一部分思考成果写为文章，收入文集。他的文章流传一时，得到时人的推崇。

写诗，是陈廷敬的一大爱好。在诸多文学体裁中，他最爱用简短的古体诗表情达意。九岁时的《牡丹诗》让他广受乡人的赞誉，但他写诗并不是为了一逞文才，而是一抒胸中情感。他的诗歌取材广泛，经历、感情、与人交往、日常生活、巡游景致都可入诗。"声雄而状，词博而丽，格高而古"是其诗风。

陈廷敬的诗歌，很大一部分是台阁体，他写了不少诗为康熙帝歌功颂德，是否能断定他是一个阿谀之人？事情要分两面看。朝廷官员少不了要写应制诗、台阁诗，数句陈词滥调反复出现，盛世、圣明、光辉、恩泽等字眼充斥，这些诗歌数量庞大，却难有精品。陈廷敬也免不得要写一些歌功颂德之词，不乏平庸之作，这是事实。

不过，陈廷敬是个有追求的人，在诗学上也是如此。陈廷敬爱杜诗，也希望能把中国诗歌的讽喻传统发扬光大，于是在他的献诗中，既有对康熙本人的肯定，对盛世的歌颂，也有对国家隐患的担忧，对人民疾苦的同情，并以诗句委婉劝谏，提出解决方法。

康熙南巡，陈廷敬跟随做《南巡歌》，歌颂康熙的数项善政，如看到淮水两岸有饥民，就留下粮食二十万石赈济灾民；免除所到之处的不合理税赋。《纪免凤阳额赋》《纪免山东额赋并赐缓征逋租也》《纪免淮扬额赋》……从这套诗的一系列题目上，就可以看出陈廷敬鼓励当朝皇帝继续推行德政，减免百姓负担的用心。这种创作，继承了中国文学的讽喻传统，文以载道，不失其心。

真正能体现陈廷敬文学水平的，是他写的那些抒发个人情感的诗。他思念朋友，就会写"客里音书寂寞迟，西风过雁苦参差"；他思念家乡，会感叹"乡心如水知难断"；他行过江南，就写"江城流水逐门开，水上残红映碧苔"；他生活节俭，常吃腌菜，写出"索莫一冬差有味，菜根占得菜花香"……他的诗歌里，既有"仗剑凌长虹"的豪迈，又有"悟得浮云万事轻"的哲理，还有"平生自有冰渊志"的自我期许。

陈廷敬为人、为官、为文，都达到了一定的境界，难得的是人如其文，表里如一。《四库全书总目》评价他："从容载笔，典司文章。……而文章宿老，人望所归，燕许大手，海内无异词焉。"这段评语指出了陈廷敬在当时文坛的地位，也让后人对陈廷敬有了更全面的了解。

君臣永诀

康熙四十六年（1707年），陈廷敬迎来七十大寿。

人生七十古来稀，陈廷敬一生行止端正，功绩累累，他自感年老体衰，不能继续为朝廷出力。按照清朝规定，官员年过七十可以致仕，陈廷敬也准备回中道庄颐养天年。他主动上书，请求回乡，将自己的位置交给更年轻、更有能力的人。

但康熙却不愿离开陈廷敬，并非他不愿成全老大臣的养老之心，只是康熙晚年，皇子们各自结党夺嫡，朝堂动荡。内阁是机要重地，康熙更难找到值得信任的人，只能继续任用几个他信得过的老大臣。陈廷敬一再上书请辞，康熙才在三年后允许陈廷敬"原官致仕"。

但康熙仍然不愿陈廷敬离开京城，恰好此时陈廷敬正在编撰《康熙字典》，康熙就以字典还没编完为由，命陈廷敬继续留在京城，有事的时候仍然召他去宫内商议。

康熙五十年（1711年），文华殿大学士张玉书病逝。张玉书是《康熙字典》的另一位总裁官，他一走，修书的重任就完全落在陈廷敬身上，内阁也缺少人手。康熙只好命已经致仕的陈廷敬重回内阁，"暂到衙门，办理事务"。年过七十三岁，陈廷敬再次入内阁当大学士，执掌相权。

重病缠身，公务繁忙，陈廷敬做事依然一丝不苟。凡有公文，他都在自己的官衔前面加上"予告"二字。予告起源于汉朝官制，本义为休假。后来人们将老大臣致仕称为予告。陈廷敬着意加上这两字，为的是表面自己已经退休，并非赖着大学士的职位不走。

再次为官，应有俸禄，陈廷敬坚决拒绝，说自己已经退休，不能享受官员的俸禄，不然便不能安心。他知道内阁的确缺少人手，为了国家，只能勉力支撑。第二年，他就病倒在任上。康熙听政时没看到陈廷敬，连忙询问，听说陈学士病倒，立刻派太医前往医治。

康熙挂念陈廷敬的病情，经常派人去陈家询问用药情况。有时派去的人回来晚了，竟然看到皇帝竟然点着蜡烛等候消息。康熙又下旨给陈廷敬的儿子陈壮履，告诉他专心照顾陈廷敬的身体，不必上朝，有事写奏折即可。

可惜，经过治疗，陈廷敬的身体仍然不见起色，康熙又担心陈廷敬的棺材不够好，亲自询问。又下旨给陈壮履，叮嘱他不必担心，不论陈家有何难事，他都会做主解决。陈廷敬想到自生病以来，康熙不是命太医前来诊视，就是让大臣前来慰问，赐药赐食，接连不断，心中感念。人寿有限，康熙五十一年（1712年）四月，陈廷敬逝世，终年七十三岁。

陈廷敬的葬礼极其隆重，康熙命皇三子率领大臣亲自前往吊唁，行三叩大礼。陈廷敬谥号文贞，康熙赐他"杉器一具，赙银千两"，还亲自写祭文和祭诗，又专门派人护送陈廷敬的棺椁回原籍。君臣情深，时人无不感叹。

逝者已矣，康熙曾作诗赞扬陈廷敬：

横经召视草，记事翼鸿毛。

礼义传家训，清新授紫毫。

房姚比就韵，李杜并诗豪。

何似升平相，开怀宫锦袍。

礼义传家，纵览经卷，能力堪与房玄龄、姚崇比肩，诗词可与李白、杜甫并提的盛世宰相，这就是康熙眼中的陈廷敬。人生如此，再无遗憾。

第二篇

张廷玉
——屹立不倒，肱骨汉臣

在封建社会中，身为位高权重的皇帝近臣，绝对不会是一件轻松愉快的事情。正所谓"伴君如伴虎"，站得离皇帝越近，处境也就越危险。纵观中国历史上那些威名赫赫的文臣武将，有多少能善始善终，全身而退的？

　　但张廷玉却是个例外，他历经三朝，都能立于肱骨之位而不倒，作为一名汉臣，他的恩遇在有清一代堪称空前。

　　张廷玉的为官哲学不外乎三个字——"贤、忠、愚"，秉承这三字真言，让他得以在官场上屹立数十年而不倒。

第一章
跟父亲学做官

    张廷玉是标准的"官二代",他的父亲张英官拜大学士,相当于清王朝的宰相。

    张廷玉的父亲张英可以说是康熙皇帝最为信任的老臣,康熙皇帝自然也会对张廷玉高看一眼。原本张廷玉的性格是很张扬跋扈的,但是一开始就在皇帝身边工作,让他不敢造次。逐渐的,他开始理解父亲的为官哲学,成了一个谨小慎微的人。

"官二代"不好当

    说到张廷玉就不能不提到他的父亲张英,张英就是个活得特别小心的人。哪怕当时他已经是康熙皇帝离不开的人了,但是他依旧低调,不显山不露水,谨小慎微地活着。张廷玉不一样,他可是派头十足,终日在京城中招摇过市。唯一让他郁闷的是，他都 27 岁了，却还没有在朝中混上个一官半职。这不是因为别的，正是因为他的老爹张英。

张廷玉想不想做官？当然想，张廷玉心里其实急得不行，但是张英却是一点都不急。当时康熙帝已经平定了三藩，政权已经基本稳固了。外部稳固了，内部这潭水却开始暗流涌动，这个时候的张廷玉要是贸然出仕，很有可能卷进朝堂争斗之中。一直到了康熙三十九年（1700 年），已经 27 岁的张廷玉终于迎来了人生中第一次做官的机会。

从古至今想要做官，无非有这样几种途径。

第一，捐官。康熙年间的史治还不像后来那么腐败，想要捐官可是一笔不小的投资。张英为人清廉，但是凭着跟大学士明珠的关系，还有跟索额图的关系，给张廷玉捐个小官倒是不成问题。但是这些人往往都已经在朝堂斗争中站好了队伍，求人难免会被拉入他们的阵营。张英苦心多年建立的与康熙帝的良好关系可能会毁于一旦。这条路，不能走。

第二，靠关系。直接加入到某个阵营里面去，当个小官什么的简直轻而易举。但是一朝天子一朝臣，有着一日新帝登基，万一站错了队那可是万劫不复的灾难。

第三，等朝廷来找你。像诸葛亮、姜子牙之类都是走这条路的成功代表。贤名在外，不求闻达于诸侯，其实就是给自己做个特立独行的广告。张廷玉没什么贤名，整天打着他爹的旗号四处招摇，没什么恶名就算不错了，这条路也走不通。

第四，最后的这条路很简单也很公平，那就是科举。参加科举，拿个名次，到时候看在他爹的面子上弄个一官半职还不是轻而易举地的吗？

张廷玉为了当官，只能走这最后一条路。可惜他年轻的时候虽然聪明，但是却很少在这方面下过什么苦功，考了四次才勉强中了个举人。举人其实就算是预备官员了，去个小地方当个县令，也够资格。可张廷玉压根儿就没动过离开京城的念头，从小看遍了京城的繁华，怎么可能甘心去外面当个县令。没办法，想当京官那就得一直考下去，到考上进士为止。但是科举三年才有一次，面对好不容易得来的机会，张廷玉摩拳擦掌，准备大干一番，他的家人也是对他充满期望，毕竟虎父无犬子。

科举是无数学子跳龙门的机会，却也是朝中众多官员招募人才的机会。皇子们渴望广招人才纳入自己麾下，扩充自己的实力，让自己可以在夺嫡的战争中脱颖而出。官员们渴望能混个考官、副考官之类的活计，到时候可以趁机大捞一笔，这科举的油水可不是一般的厚。来年春天，谁来做科举考官这件事，就成了朝中众人争夺的目标。

在决定考官归属的廷议上，太子胤礽首先发言，他推荐李光地出任这次会试的主考官，会试是科举的最后一次考试，参加会试的学子都是当年最出色、最有前途的学子。李光地当时可以说是清朝第一汉官，又是太子的老师，不管太子有没有私心，李光地都是担任会试主考官的最佳人选之一。这个时候大皇子胤禔不高兴了。

一看太子推荐李光地了，马上跳出来说让站在他这边的大学士明珠担任会试主考官。明珠当时头上的汗就下来了，虽然他明面上是大皇子的人，但是他同时还曾推荐张英做太子的老师，让自己的儿子与八皇子交好，分散投资以保将来不会有什么风险。大皇子这样赤裸裸地把他推出来可是他不愿意看见的。大皇子与太子两派的支持者为了谁当主考官吵得不可开交，跟八皇子胤禩穿一条裤子的九皇子胤禟也跳了出来，提议让八皇子的亲信阿灵阿来担任主考官。九皇子这一出声就把整个朝堂都搅乱了，大臣们各执一词要帮自己支持的皇子。这个时候康熙再也看不下去了，他推出了不属于任何一派，只效忠于皇帝的张英来做这场会试的主考官。

张英想不想当主考官不得而知，但是张廷玉可是百分之百不想让他老爹来当这个主考官的。张廷玉今年也要参加科举，如果张英当了主考官，那肯定要让他回避啊。再等三年，他就是而立之年了，他再也不想等了。于是父子两大吵一架，最终张英妥协了，他告诉儿子说你要参加考试也可以，名次不会在前面，你看着办吧。

科举结束放榜的那天，张廷玉找到了自己的成绩，排在 152 名。当时他肺都要气炸了，凭着自己博学多才，文笔潇洒，怎么可能只拿到个 152 名呢？肯定是张英做了手脚。就算考上前十名想要当官还要等上好几年呢，这回好了，什么时候能当官还不一定呢。

张廷玉这个气啊，差点就要跟张英断绝父子关系了。就在之后的某个晚上，张英为张廷玉带来了他做梦也没想到的好消息，他可以当官了。张廷玉觉得很不可思议，同时参加考试的官宦子弟名次都比自己好，都还等着户部的通知呢，自己明天就能当官了，而且还是去翰林院当官，还是个京官。张廷玉那么聪明，很快就想到是张英给自己使劲了。

对明天第一天上任当官的儿子，张英可是有许多话交代的，他告诉张廷玉，自古以来作为臣子，结果无非就是那么几种，第一种，就是与皇帝是好朋友，一起打天下，又低调地功成身退，这自然是最好的结局；第二种，没什么本事，但是却能当一个好奴才，哄得皇上开心；第三种，想自己坐江山造反的。这三种人你想当哪种？张廷玉想了想，当然是当第一种。张英语重心长地说：当第一种很简单也很难，只要你效忠皇上，一心一意地为皇上做事，为皇上分忧，皇上喜欢你，那么自然可以保全一生的荣华富贵。

张廷玉听得似懂非懂，一脸茫然，张英也不好再往深里说，只好告诉他，小心本分做人，效忠于皇上就好。凡事小心处理，不管是那些皇子，还是当朝大员，哪个你都惹不起。

张廷玉的官不大，只是翰林院中一名普通的文官，面对其他的同事，他也是遵照父亲的吩咐，低调做人。没几天他就发现了，翰林院虽然是个做学问的地方，但是也不太平。这些做学问的人同样也分为不同的党派，支持不同的皇子。大皇子手下的人整天忙着到处散播太子品行败坏的消息，而太子的人则忙着澄清谣言和查找散播谣言的人。八皇子的人最文明，四处寻找新人，给他们银两让他们加入八皇子的阵营。翰林院中的文官都有可能一飞冲天，成为政坛上的新星，加上张廷玉的家庭背景，没有人会怀疑他的前途是否光明，所以张廷玉就是三方势力重点拉拢的对象。但张廷玉一直谨记父亲的教诲，既不得罪人，也不真正答应加入哪个阵营。

张英在官场摸爬滚打多年，自然进退有度。之前平三藩的时候，康熙帝身边极其缺乏人手，张英一改官场老油条的样子，凡事积极主动，不分日夜地奋斗在南书房。平定三藩之后，康熙帝经常话外有话地提到三藩平定之后的日子是多么无聊，要是有个权臣出来斗斗就好了。这个时候张英就识趣地提出自己操劳过度，要放个长假。政权稳固了，朝堂夺嫡斗争不断，张英刚好身体康复，可以官复原职了。然后最后这次，张廷玉在翰林院工作了满两年的时候，张英向康熙帝提出自己因年老体衰，想要告老还乡、回家安享天伦的请求。康熙帝知道张英是真的老了，有些事情是真的力不从心了，于是就答应了张英的请求。

张英请辞的事情从始至终都没有通知过张廷玉，最后张廷玉是和其他官员一起得知他父亲要退休的消息的。父亲的不告而别给张廷玉带来了许多麻烦，原本有张英做靠山，不少人拉拢张廷玉还要斟酌一下，现在张英不在朝堂之上了，这些人开始肆无忌惮地以张英老友的身份前来拉他入伙。

张廷玉也想像父亲那样，不参加夺嫡的派别，成为康熙帝的亲信。但是成为康熙一派的要求是很高的，无论是从能力上，还是官职上他都不够资格。张廷玉也曾想过是不是要加入哪个皇子的阵营，太子虽然是个不错的人选，但是太子近年来渐渐沉湎于声色之中，康熙帝已经越来越讨厌他了。八皇子也是不错的人选，但是八皇子年纪还太小，嘴上没毛，办事不牢，他不敢。大皇子这人压根儿就不像当皇帝的料儿，这个粗人跟张廷玉这种文人也弄不到一起去。最后的人选四皇子也被张廷玉排除了，理由是城府太深，猜不透。

夺嫡战争渐趋白热化了，张廷玉作为一个官场新人，父亲又不在身边，就在眼看就要随便找个哪方势力加入了的时候，朝中发生了一件大事改变了他的想法。

康熙四十二年（1703 年），太子党的核心人物索额图因为贪污受贿锒铛入狱。这个时候张廷玉已经兼职在南书房做了个小文秘一样的职务。这一天，康熙帝在南书房召开会议，询问属于自己这一派的大臣如何处理索额图的问题。这天与会的主要人物是李光地，康熙直接开门见山地问李光地，如何处理索额图的案子。李光地想了许久，说索额图是朝中大员，又是旗人，应该谨慎处置，最好是由负责皇室宗族的谱牒、爵禄、赏罚、祭祀的宗人府进行审查，然后由皇上亲自裁决。

康熙没有回应，反而看了看张廷玉，他开口问："你就是那个科举成绩不错，却被你父亲安排到后面去的张廷玉？那么你觉得索额图这个案子应该怎么处理才好？"张廷玉做梦也没想到康熙帝会在这个时候询问他对朝廷大事的看法，马上诚惶诚恐地跪倒在地，想着父亲对他的教导，说："李大人言之有理，交宗人府审理，由皇上裁决。"这个回答可以说是没说什么，但是似乎又表达了什么。康熙帝究竟会不会对这个答案满意呢？

贤、忠、愚

　　康熙帝听了张廷玉的话也没有回应，只是笑了笑就走了。康熙帝走了好长一会儿，张廷玉还趴在地上起不来，直到李光地把他拉起来，说："名臣之子，果然见识非凡。"等到其他大臣都走光了，张廷玉才冷静下来，他仔细一想，如何处置索额图怕是康熙帝心中早就有了答案，只是需要一个人帮他说出来而已。

　　很快，索额图就被处死了。朝中大臣议论纷纷，有人说索额图罪有应得，贪污数目实在太大，康熙帝绝对无法容忍。也有人觉得索额图只是贪污，这又不是什么犯上作乱、欺君罔上的大罪，罪不至死。张廷玉心里却明明白白，索额图被处斩是因为他不该参与朝堂的斗争。好好地跟着皇帝哪里会有今天的事情。康熙帝性格强势，说征求臣子的意见无非就是看谁能够替自己说出自己所想的答案而已。

　　张廷玉根据这次索额图被处死的事情和父亲张英的为官之道，总结出三个字——贤、忠、愚。贤，就是为人本分，该干的事情去干，不该干的事情不去干，像贪污受贿、以权谋私这种事情是绝对碰不得的；忠，忠的不是别人，只有皇帝一人，不管皇帝把不把你当自己人，只要你忠心耿耿，情况总不会太糟糕；愚，就是懂得装聋作哑，摸不清皇帝意思的时候绝对不能贸然开口，如果一个不小心弄错了圣意，那么你在皇帝心中的地位就要大打折扣。根据这三个字，张廷玉坚定了不参与任何夺嫡斗争的决心，他要老老实实地当个只忠于皇帝的臣子。

当皇帝派的人，可以分为两种，一种是皇帝的亲信，另一种是皇帝的重臣。皇帝的亲信怎么当？自然要会溜须拍马，要懂得让皇帝开心。曾经有一次，康熙微服出巡的时候，带着一个叫三德子的小太监。有一晚三德子带着一群美貌的歌姬到康熙帝房间去，被当时大臣汤斌看见了。汤斌怒不可遏，马上找到张英说要参三德子一本。张英劝汤斌说："皇上也是人，找点乐子也是人之常情。你堂堂朝中一品大员跟个太监较什么劲。"张英苦劝之下，汤斌才放弃了参三德子一本的念头。果然等回宫之后，三德子连升三级。

而作为皇帝的重臣，要能他人所不能，要有出色的才干，当皇帝有困难的时候，你要能够挺身而出解决问题才行。

张廷玉不是会溜须拍马为皇帝找乐子的人，亲信自然当不来，他的目标只能是皇帝身边的重臣。可惜这个时候无论是才干还是地位，他都不够格来当这个重臣。一直到康熙四十四年（1705 年）的时候，他的机会才来到身边。

这一年的春天，张廷玉作为南书房的一分子，有幸与康熙帝一起乘船南巡。在离开京城之前，康熙召见了张廷玉，告诉他这次南巡的任务是什么。其中最重要的就是查看黄河的水患问题，其次是召见一些已经告老还乡的臣子，最后是在科考之前了解一下江南的人才情况。临了的时候，康熙帝神秘莫测地说了一句："这次出巡是朕特意带上你的，你要好好历练，到时候能够派上用场。"

康熙帝明显的话里有话让张廷玉犯了嘀咕，到底是什么历练呢？黄河水患问题？自己对水利一窍不通，肯定不是这个。召见一干老臣的问题？自己就是一南书房小秘书，哪里够级别接见这些老臣。难道是江南科考的事？只有这个靠谱了。但是科考的考官都是由位高权重的老臣担当，也轮不到自己啊。幸好这次南巡要接见的老臣也有自己的父亲张英，到时候再问个明白吧。

几天以后张廷玉见到了父亲，一有机会马上就询问了皇上究竟是个什么意思。张英经过一番分析，得出的结论是康熙的意思是让张廷玉借机多多结交江南才俊，到时候才可以为朝廷招贤纳才。问题解决了，张廷玉还没来得及高兴就被张英骂了个狗血淋头。"你这小子，皇上对你说的话你就可以这么轻易地告诉别人吗？以后皇上对你说什么你都不能告诉别人，哪怕是你爹，我都不能说。"

张廷玉按照父亲的吩咐在康熙帝给的两天假期中广交江南一带的名士，甚至将他们的家庭背景、个人才能都记录得清清楚楚。果然等来年科考的时候，张廷玉被任命为考官之一。

别人当了考官可是高兴得不得了，因为做考官是个难得的肥差。但是对于张廷玉来说，这第一次当考官的经历可是非常痛苦。自从康熙任命他为考官后，来托关系的、行贿的，几乎把门槛都踏破了。他顶住了压力，坚持自己贤、忠、愚的为官之道，最后也没有为任何人开后门，也没有收任何一份贿赂。哪怕八皇子亲自找人来拉拢他，他也找了个借口回避了。最终他这个考官当得非常称职，他亲自选出的不少人都成了大清的栋梁之材。

在康熙四十六年（1707年）的时候，也发生了一件小事，正是因为张廷玉的"愚"，让他躲过了一劫。

那是在康熙再次南巡之前，他将众位大臣召集到南书房，说："自从索额图死后，太子依旧张扬跋扈，纵情声色，不思进取。众位卿家怎么看？"这时候到场的大臣们都傻眼了，这是什么意思？皇上要废太子了？都默不作声。康熙帝点了李光地的名字："李爱卿，你有什么意见？"张廷玉在旁边给康熙研墨，思来想去也只有要废立太子才会这么问了吧，但是想起父亲教导过不可妄自揣摩圣意，马上就把念头抛在脑后，心中默念"愚"字口诀，着实地为李光地捏了一把汗。李光地没有回答，只是默默地站着。

会议不欢而散，直到其他大臣都走了，李光地赶上前去"扑通"一声跪在了康熙面前。这个时候南书房里只剩下康熙、李光地和张廷玉三人了。张廷玉看见李光地跪下了，那自己也别站着了，别管什么事，先跪下吧。李光地面带悲色，对康熙说："皇上，这是您的家事，老臣实在不方便议论……"康熙本来有些生气的，当着那么多大臣的面，我问你话，你居然把我晾在那了，但是看着李光地那张悲切的老脸，心也就软了下来，说："罢了，这是朕的家事，就不劳烦你们了。"接着又看了一眼旁边跪着的张廷玉，问了一句："张爱卿，你有什么看法？"张廷玉心想，我到现在都没确定要说什么，但是这个时候李光地都说话了，总不能一言不发吧，秉承着"忠""愚"二字，开口说："都听皇上的。"皇上这一刻在他身上仿佛看见了张英的影子，欣慰地走了。

康熙走了以后，李光地语重心长地教导张廷玉说："小侄啊，我们这些汉臣，在皇亲国戚眼中都是外人。今天这件事情不管怎么说，恐怕都要被迫卷进夺嫡的旋涡里。不管将来谁做了皇帝，妄议夺嫡大事恐怕都难逃一劫。这朝堂之上，处处有陷阱，只有小心翼翼时时如履薄冰，才能保得平安无事啊。"

康熙四十七年（1708年）六月，张廷玉的母亲去世了。当时张廷玉在南书房正是上升期，如果贸然请假回乡守孝，那么等他再次归来的时候南书房的大门应该已经再也不会为他打开了。父亲张英自然明白这一点，于是直到张廷玉的母亲下葬以后才通知了他。祸不单行，过了不久，张英居然也因为感染了风寒卧床不起。这次张廷玉说什么也不能不回家了，康熙帝马上就批准了张廷玉请假回家的事情。

张廷玉回家后，日夜守在老父的床前，但是却连半句有关朝政的事都没有与张英谈过。张英老怀宽慰，儿子成熟了。就这样没多久，张英就无牵无挂地去了。张廷玉为父守孝，要满三年才能回京，就在这个时候，朝中发生了一件大事，太子被废了。身在家中的张廷玉很幸运地躲过了这次风波。太子被废，不知道朝中夺嫡要闹得多混乱呢。就在张廷玉在家守孝的第二年，他的家乡桐城遭受了洪水灾害。张廷玉马上拿出自己家中的钱财以皇帝的名义赶到灾区赈灾，大大地为皇帝长了一脸。后来康熙派了钦差大臣前来赈灾，首先找到张廷玉，钦差富宁安在与张廷玉闲聊的时候，若无其事地问了一句："你觉得之前的太子这个人怎么样。"张廷玉马上就察觉到这是皇上让问的，他诚惶诚恐地说："这是圣上的家务事，圣上怎么说，我就怎么做。"

康熙五十二年（1713年），张廷玉守孝已满三年。他飞速从家乡赶往京城。进了京城以后第一件事情不是回家探望妻儿，而是去见皇上，给皇上请安。他离去的三年发生了太多的事情，太子被废，然后又做回了太子，桐城水灾处理了一批贪官污吏，这些他虽然知道，但是却没有参与进去。他怀念南书房的一切，怀念与皇上还有同僚共事的日子。

这一天，皇上突然对他说："张廷玉啊，你老在南书房当个秘书，挺没意思的，不如你去当太子洗马吧。"太子洗马就是教太子政事的官员，对于张廷玉来说这绝对算是升官了。但是太子经过一次废立，实力已经大不如前，而且太子的品行也没有任何改变，反而因为跟康熙置气，更加放荡跋扈，这个时候去做太子洗马肯定不是什么好事。但是凭着"贤"、"忠"、"愚"这三字方针，绝对是不能拒绝皇帝的，张廷玉只好硬着头皮答应了下来。

第二天早上，张廷玉去太子住的东宫报到，还没走到地方，皇帝的圣旨就来了，说南书房其他的秘书没办法胜任起草诏书的工作，张廷玉依旧回南书房工作。聪明的张廷玉马上就明白了，康熙并不是真的让他去当太子洗马，只是在试探他听不听话而已。幸好张廷玉坚持住了，才没有让康熙帝失望。

不到一年，太子再次被废，还拔起萝卜带出泥一样地牵扯出了很多太子派的官员。康熙帝第二次立太子原来并不是原谅了太子的过失，而是为了清理那些跟太子沆瀣一气的官员而已。这次太子被打入了冷宫，是真的再也回不来了。接近着康熙帝又开始剪除太子的党羽，任命自己的心腹担任要职。

太子的倒台让朝中所有的官员把目光都放在了八皇子身上。现在看来也只有文武双全的八皇子最有机会继承大统。不少官员在这个时候将自己的前途押在了八皇子身上，觉得这是万无一失的。张廷玉也这么想过，但是想起父亲的话，他不敢妄自揣度康熙帝的心思，也不想放弃能成为皇帝人选的机会，何况李光地大人还淡定着呢，跟着李光地大人肯定不会吃亏。

张廷玉的官场之路就这样靠着李光地这棵大树有惊无险地走了下去。

步步高升

康熙五十五年（1716 年），张廷玉被委任为内阁学士兼礼部侍郎。过去虽然他每天都见皇上，但是官职小得很。如今他已经是朝廷的从二品大员了，也算是没有埋没他父亲张英的名字。站得越高就摔得越狠，张廷玉在高兴之余也是深深地懂得这个道理的。从此开始，他为人更加小心谨慎、低调中庸了。

年末的时候，康熙帝例行组织了一次塞外的围猎活动，张廷玉作为内阁学士，也随着皇帝来到了长城以外的木兰围场。围猎行动是一场盛大的娱乐活动，但是张廷玉却乐不起来，作为内阁学士他还有许多奏折要看，还有很多诏书需要他来起草。

这一天中午，康熙帝起床从帐篷中走了出来，刚好看见张廷玉在帐篷外汗流浃背地看奏折。康熙帝脸一黑，张廷玉你堂堂内阁学士弄成你这么狼狈，还真是丢朝廷的脸。折子不是说了交给李光地和五皇子胤祺处理吗？张廷玉见康熙不高兴了，马上跪到地上承认错误，都是自己不好，在官兵面前丢了朝廷的脸。

其实早在来木兰围场之前，康熙帝就亲自在南书房交代过了，折子拿来以后就直接送给张廷玉，李光地老了，少让他操劳些。但是康熙帝自己也老了，说过的话早就忘得一干二净。

就在康熙训斥张廷玉的时候，正好十二皇子胤祹经过，康熙帝忘了，他可没忘。他悄悄地在康熙耳边说了他下令要把折子交给张廷玉处理的事，康熙帝这才想起来，说着一拍自己的额头，感叹道："朕真的是老了。"

张廷玉忠字当头，见皇上有些丧气，连忙说："都是微臣的错，在如此众目睽睽之下批阅奏折，很容易泄露朝廷机密。请陛下降罪。"康熙明白张廷玉的一片苦心，心情也就好了起来，问："如此炎炎烈日，爱卿为何不回帐篷中查看奏折呢？"其实张廷玉很想回帐篷里，但是帐篷中其他的同僚因为昨晚的狂欢现在都还在酣睡。眼见康熙帝就要进帐篷查看，连忙说："外面亮，看折子清楚。"从木兰围场回朝后，康熙帝奖赏给张廷玉一大笔财帛，同事们也很感激张廷玉帮忙遮掩的事情。

一年一度的围猎结束后，朝堂之间的夺嫡之争也逐渐归于平静。大阿哥和太子相继失势后，八皇子也淡出了大统继承人争夺战。这位太子被废之后最被看好的种子选手——八皇子在木兰猎场犯了一个大错，那就是欺骗皇上。在木兰围场的狩猎活动中，八皇子什么都没猎到，但是为了跟康熙帝邀功，就派人送了几只猎鹰。康熙帝行猎多年，一眼就看出八皇子在弄虚作假。他在康熙帝心目中的印象直接一落千丈。

夺嫡之争逐渐平息，这让康熙的心情格外好。夏季康熙帝要到承德去避暑，在好心情的驱使下，他除了随行的妃子太监之外，还带上了一干大臣。在启程的时候，特意交代了让张廷玉和李光地乘一辆车。

李光地是谁？是朝中地位最高的汉臣。从排资论辈的角度来说，张廷玉还不够资格跟李光地乘一辆车。这就是康熙帝发出的信号，李光地老了，张廷玉就是李光地的接班人。

康熙五十七年（1718年）夏天，康熙帝要去承德避暑。张廷玉此时可以说是康熙帝面前的第一红人，去承德怎么也该有他的位置。但是当时新疆的战乱刚刚平息，在承德处理朝政的话万一出个什么差错，那可是后悔莫及的。康熙询问张廷玉："你是愿意跟朕去承德避暑啊，还是愿意留在京城为朕分忧啊？"张廷玉还是老样子，诚惶诚恐地说："皇上说了算，您让臣怎么办，臣就怎么办。"于是张廷玉就和李光地两人留在京城坚守岗位了。

说是张廷玉和李光地两人一起坚守岗位，其实真正干活的只有张廷玉一个人。李光地李大人这人什么都好，唯一的缺点就是好色。这一年，年过七旬的李光地又娶了个比自己小半个世纪的姨太太，真是捧着怕化了，顶着怕摔了。就这么夜夜笙歌，李光地老先生的身体很快就坚持不住了，所有的事情自然就都压在了张廷玉的身上。张廷玉本着做好分内事的信念兢兢业业地工作着，能自己解决的事情就自己解决，不能解决的事情就派人报告皇帝，绝对不麻烦李光地老先生。就算张廷玉这样照顾李光地，也架不住李光地自己找死，就在六月份的时候，李光地去世。

夏天过去了，康熙帝班师回朝。这个时候的康熙帝看起来精神比之前好了许多，不得不说着里面有张廷玉很大的功劳。都是因为有他在，康熙帝才能够放心地休养。康熙帝自然也不会亏待辛苦了一个夏天的张廷玉，回朝之后马上就赏赐了一件黄马褂给他。

随后，康熙对于西北一带官兵屯田是否还有必要的问题征求了大臣们的意见，毕竟那么多的官兵一年下来消费颇多。张廷玉提出的意见是很有见地的，毕竟西南西北虽然都战乱频发，但是西南地区毕竟民族众多，人口稀疏，就算是起兵作乱也成不了什么气候，西北则不然。要是西北几省联合起来造反，那可是麻烦大了。所以西北方驻军屯田还是十分有必要的。

张廷玉的意见无意间让十四皇子获益匪浅。因为十四皇子胤禵身份尊贵，并且有过随富宁安西北平乱的经验，所以西北的屯田驻军就交由他来管理。这支军队可是数目不少，足足有三十几万。一夜之间胤禵就成了朝臣眼中的红人，成了继承大统的热门人选。就在所有的大臣都忙着巴结胤禵的时候，张廷玉反而是躲得远远的。毕竟驻军西北的意见是他提出来的，要是在跟胤禵沾上什么关系，被扣个结党营私的帽子，那就要吃不了兜着走了。

不管夺嫡的结果会怎么样，张廷玉在这个问题上始终保持着沉默，就这样在平安无事中迎来了康熙五十九年（1720 年）的夏天。康熙帝早早就去承德避暑了，而因为李光地的离世，张廷玉责无旁贷地留在了京城。

京城有张廷玉坐镇，康熙帝这一年玩到十月底才肯回京。回朝之后，张廷玉对康熙一一禀报了这几个月发生的事情，之后两个人还拉了会家常，两人之间充满了默契与信任。谈了一会，年迈的康熙帝觉得有些困倦，张廷玉就识趣地告退了。

康熙帝与张廷玉交谈时候的样子，被来自意大利的宫廷画师郎世宁看在了眼里。他感慨地对张廷玉说："从皇上亲政开始，我就跟着陛下了。一开始，皇上身边有四大辅臣：索尼、鳌拜、遏必隆、苏克萨哈。后来又有索额图、明珠、张英这些栋梁肱股之才。但是如今，皇上身边就只有你一个了。"

听完郎世宁的话，张廷玉被吓出了一身冷汗。自古君王最喜欢的事情就是搞平衡，只有平衡了，避免了一家独大，皇权才能够稳固。但是现在朝中的情况，正如郎世宁所说的，康熙的身边就只有张廷玉了。从那天的事情中，张廷玉得出了两个结论：第一，现在朝中的势力不平衡，自己虽然没有野心，但是难免遭到皇上的猜忌。好好地夹着尾巴做人，低调行事才能保得平安。第二，皇上老了，自己虽然秘书工作做得好，但是真说起来好像没有什么文功武绩。不管是谁即位了，一查张廷玉好像什么没干过，那么这个地位恐怕就保不住了。

康熙六十年（1721 年）二月，山东有盐商劫掠富户，造成了混乱。自古山东多响马盗匪，大臣们都不敢去。张廷玉抓住了这次机会，万一康熙帝什么时候没了，自己好歹也算有些功劳给新皇上看。张廷玉那时候已经是兵部左侍郎了，虽然他不会带兵打仗，但是带着官兵剿灭些盐商想来还不成问题。康熙批准了张廷玉去山东剿匪，人还没出发，山东就传来消息，反贼已经被地方官兵剿灭了。张廷玉很沮丧，但是康熙帝却并没有收回派他去山东的命令。张廷玉去山东的任务从剿匪变成了审讯反贼。因为张廷玉没什么经验，还特意派了内阁学士登德和都统陶赖两个人帮衬着张廷玉。

世上无不散的宴席，康熙与张廷玉这段默契的君臣关系也随着康熙的驾崩走到了尽头，而继承大统的是朝中大臣们关注度极低的四皇子胤禛。虽然说张廷玉从不参与夺嫡的斗争，但是胤禛可以当上皇帝张廷玉居功至伟。这究竟是为什么呢？民间流传的胤禛修改了皇帝的诏书是真是假？下面我们就来看一看。

第二章
走向巅峰

史书上对于雍正皇帝的记载大多是冷酷无情的，但是雍正帝却经常在张廷玉面前展现出温情的一面。张廷玉与雍正帝的关系绝不仅仅是君臣，更是相知相惜的知己。就是在雍正皇帝的宠信之下，张廷玉成为清朝第一权臣。

新官上任与"三把火"

雍正帝即位以后，首先做的事情自然就是稳固自己的皇位。远在天边的十四皇子暂且不管，首当其冲的开刀对象自然就是八皇子。新君即位，要选出四位总领朝廷事务的内阁大臣，雍正选的是隆科多、十三皇子胤祥、八皇子胤禩和八皇子的亲信马齐。虽然胤禩和马齐在内阁大臣中占据了半壁江山，雍正帝却也借由这件事情向胤禩的党羽们发出了一个信号：新君英明仁慈，对于过去的事情可以既往不咎，不用冒着杀头的风险造反了，赶紧投降吧。就这样不动一兵一卒，雍正帝就把八皇子胤禩的问题解决了。知道八皇子已经投降的消息，十四皇子也没了底气，不敢再轻举妄动了。

之后要处理的就是康熙帝的丧事，雍正接下来几天很好地扮演了一个孝子的样子，终日在乾清宫中号啕大哭。这可苦了张廷玉了，皇上不上朝，只能由他按照雍正帝的口谕处理朝中大小事了。每天往来乾清宫多达几十次，但是张廷玉不抱怨，还能有条不紊地把事情做好，效率也是极高。

这一手可是让雍正帝大为震惊，他从来没想到康熙帝秘书的业务居然如此娴熟。没几天，张廷玉就又升官了，从礼部左侍郎升为礼部尚书，成了一品大员，同时还要负责编撰关于康熙帝生涯的《圣祖仁皇帝实录》。

孝子雍正要亲自护送灵柩前往遵化的景陵安葬，这是礼部的事，张廷玉自然也要随行同往。行至半路，一同前往的十四皇子请求马上回西北军营，说边境有军务大事。

雍正帝马上以十四皇子擅自离去是不守孝道，岂不是愧对了先帝的宠爱为由拒绝了他。十四皇子自以为深受康熙宠爱，康熙若是立嗣肯定非自己莫属，雍正提到先帝就把他的火点着了，与雍正大吵一架。最后在十三皇子和八皇子的劝解之下，十四皇子才低头认错。

在回朝的途中，雍正就对十四皇子动了心思，如果不尽快处理，必将成为心腹大患。但是胤禵毕竟是他的弟弟，刚登上皇位就打压兄弟，怕是好说好不听。他叫来张廷玉和十三皇子胤祥来商讨如何处置十四皇子的问题。

雍正先问张廷玉："张廷玉啊，你觉得十四亲王应该怎么处置啊？"张廷玉对于这种问题早就驾轻就熟了，张口就来："皇上说怎么办，那就怎么办。"张廷玉用这句话让康熙帝满意过无数次，也为康熙帝背过无数口黑锅，到了雍正这，这句话好像不怎么顶用。雍正帝没理他，面沉似水地问胤祥同样的问题。胤祥跟雍正帝的关系好着呢，他也是皇子，自然不想背这个黑锅，很迂回地说："这事可不是小事，让我考虑考虑。"

张廷玉看着雍正连问两次，马上明白雍正和康熙不一样。康熙帝脸皮比较厚，臣子只要回答"一切由皇上做主"，他就想干什么就干什么了。雍正脸皮薄，你得亲自开口他才满意。想到这一节，张廷玉马上开口说："先帝当年在世的时候，十四皇子在西北征战。如今西北已定，先帝如果泉下有知肯定希望十四皇子能够多陪伴他。"

雍正对这个答案十分满意，马上就下令让张廷玉拟一道圣旨，命十四皇子去看守景陵。

张廷玉写完诏书之后，一反过去被动的态度，主动对雍正帝说："前往大西北传旨一事，就交由微臣吧。"

雍正帝刚刚即位，先用软刀子给八皇子来了一刀，接着又把十四皇子发配去守皇陵了，那么下面会发生什么？估计又有哪位皇子要倒霉了。张廷玉主动请缨去传旨，就是为了躲过雍正帝处理其他皇子的风头。皇帝的家事可不好掺和，一不小心脑袋可就搬家了。

张廷玉的判断很准确，他还没到大西北就收到了消息，雍正帝向九皇子胤禟动手了。九皇子胤禟和八皇子胤禩从来都是一个鼻孔出气的，虽然他文不成，武不就，但是却有一样特别的本事，那就是捞钱。康熙帝还在位的时候，他就发现了这位九皇子特别的本领，对于金钱的敏锐性。于是要对王公贵族们进行抄家的时候，这位九皇子就是不二的执行人。抄家固然是要把东西罚没充公，九皇子却总能找到办法中饱私囊。康熙帝对他的行为睁一只眼闭一只眼，毕竟肥水不流外人田，进了九皇子的腰包也算还是皇室的东西。

九皇子对政治不感兴趣，没有人将他当作敌人。别人都在夺嫡的时候，九皇子则利用自己的皇家身份做起了买卖。从一开始小打小闹的普通生意，到后来去关外的皇家园林盗挖人参来卖，几年之间九皇子就成了诸多皇子中的财神爷。有了这座财神爷当靠山，八皇子拉拢起人来也是出手阔绰，所以说八皇子能有今天的人脉，他算是功不可没。

雍正即位的时候，接手的国家虽然幅员辽阔，但是国库里面却因为常年的征战空空如也。当时十三皇子曾经向雍正建议过拉拢九皇子，但是出于当时观念中对商人的轻视，雍正拒绝了他的建议。雍正认为九皇子敛财的本事不能算本事，他不过是仗着康熙帝的宠爱充当了为大清国看管财物的人而已。

等张廷玉从十四皇子那边回来以后，乾隆马上就召见张廷玉，让他拟旨处理掉帮九皇子做生意的两个太监。至于九皇子如何处理，君臣二人一番商议后，决定给他安上一个"外表淳厚，内里奸狡，纵容下人滋扰民间"的罪名，将他发配去陕西，毕竟陕西是年羹尧的地盘，并且那地方穷到有钱都没地方花的地步。有年羹尧从旁监视，再加上那地方钱不太管用，谅他也没办法再翻身了，现在的八皇子可谓是真正的"光杆司令"了。

伴君如伴虎

雍正二年（1724年），张廷玉负责的《圣祖仁皇帝实录》初审稿已经出来了，张廷玉在这本书里可没少花心思。对于康熙帝的事情张廷玉坚持"大事吹嘘，小事不提"的八字方针，让雍正十分满意。让他更加满意的是张廷玉对于夺嫡的事情也进行了描写，夺嫡中的众皇子们或多或少都有些缺陷，让读过这本书的人一眼就看出来他们不是当皇帝的料。夺嫡引发的事件也被张廷玉描写得血雨腥风、祸国殃民，从而衬托出没有参与夺嫡的雍正帝是多么地英明神武。

在这本书正式成稿之前，肯定要请雍正帝写个前言的。雍正帝抓住了这次机会，连夜奋战，写出一篇十分有政治意义的《朋党论》。这篇《朋党论》可以说为朝廷打压朋党余孽打下了理论基础，机灵的张廷玉在雍正帝当朝演讲完这篇《朋党论》以后马上将它加量印刷发往各地。

有见识的大臣看见这篇《朋党论》马上就明白八皇子要倒霉了。果不其然，没过多久，雍正帝就指示隆科多彻查八皇子的党羽，能抓就抓。

雍正三年（1725年），雍正帝守孝期满，按照惯例，皇帝继位时所册封的四位协理辅政的大臣就应该请辞了。张廷玉知道雍正早就按捺不住想要处理八皇子了，于是就递了一封协理大臣请辞的奏折。第二天早朝，雍正就拿着张廷玉的折子与大臣们商议起协理大臣的事。四位协理大臣当场请辞，雍正帝也爽快地同意了。但是当总结到几位协理大臣这三年来的功过时，雍正帝表扬了十三皇子、马齐、隆科多三人，着重提出八皇子在这三年里光拿钱不办事——你当年虽然随着康熙帝南征北战，立下汗马功劳，但是和平年代讲究治国，你没这个本事，还是别当官了吧。

就这样，八皇子胤禩开始走上了政治的下坡路。从雍正三年（1725年）到雍正四年（1726年），胤禩及其党羽被多次降罪。雍正四年（1726年）时，在全国昭示八皇子胤禩、九皇子胤禟和十四皇子胤禵的罪状，八皇子的罪状多达四十余条，被打入天牢。没过几个月，胤禩就死在了监牢之中，死因是患上了怪病，呕吐不止而死。

张廷玉很善于总结经验，对这段时期发生的事情，张廷玉已经懂了，只要雍正帝跟他问起谁，谁就要倒大霉。刚处理过八皇子没几天，雍正就对张廷玉问起了年羹尧。虽然年羹尧过去是雍正帝的重臣，但是在张廷玉总结完经验以后，他已经明白要站在什么角度评价年羹尧了，他说："年将军英勇善战，但是为人十分霸道，朝中不少大臣表示年将军有些目中无人。"雍正停顿了一会，又问："近来听朝中大臣常常议论'年选'的说法，这是真的吗？"张廷玉听到皇帝已经提到"年选"的事了，那自己说话也不用太小心了，于是回答道："年将军位高权重，朝中大臣凡事想要谋求什么职位，就要在年底给年将军送上一份厚礼，然后就可以得偿所愿。至于具体是怎么做的，微臣就不清楚了。"

年羹尧本是雍正皇帝的心腹，两人关系原本极好，年羹尧的妹妹还是雍正帝的贵妃。那么究竟是什么原因让雍正帝想要除掉年羹尧呢？

年羹尧镇压了西北的叛乱后，仗着自己赫赫战功，开始目中无人起来。他赏赐属下的时候，属下一定要向北叩头谢恩。发给其他总督或者平级大臣的文书都自称"令谕"，把其他平级官员视为下属。蒙古亲王见年羹尧的时候甚至要对他行跪拜之礼。朝廷派去传达信息的御前侍卫，年羹尧敢扣留在自己身边使唤。当朝官员想要什么职位，只要得到年羹尧的推荐便可，年羹尧所推荐的人，一律先行录用，这就是"年选"的由来。年羹尧还将自己的亲信安插在军营中，导致整个西北方的军官和地方官员形成了一个以年羹尧为首的权力集团，人人只知道有年羹尧，不知道有皇上。年羹尧所做的这一切都表明他这是要跟雍正帝平起平坐了，雍正帝如何忍得了他。

年羹尧在西北已经跟土皇帝一般，势力庞大并且根深蒂固。想要一下彻底拔除是不可能的，只能一点点地瓦解。雍正帝先是下了密诏让那些还没有加入年羹尧权力集团的大臣与年羹尧划清界限，避免年羹尧的势力扩大。随后将年羹尧的心腹四川提督调回京城，将甘肃巡抚胡期恒革职查办。年羹尧此时已经去掉了左膀右臂，随后雍正帝又颁布了地方大员轮调制度，将年羹尧调往杭州。年羹尧离开了西北，就像是无根的野草，想要拔起来就容易得多了。朝中大臣见年羹尧失势，纷纷落井下石揭发年羹尧的罪状。

雍正帝假装顺应大臣们的意见，先是削掉了年羹尧的职位，随后在九月份将他缉捕。几个月后，雍正帝搜集了年羹尧多达九十余条罪状，判处年羹尧凌迟处死，但念在年羹尧为大清立下汗马功劳，改判为让年羹尧在狱中自裁。年羹尧的子孙全部发配边疆，家产充公，朝中做官的年氏子弟一律革职。

雍正帝曾经的心腹，不可一世的年羹尧大将军就这样倒掉了，张廷玉感觉到压力很大。伴君如伴虎这话一点都不假，张廷玉只能更加小心翼翼地尽自己的本分做好工作。这个时候他对雍正帝来说还只是一个优秀的秘书，并没有太多的政治资本。想要拥有屹立不倒的政治资本，他还要做一个能臣。张廷玉想要展现自己的能力，于是就主动提出要解决"棚民"的问题。

所谓的棚民就是生活在土地贫瘠地区的农民，他们为了生存不得不迁移到土地肥沃的地区开垦荒地，或者是从事其他低端的手工业，比如铁匠、矿工之类。他们因为经济条件买不起房子，只能搭建窝棚，所以称为"棚民"。

"棚民"们作为外来人口，想要安身立命自然要格外勤奋。不少"棚民"经过数年的奋斗，打下了一片家业，不少"棚民"的经济收入甚至超过了本地居民。本地居民眼看着这些外地人富了起来，心里自然不平衡，认为是这些低贱的外地人赚走了自己的钱，开始有组织地打压外来居民。外来居民大多都是从同一个地方来的，也是团结得狠，于是双方经常发生冲突。后来随着冲突的规模越来越大，甚至出现了大批"棚民"造反的现象。

张廷玉想要解决"棚民"这个严重的社会不稳定因素，就必须要了解棚民。他先是询问地方官员关于"棚民"的一些情况，可是地方官员能提供的资料少之又少，无奈之下张廷玉只好亲自走访"棚民"，与他们交流。

张廷玉身着便衣，走访基层后，很快就得出了整治"棚民"问题的方法。他递给雍正帝的折子上大致写了三条意见：

第一，改善户籍制度，给棚民合法的户籍，让他们享有跟当地居民同等的权利。

其次，地方衙门要加强管理，尤其是对暴力冲突事件要给予严厉打击。当地的官员、乡绅要经常做些宣传教育，让"棚民"对于所在地有归属感。

最后，让"棚民"的子女与本地居民一样享有同样的受教育的权利，不得擅自增加费用。对于品学兼优者可适当减免学费。

短短的三条意见就解决了困扰大清朝多年的"棚民"问题，雍正帝龙颜大悦，张廷玉也得到了不少赏赐，张廷玉从内阁大学士晋升为文渊阁大学士、翰林院掌院学士。这次一起受封的还有李卫、鄂尔泰和田文镜等人。

面对共同受封的几人，张廷玉心中喜忧参半。喜的是雍正帝喜欢的臣子并不是只有自己一个，他可还记得当年意大利画师对他说的"如今皇上身边只剩您一人了"的话，皇上身边多几个人，这对自己总是好的；忧的是这几人遭到封赏，怕是朝廷又要有新的动作，自己要赶紧搞清楚风要往什么地方吹了。

皇帝心，海底针

果不其然，被封赏的另外几人很快就有了动作。李卫是个没什么学问的人，他是个不折不扣的富二代。当年他父亲拿出一大笔钱为他捐了个户部的小官。李卫这人虽然没什么文化，但是性格刚强，不畏权贵，做事讲究稳、准、狠，这一切都非常符合当时雍亲王的口味。几年后，雍亲王变成了雍正帝，李卫也自然是跟着鸡犬升天了。

雍正帝封赏李卫，是打算用李卫去整顿吏治。李卫疾恶如仇，尤其是对贪官的仇恨。李卫当年捐官的时候就被贪官狠狠地敲过一笔，而雍正帝也是十分痛恨贪官，地方官员贪污满五十两银子就可以砍头了。之前整顿吏治主要是针对年羹尧管辖之下的川陕地区，虽然年羹尧倒了，但是这两省的官员曾在年羹尧的庇护之下贪赃枉法，中饱私囊。

　　整顿川陕吏治主要由张廷玉和十三皇子怡亲王负责。川陕地区因为年羹尧牵扯出一大批官员，所以现在大多数地方官都是刚刚走马上任的，也查不出什么来，所以张廷玉和怡亲王决定从跟随过年羹尧的官员查起。

　　没几天就查到雍正帝刚刚封的左都御史蔡珽是个大大的贪官，处置年羹尧的时候这个蔡珽曾主动揭发年羹尧的罪证，并辩称自己跟随年羹尧是迫不得已，雍正帝觉得这人能够来自首还算诚实，于是就加封了他。这才升官没几天，如果现在抓了他，那不就是在打雍正帝的脸吗？

　　张廷玉去请示怡亲王的意见，怡亲王带着张廷玉找到了雍正。雍正勃然大怒，要求严惩蔡珽，但是最终张廷玉和怡亲王为了顾全雍正的面子，还是暂且收监，半年以后才处理了蔡珽。

　　鄂尔泰也是雍正帝的心腹之一，此次鄂尔泰升官主要是因为雍正要让鄂尔泰总领西南方面的事务。西南所指的就是云贵、广西一带。这些地方在雍正年间还实行着土司制度。西南地区本身经济就不发达，人民受教育程度很低，没什么文化，土司制度更是严重妨碍了西南地区的繁荣昌盛。

　　各地方的土司就是当地的土皇帝，土司拥有管辖范围内包括人民一切东西的支配权。当地居民就是土司的奴隶，他们被土司当成牲畜一般看待，可以随意被转让、体罚，甚至不少土司还用活人来祭祖。这些事情对于雍正帝来说是人家的家事，他不想管，但是这些土司越来越过分，他们居然自己组建军队骚扰附近的居民。大大小小的土司辖地有数千个之多，根本不服中央的管制，这才让雍正帝起了改善这种土司制度的决心。

早在康熙年间，张廷玉就和康熙帝讨论过如何改善土司问题。张廷玉给出的建议是：首先，应该取缔当地不把人当人的奴隶制度；其次，可以邀请土司和土司的家眷到京城来，将他们作为人质，逼迫他们臣服大清；最后，朝廷派官员前往当地代替土司进行管理，改土司制度为正常的流官制度。这些建议就是后来我们知道的"改土归流"。康熙帝在位的时候各地战乱不断，改土归流这种事情朝廷也没什么精力去应付。

"改土归流"再次被提出来，并且是作为朝廷的重点方针，张廷玉心中也是高兴的。朝廷的大臣们对于"改土归流"一事看法却有不同，怡亲王和鄂尔泰等重臣表示应该彻底贯彻"改土归流"，对于负隅顽抗的土司，马上派大军镇压，绝不姑息。其他一些汉臣表示当年康熙帝没有坚持"改土归流"，主要是因为怕引起内乱。如今雍正帝继位时间太短，脚跟还没完全站稳，如果剿灭土司的事情引起了反弹，西南战事再起，那麻烦就大了。

两派僵持不下，要是放在往日，张廷玉早就在旁边闭目养神，装傻充愣了，但是今天的事情可不比往日的。他早就知道雍正帝下定了决心要贯彻改土归流的方针，今天的朝议只是走个过场而已，他本人又是改土归流基础版本的始作俑者，于是立刻站出来，说："各级土司，不服管教，侵扰汉民，长此以往必定影响政局稳固。此次'改土归流'，务必要尽快解决，如不能尽快解决，必当助长土司们的蛮横作风。如果其他边陲的封疆大吏争相效仿，那么就要天下大乱了。何况今时不同往日，大清兵多粮广，'改土归流'必能成功。"

朝中大臣一看，张廷玉都说话了，那皇上心里肯定早就决定好了，于是再也没有人提出反对意见了。

轰轰烈烈的"改土归流"开始了，很快，鄂尔泰就遇到了"改土归流"的第一位抵抗者，他就是广顺长塞土司。这位野蛮的土司把圣旨摔在地上，用脚去踩踏，并且砍下了前去送圣旨的官员的脑袋，挂在城楼上。面对如此的挑衅，鄂尔泰气得暴跳如雷，立刻派出五万精兵，血洗了广顺长塞，之后又在广顺长塞地区设立了管辖机构。这次的行动大大地震慑了西南地区其他的土司，为"改土归流"开了个好头。

雍正接到剿灭广顺长塞土司的捷报后，立刻给鄂尔泰升官，鄂尔泰就这样做了广西、云南、贵州三省的总督。

雍正五年（1727年）的端午节，张廷玉因为过度操劳而病倒了。雍正帝赶忙派了几个太医去医治张廷玉，并且还亲自去探望了他。张廷玉十分感动，想想自己也算是超越了父亲张英，光耀门楣了。毕竟张英生病时都没有受到皇帝的亲自探望。张廷玉康复以后，马上就去找雍正帝请安，他知道雍正帝还有很多事情要他做。

一见到张廷玉，雍正就扔给他两个重磅消息，第一个就是鄂尔泰对于"改土归流"计划执行得非常好，该打的打，该安抚的安抚，尺度把握得非常好。很多土司对新的流管制度十分抵触，征召军队与朝廷对抗。临时招募的民兵如何敌得过鄂尔泰的精锐，一年时间鄂尔泰就打下了千余座土司的要塞。

第二个消息就是雍正帝接到探子的密报，说隆科多离京后，在地方张扬跋扈，甚至不知死活地效仿当年的年羹尧，搞了个什么"佟选"

（隆科多全名佟佳·隆科多）。

　　其实雍正帝早就想要收拾隆科多了，只是苦于要收拾的人太多，并且站稳脚跟还需要他，才留他到现在。早在康熙五十九年（1720年），隆科多因为与诸位参与夺嫡的皇子关系都不密切，所以被康熙帝授予监视夺嫡斗争的任务。但是隆科多所谓的中立不过是假象而已，他其实是八皇子的人。康熙帝信任他，并不知道他背后一直给八皇子传递消息，雍正帝却早在做皇子的时候就知道了。他之所以一直容忍隆科多这个两面派，一是他能够登上皇位，隆科多功不可没，二是因为雍正帝刚刚即位，需要这么个统辖九门的武将做自己的重臣。现在不一样了，雍正帝的龙椅已经坐稳了，怎么会容忍隆科多这样一个人脉广阔、英勇善战，但是却阳奉阴违的人做自己的重臣呢？何况隆科多知道的实在是太多了，那封先帝的遗诏，只有雍正帝、隆科多和张廷玉知道是怎么来的。

　　即便隆科多如此跋扈，张廷玉心中还是升起一股兔死狐悲的感慨，毕竟他和隆科多都参与了扶雍正帝上位。隆科多的身份地位可是要比张廷玉高多了，隆科多的姐姐是康熙的皇后，隆科多的父亲更是大名鼎鼎的佟国维，如今连他都出事了，是不是厄运就快轮到自己了？

　　张廷玉跪在雍正帝面前为隆科多求情，同时也算是为自己讨个说法："隆科多不是年羹尧，他并没有密谋造反，只是行事略微蛮横一些。念在佟家三代也算为大清立下汗马功劳的份上，请从轻发落他吧。"

　　雍正帝一看张廷玉跪下了，又听他给隆科多求情，马上就明白是怎么回事了。本来他也没想杀隆科多，毕竟隆科多算是皇亲国戚，另外立下的功劳也不少，于是就假装给张廷玉一个面子，把隆科多下了大狱。

　　张廷玉的表现雍正帝十分满意，雍正帝直接就把张廷玉从文渊阁大学士升到了文华殿大学士。大学士已经是大清朝最高的文职了，张廷玉对于这个赏赐诚惶诚恐，他也明白虽然好像是自己跟怡亲王定了这个计划，其实自己只是传了个话，没什么功劳。除此之外更令张廷玉惶恐的是，雍正帝还赏赐了他几万两银子。

张廷玉当时的工资一年下来只有二百两银子，而将"贤""忠""愚"当成做官标准的张廷玉基本没有其他的灰色收入。当张廷玉拿到这等同于他几百年俸禄的赏赐时马上诚惶诚恐地进宫谢恩去了。

说来雍正接手康熙的烂摊子，日子过得也不怎么好，国库经常都是空的。张廷玉此次前来除了谢恩，更希望雍正能够收回一部分赏赐，将钱用在其他的地方。张廷玉说："臣子为朝廷效力，本就是应该的，蒙圣上厚爱，赐予微臣官职，微臣已不胜惶恐。如今又赏赐财物，微臣万万不敢接受。朝廷此时与准格尔部的战事尚未彻底结束，西南土司问题也没解决，棚民的问题更是需要朝廷划拨银两解决。皇上您已经半年没有添置新的龙袍了，却如此恩宠微臣，微臣受之有愧啊。"说完之后张廷玉竟在不知不觉中泪流满面。

雍正帝看着老泪纵横的张廷玉，也很是难过，他说："爱卿，你父亲张英一生廉洁，两袖清风，他走的时候没有给你留下什么东西，我都知道。你也是为官清廉，为朝廷日夜操劳，有你们父子真乃大清之福。可是你家里一天要多少花费用度你可知道？你夫人为了补贴家用把陪嫁的首饰也去换了银两你可知道？你为大清不惜身心地效力，家中却过得如此窘迫，你让朕于心何忍？你心中只有国家大事，你的妻儿又是如何度日你可知道？"

雍正帝的几个问题把张廷玉问得又是感动，又是害怕。感动的是雍正帝居然如此体恤自己，不仅关心自己，还关心自己的家庭。害怕的是自己都不知道自己家里一个月要用多少银子，皇上他居然知道得一清二楚。这么一想，皇上到底有多少眼线，所有朝臣家中的情况皇上岂不是全都一清二楚？

最后张廷玉又推辞了一番，终究拗不过雍正，把银两收下了，但是从那天开始，张廷玉不管是出于感动还是害怕，都把"忠"字念得更多了。

汉官难做

雍正六年（1728年）的春天，一年一次的官员评定结果出来了。一年以来为大清国呕心沥血的张廷玉不出所料又升官了，这次他升到了保和殿大学士，从此开始单从级别上来说，他已经升无可升了，真正的位极人臣。同时张廷玉还为朝廷推荐了不少人才，这些人才多数都是寒门子弟，与其他朝臣并无瓜葛。这种人才张廷玉喜欢，雍正帝也喜欢，用着放心。但是张廷玉还不敢直接把翰林院的人推荐去吏部上班，因为那时候他已经是吏部尚书了，直接上班难免有结党营私、培植亲信的嫌疑。他将这些人推荐给十七皇子果亲王胤礼，让胤礼来考核，借此告诉皇上，我选人是秉持着公平、公正、公开，绝不会徇私的。

张廷玉身居高位，却远远比其他朝臣过得更加小心翼翼，但是在张廷玉不断升官的节骨眼上，发生了一件事情，这让张廷玉更加小心了。

从满人入主中原开始，各种反清复明的活动就不曾间断过。那年的九月底，发生了一件让雍正帝怒发冲冠的大事。事情发生在川陕总督的衙门口，川陕总督岳钟琪的轿子正从衙门里出来。一位身穿白衣、书生打扮的人突然冲过高举回避牌子的兵丁，跪在了轿子前，高举一封书信。岳钟琪接过书信，立马被吓得魂不附体。

书信中写的全都是煽动岳钟琪这位岳飞的后人反清复明的话语，还列出了雍正皇帝的数条罪证。岳钟琪将事情上报给雍正皇帝后，假意要参与他们的反清复明，然后将这伙人一网打尽了。拦轿的年轻人名叫张熙，他的老师就是幕后主使者——曾静。

人是抓了，在怎么处理这些人的问题上朝廷犯了难。这些人不可随意处置，不然就会引起满汉的冲突。以张廷玉为首的汉官和以鄂尔泰为首的满官一致认为处死首恶曾静和张熙，其余的人从轻发落，这样才能平息民族纷争。雍正帝是个特别爱惜名声的人，他没有杀曾静和张熙，反而说他们是受到了吕留良作品的蛊惑，命他们二人在全国承认自己的罪状，陈述雍正帝的仁慈。已故的吕留良则倒了大霉，他的尸骨被挖出来鞭尸，著作也在全国范围内遭到了毁灭，民间传说雍正帝就是被吕留良的后人吕四娘刺杀而死。

雍正帝本身就是背负着巨大的压力登上帝位的，他登基的正规性一直被质疑，他的能力一直被拿来与前朝的康熙帝对比，而此时汉人还打从心眼里瞧不起这位满族皇帝。雍正的压力大，张廷玉的压力就更大了。

雍正皇帝一直在蒙受着许多不白之冤，这些不白之冤让汉人觉得雍正这个满洲人不配做皇帝，吏治改革让雍正帝看上去冷血无情，康熙帝的光辉掩盖了雍正所付出的努力。雍正是个好皇帝，康熙帝其实并没有人们认为的那么功勋彪炳，他着实地为雍正留了一副烂摊子。

康熙帝南征北战的丰功伟绩是为人所津津乐道的，但是如果情况不是他遇到的那样，他可能也不会选择让国家处于持续的战争当中。吴三桂有反心，三藩不能不打，用了八年时间平定三藩，耗费银两无数。后来在施琅的劝说之下，属于大清领土的台湾也总要从郑家人手里收回来，又打了几年。接着俄国又侵占大清东北方的土地，抗击侵略者，不能不打。刚刚打退了俄国侵略者，准格尔部又在蒙古闹起了分裂，还是要派兵前去平叛。

这些战争一场一场地打下来，大清的版图得到了巩固，但是国库里的银子却也都打空了。国库空了，但是官员们可是富了。康熙脑子里整天琢磨的都是怎么打仗的事，很少有时间去整顿吏治。一时间官场之上贪腐成风，官员们以调拨军用物资作为借口，将大笔大笔的库银装进了自己的腰包。许多官员甚至希望战争和叛乱永远都不停该有多好，这样自己的腰包就会越来越鼓。

雍正接手了康熙帝的烂摊子，看着空空如也的国库他也是伤透了脑筋。康熙帝害怕过多的赋税会引起民间的反弹，于是下令大清国永远不再向老百姓增加赋税，雍正帝自然不能打自己老爹的脸去朝老百姓要钱。于是找来张廷玉和怡亲王一起商量如何填补国库的空虚。结论也很简单，不能像老百姓要，那就朝当官的要啊，那些贪官污吏亏空了库银，自然要让他们拿来补上。就这样，由雍正帝指挥张廷玉和怡亲王执行的吏治改革轰轰烈烈地开始了。

刚开始的时候，那位疾恶如仇、不畏权贵的李卫就给雍正帝出了个好主意，那就是将亏空库银这件事情从民事责任上升到刑事责任，这样雍正帝原本的指示直接升级成了法令，法令的主要内容是：朝廷将会派钦差彻查从康熙年间以来国库亏空的钱粮，各地、各级衙门都要接受审查，所有的亏空必须在三年之内填补上，不得摊派给百姓，不然的话一律重办。

这道圣旨起到了敲山震虎的作用，所说的重办可不是不交钱出来以后别当官了，好好地当个富家翁也可以，而是直接要你人头落地。而官位则直接由当地的廉洁官员继任。雍正帝陆续派出自己这一派的官员出任钦差大臣，前往各地监督各地官员，钦差大臣同时受到当地官员的监督，如果发现钦差大臣有徇私枉法的嫌疑也可以进行检举。这样当地官员和钦差大臣互相监督，形成了一个相当严密的反腐网络。

为了杀鸡儆猴，也为了体现出自己整顿吏治的决心，雍正帝准备先拿自己的弟弟——十二皇子胤裪开刀。履郡王胤裪曾经做过内务府大臣，内务府就是一个典型的一直在亏空的部门，胤裪自然也是捞得盆满钵满。就在雍正帝颁布整顿吏治的圣旨以后，所有的大臣都把目光盯在了胤裪身上。

为了维护自己明君的形象，这种事情自然要交由怡亲王来处理。胤裪也是马上耍起了无赖，把自己家中的财物当街拍卖，就是为了要丢雍正帝的脸。要钱不要脸，要脸不要钱，雍正帝根本没理这茬，该怎么查还是怎么查。最终胤裪变卖了所有的家产，又向其他的皇子借了一屁股的债才还清了内务府的亏空。

眼见皇帝的亲兄弟为了填补亏空都把自己的王府当得空空如也了，臣子们这才知道这次整顿吏治究竟会下多重的手。这一手却赢得了百姓们的好评，一时之间百姓人人交口称赞。

自古以来不管皇帝想干什么，身边都少不了出主意的臣子。皇帝要敛财，自然有人帮忙巧立名目，皇帝要整顿吏治，自然也有人帮忙出主意处理自己的同胞。通政司的官员钱以垲向雍正帝献计，凡是有亏空的官员，可以先抄家，后查办。这可谓是一招绝户计策，这招可以有效地防止官员转移自己的财产。

吏治整顿开始以后，发现有贪污、亏空等行为，马上把官员家中的财物抄个一干二净，他们的亲戚和门生也会一并查抄，清理得非常彻底。很多官员还不起亏空，为了避免家人受到牵连，纷纷畏罪自杀。面对这种情况，雍正帝犯了难，死人还要查？是不是有些不近人情。

朝议的时候，雍正帝抛出了这个问题，很多官员怕将来有一天查到自己头上，纷纷表示人家都被逼得自杀了，就别查了吧，而且过去一直都是这么做的。雍正帝想要的自然不是这个人死债清的答案，这个时候，皇帝的左膀右臂自然要跳出来力挺雍正帝。怡亲王首先站出来表示，既然要整顿吏治，那么不管出现什么情况，都应该一查到底，毕竟还是要以国家大事为重。

张廷玉也站了出来，态度强硬地表示大清整顿吏治已有四年了，官员们刚刚清廉了一点，但是国库已久亏空严重。要是官员畏罪自杀就放弃追缴财物，那么之前先被抄家后被砍头的官员岂不是死得冤枉？人死债不烂，不能因为人死就破坏国家大计。

雍正帝很满意两位肱股之臣给出的答案，有的臣子觉得查到自己以后官职和财产都保不住了，想要一死了之给子孙后代留一笔钱，张廷玉和怡亲王给出的建议彻底断绝了他们这种念头。要么就交出钱财，要么钱和命什么都没有，各地亏空库银的大臣们自然也是识相地填补了国库。这样一来国库很快就满了，但是也因此得罪了不少大臣。曾静那件事情得罪了全天下所有的汉族文人，而这一次又得罪了朝中的满族大臣，所以以后正史和野史提到雍正帝的时候都会着重说他"心狠手辣"。

在雍正七年（1729 年）的时候，西南的"改土归流"已经基本完成了，但是西北的准格尔部却再次撕毁了纳贡称臣的诺言，开始了新一轮的叛乱。雍正帝的国库刚刚填满，现在打起仗来也有底气，于是马上出兵平乱。

仗开打了，中央方面的后勤工作也要做好。这个时候康熙设立用来研究汉文化和拟定圣旨的南书房就已经不能满足需求了。根据清朝开国的规矩，所有重大事件必须先经过内阁，然后才呈报给皇上。而如今内阁距离雍正帝所居住的地方太远，中间传递的过程中难免会走漏风声，要是军情大事泄密了，那么后果可是不堪设想。

为了增加消息的保密性，也为了让朝廷更好的指挥战事，军机房应运而生。军机房的成员由雍正帝亲自挑选，选择成员的时候首先要注意的就是对自己够不够忠心，毕竟到时候一切关于大清存亡的军事机密都要跟你商量。第一批军机大臣有怡亲王、鄂尔泰、张廷玉和蒋廷锡。

军机房设置好以后，办事效率果然大大提高了，所有军务消息都会先送到军机房。现在张廷玉是雍正帝的第一秘书，所以在这战争期间，不管有事没事，张廷玉都得在军机房待着，另外南书房那边也经常需要他，张廷玉就这样两边跑，没多久，他就瘦得皮包骨头了。

张廷玉老老实实地办事，雍正自然都看在眼里，眼见着张廷玉一天比一天瘦，雍正也是心疼不已。张廷玉家的宅子早就破旧不堪，他又没钱修整，与周围其他的大臣府邸相比，简直是丢雍正帝的脸，另外张廷玉年事已高，每天上班要走很远的路对他来说也是一种负担。

为了减轻张廷玉的负担和维护官员的体面，雍正帝赏赐给他一所宅子和金银各一千两作为装修费用。之后雍正帝为了体恤这位老臣，还找过各种各样的理由赏赐张廷玉不少金钱，即便在张廷玉实在推脱不掉的情况下，大部分也都被张廷玉以皇帝的名义拿去赈灾了。

作为臣子受到皇上如此多的恩惠，张廷玉也是投桃报李。一次京郊地震，当时正赶上雍正帝生病，但是面对重大灾情，张廷玉必须及时向雍正通报灾情。当时已是深夜，雍正帝曾经赏赐过张廷玉一面金牌，持这面金牌任何时候都可以无须通报进宫。这是张廷玉第一次使用这面金牌，也是最后一次使用这面金牌。

张廷玉进了雍正帝就寝的乾清宫，雍正帝早就睡着了，只剩下个太监在门口打盹。太监一看是张廷玉来了，就知道发生重大事件了，要进去禀报雍正。张廷玉拦住了太监，告诉他等雍正醒来再说。就这样，张廷玉就一直跪在雍正的寝宫门口，足足有 6 个小时。

等到天亮时分，太监说皇上醒了，让张廷玉进去的时候，张廷玉已经站不起来了。雍正帝得知张廷玉在门口跪了 6 个小时，自然是感动不已，对张廷玉大加赏赐。但是张廷玉却提出让雍正帝收回金牌，谨小慎微的他觉得自己持有这么一面可随时入宫的金牌，对雍正帝实在是太危险了。

雍正十三年（1735 年），就在张廷玉与雍正帝关系异常融洽，二人简直是鱼水一般的深情，不幸的事情发生了，雍正帝驾崩了。在雍正帝卧床不起的那段期间，他的口谕一直是由张廷玉来传达的。作为雍正帝的首席秘书，张廷玉站好了最后一班岗。那么雍正帝驾崩以后，乾隆帝登上了皇位，张廷玉又会有怎样的际遇呢？

第三章
圆满与不圆满

　　人的一生究竟要怎么样才算圆满呢？如果张廷玉在雍正皇帝驾崩后就急流勇退，死后配享太庙，那么他的人生可以说是圆满了。可惜大清朝离不了他，乾隆皇帝虽然讨厌他，觉得他是个一无是处只会作秀的臣子，但还是离不了他。

　　张廷玉老了，老到眼睛看不清，头脑也不清楚了，乾隆皇帝还是不肯放他回乡。一个头脑已经不清楚的老人，自然会干出一些荒诞的事情，招致乾隆皇帝更多的厌恶。

　　虽然张廷玉最后还是配享太庙了，不过这条路走得实在是太过艰辛，张廷玉最后的心愿也在他死后完成了，那么张廷玉的人生究竟圆满不圆满呢？每个人心中都有自己的答案吧。

君臣磨合期

雍正帝目睹了康熙朝皇子夺嫡的惨烈，自己早就想好了这一步。为了避免歧义，他还用满文和汉文两种文字书写了遗诏，藏在了朝堂龙椅上方"正大光明"匾额的后面。

遗诏的内容很简单，首先就是由宝亲王弘历继承大统，其次就是指定了十六皇子庄亲王胤禄、十七皇子果亲王胤礼、大学士鄂尔泰和大学士张廷玉四人为辅政大臣。乾隆皇帝举行完继任大典之后又宣读了一道雍正帝的密诏，就是张廷玉和鄂尔泰两人死后与雍正帝一起配享太庙。

雍正帝的遗诏让张廷玉一时之间激动得不能自已，从大清开国以来，还从来没有过哪个汉臣获得过配享太庙的荣誉，雍正帝果然和张廷玉君臣情深，自己的身后事中还不忘记对张廷玉施以恩宠。但是不管雍正帝的遗诏怎么说，到最后还是要乾隆帝给落实才行啊。当年张廷玉接触到乾隆的时候他还只是个亲王，如今乾隆当上皇帝了，这来往起来感觉可就不一样了。

乾隆皇帝的继位可以说是一帆风顺，没有遭遇到任何麻烦，这也导致了乾隆帝继位后有一种莫名的自信，所有的事情都不讲什么规矩，只知道依照自己的喜好行事。张廷玉身为一个秘书，一直是看着皇帝脸色行事的，目前这位新皇帝究竟是个什么脸色，他还没看明白。

反正不管新皇帝是个什么脸色，张廷玉决定办事还是谦虚谨慎为好。在这一点上另外一位配享太庙的辅臣鄂尔泰也是深表赞同。于是两人一起向乾隆帝发起固辞，称自己的功劳还不够配享太庙。按照过去的规矩来说，大臣要先请辞，然后皇帝不准，再次请辞，再不准，第三次请辞，皇帝依旧不准，然后臣子就可以假装妥协了。但是这位乾隆帝可是不喜欢来这套虚的，当张廷玉和鄂尔泰前去固辞的时候，乾隆帝直截了当地让几位大臣去找找有没有配享太庙可以请辞的。

　　鄂尔泰和张廷玉两个人马上就傻眼了，乾隆帝的这个意思不就是前面如果有惯例，那么就准了他们的请辞吗？张廷玉奋斗了半辈子了，不为钱，不为权，为了大清皇室尽心尽力，怕是现在最大的收获就是这个配享太庙了，他无论如何都不能放弃。第二天早朝他就为了自己配享太庙的事拍起了乾隆帝的马屁。张廷玉上奏说乾隆帝英明神武，学识渊博，独当一面毫无问题，叫辅政大臣不太合适，不如叫总理事务大臣的好。本来这个事情按照规矩，也是要皇帝自己谦虚一下，大臣再请求，才会答应。乾隆还是直截了当地说了两个字：准奏。

　　准奏这两个字看似没说什么，其实已经表达出了乾隆对这事其实不怎么在乎。

　　张廷玉在家中开始总结雍正帝在位期间的种种功绩，算来算去还真不少。最大的一件自然就是整顿吏治了。雍正帝的整顿吏治惩治了贪官，又充实了国库，实在是大功一件。

　　第二大的功劳就是"摊丁入亩"。什么是"摊丁入亩"呢？原本清朝的农业税收实行的是人头税，只要男子年满十六岁，就要开始缴税。雍正帝觉得这种收税方法并不公平，不是谁家生的孩子越多就越富，所以提出将人头税放到田地里面来收，田地越多缴的税越多。摊丁入亩大大减轻了老百姓的负担，也改善了民生问题。

在政治体制方面，雍正帝提出了建立军机房的制度，后称军机处。军机处相比以前的南书房来说工作效率提高了很多，并且保密性也更好了。此外雍正帝还有颁布"改土归流"法案和废除腰斩等功绩。

当张廷玉将这些功绩搜集完毕交给乾隆帝的时候可是着实把他吓了一跳，幸好张廷玉把具体数据删除了不少，不然乾隆帝的压力恐怕要比雍正帝刚即位的时候还要大。

乾隆帝刚从张廷玉那里领略到了张廷玉对于他爹有多了解，有多重要，张廷玉也马上就了解了乾隆帝的脸翻得有多么快了。

那一年的春天，又到一年科举的时候。张廷玉作为老牌考官，这一次自然也是作为主考官参加科考的。乾隆帝刚刚继位，张廷玉就领略了这位皇帝的喜怒无常，为了当好这次科考的考官，张廷玉决定不留任何隐患和把柄，宣布自己担任会试主考官时所有的亲戚朋友一律不得参加考试。

张廷玉觉得自己做得够好了，但是乾隆却还不满意。会试结束以后所有的副考官、主考官，甚至临时工都得到了嘉奖，唯独没有张廷玉。乾隆的意思是张廷玉你这样做，是不是作秀的意味太浓了，这样反而让其他人觉得这里面有什么问题。费力不讨好，两头得罪人，这一次可是把张廷玉气得不行。

张廷玉左思右想也摸不清楚乾隆帝到底是个什么套路，那么干脆，我不跟你玩了。第二天张廷玉就去找乾隆帝，以年事已高为由，要求辞去大学士之外兼职的户部尚书和吏部尚书的官职。喜怒无常的乾隆帝并没有答应，反而给了张廷玉一颗定心丸。乾隆帝表示，今年科考你的子侄全都因为你的原因而回避了，下次科考又是好几年，岂不是浪费了青春？今年的殿试将由我亲自出题，让他们都直接参加殿试吧。这回你满意了不？户部和吏部的兼职接着干吧，没你不行。

从皇宫里出来以后，张廷玉还是有些高兴的，他知道现在对乾隆来说自己还有利用价值。

两年的磨合期已过，张廷玉大概已经摸清了乾隆帝的性子，乾隆帝性格比较直，讨厌臣子跟他绕弯子、耍嘴皮子。但是就在这个时候，他却又领略到乾隆帝另外一个不好惹的地方，那就是精明。

乾隆三年（1738 年）的三月，工部报告了前两个月皇宫之内各项工程的开支，其中有一项，就是工部修缮太庙时，重新添置了太庙中的"庆成灯"，这些庆成灯共花费五百两银子。皇家工程动不动就是几万两、几十万两的花销，这小小的五百两对于皇家工程来说根本就是扔进河里连个水花都看不见的东西，但是乾隆皇帝却注意到了。他召来了张廷玉和另外一位保和殿大学士讷亲，还有工部的几位负责人，让他们好好看看工部报告来的各项支出。

张廷玉几人接过折子草草地看了一下，并没有发现什么问题。乾隆帝觉得有如此大的问题他们居然都没有发现，当场就翻脸了。他先是问讷亲："前几天你跟我一起视察太庙的时候，有没有注意到庆成灯有多少盏啊？"讷亲回想了一下，马上就明白了问题所在，但是那天乾隆帝也在场，谎话是不能说了，于是据实回答："36 盏。"乾隆一拍桌子，愤怒地说："36 盏灯，就要花去 500 两银子？买新的都够了吧。"众大臣听到这话，赶忙跪在地上，恳求乾隆帝从轻发落。

乾隆先是问张廷玉："张卿家觉得应该怎么办？"工部的诸位大臣都在场呢，这话不好说，要么得罪了皇上，要么得罪同僚，张廷玉只好装哑巴。乾隆可不像雍正那么好说话，张廷玉不说话，马上就问了讷亲。讷亲也是聪明人，一看皇上是就此事要证明自己的聪明才智，从轻发落肯定不合他的心意，马上说："虚报银两之数虽然不多，但是欺君罔上可是大罪，务必要彻查到底。"乾隆脸上马上就露出了笑容，他接着又问工部的几位大臣，工部的几位大臣早就吓坏了，只能说任凭皇上处罚了。

乾隆本来也没想把这事弄得多大，于是准许了工部尚书请辞的要求，其他人就从轻发落了。张廷玉这个时候明白过来了，这么点小事乾隆帝抓着不放，肯定是要证明自己明察秋毫的本事，这可是送到眼前拍马屁的机会，也顾不上得罪不得罪人了，马上推了工部几位大臣一把。他说："皇上，工部做出此等欺君的事情，从轻发落恐怕不好吧。工部虚报工程费用，以为可以蒙蔽皇上，可惜皇上慧眼识珠，看破了他们的计量。微臣认为应该严查到底，以杜绝这样的事情发生。以后皇家的工程，工部要严格估算造价，然后再向内务府申请。耗资巨大的工程由皇上亲自审批。这样才能杜绝此类事情的发生。"

乾隆帝觉得有道理，但是他不喜欢张廷玉，于是让自己的心腹讷亲去办这件事情。审查结果让整个工部都受到了牵连，几乎大小官员都降了一级。

有了这次的教训，张廷玉总算摸清了乾隆帝的作风，君臣的磨合期就这样有惊无险地度过去了。

树大招风

到了乾隆年间，张廷玉也算得上是大清朝的三朝阁老了。他从康熙帝在位的时候就明白了一个道理，那就是朋党之争就像是毒药，沾不得。朋党对于国家的危害是极其巨大的，两派互相斗争，难免有所损伤，最终吃亏的是国家。但是清朝从建国开始朋党之争就从来没有减少过，前朝皇帝解决朋党之中用过的最好的办法就是让两边的势力达到平衡，这样才能将国家的损失减到最低。

三朝阁老张廷玉什么没见过？康熙年间的夺嫡之争，雍正年间雍正帝除掉年羹尧、隆科多的时候，他都在旁边出谋划策来着。如今到了乾隆年间，他成了汉族官员中身份地位最高的，所谓树大招风，这次他再也没有那么好运气躲开朋党之争了。

鄂尔泰与张廷玉都是位高权重的大臣，可以说是大清官场上的领头羊。满族官员们唯鄂尔泰马首是瞻，形成了一个强大的权力集团。张廷玉无心朋党之争，他明白自己跟鄂尔泰的关系十分尴尬。交个朋友吧，两个人联合起来肯定会遭到皇帝的猜忌；当个敌人吧，那朝堂之上还不乱套了。所以张廷玉选择离得越远越好。张廷玉的远离并没有让鄂尔泰觉得安心，他还是被鄂尔泰视为眼中钉、肉中刺。鄂尔泰一心想要除掉张廷玉，经常怂恿手下的大臣弹劾他，而汉族官员为了攀张廷玉这根高枝，自然要拼命地维护张廷玉。就这样，以鄂尔泰为首的"鄂党"和以张廷玉为首的"张党"就这样形成了。

早在雍正十三年（1735年），张党和鄂党就开始正面交锋了。那一年鄂尔泰因为在"改土归流"的时候蛮横行事，搞得当地居民怨声载道，最终在贵州爆发了武装起义。雍正帝十分愤怒，本来"改土归流"是他看好的，计划他也参与了制定，"改土归流"肯定没问题，那黑锅就得鄂尔泰一个人背了。鄂尔泰这次被雍正帝骂了个狗血喷头，颜面全无。之后雍正帝派兵，平定了贵州的叛乱。随后派遣刑部尚书，也是张党的骨干张照前往贵州，作为大清在云贵一带的代理人。

张党因为张廷玉的低调行事，一直被鄂党打压。作为张党的骨干自然想要为张廷玉出口气。一到贵州，张照并没有代表中央政府安抚人民，反而是利用自己钦差的身份各个衙门口不停地奔走，搜集鄂尔泰渎职的罪状。例如鄂尔泰对地方爆发的起义隐瞒不报，鄂尔泰滥用私刑，鄂党的骨干张广泗在贵州贪赃枉法等事。

张照很快就搜集了鄂党一大堆的罪证，不管是确有其事，还是一些道听途说的事情，统统写到一张折子里，快马送进京城给雍正帝。张照的快马还没进京，雍正帝就驾崩了。张照也是活该，他来到贵州以后光顾着搜集鄂党的罪状，根本就忘记了自己的本职工作是来安抚贵州人民的。本职工作没干好，当地的苗民就又造反了。

张照是刑部尚书，不是兵部尚书，他不会行军打仗，很快就兵败如山倒。乾隆马上召回张照，派张照在折子里弹劾的张广泗前往贵州平叛。张广泗打仗比张照厉害多了，没多久苗民叛乱就被镇压了。

张照明白自己大祸临头，赶快去找张廷玉，求张廷玉帮他在乾隆帝面前说说好话。张廷玉活得那么小心，只敢对张照说保住他的命。

鄂党中的张广泗立功了，而张照无功而有罪，高下立判。张照之前弹劾过鄂党，鄂尔泰怎么能放过报仇的机会呢？极力在乾隆帝面前要求处死张照。乾隆帝玩弄权术的本领也不差，他明白张照是张派的骨干，要是处死了张照，那么鄂党将一家独大，自己的皇帝就不好当了。最终张照只是被下了大狱，没有处死。张廷玉在这件事情中扮演了一个极不光彩的角色。他答应了张照帮他求情，保他的命。但是在张廷玉看见乾隆为此事大动肝火的时候，果断抛弃了张照，上了一道折子指责张照妖言惑众、危言耸听，要求立刻处死张照，希望可以用张照的死平息乾隆帝的怒火。

第二次鄂党与张党的交锋发生在乾隆六年（1741年），山西道监察御史仲永檀秘密向乾隆帝上了一道折子，其中说了两件事情，第一件是京城富户俞君弼去世，他的孙子和女婿为了争夺巨额遗产贿赂朝廷官员，请了不少官员为俞君弼吊丧，其中张廷玉也派人送了帖子。第二件事情就是呈给皇帝的奏折泄密的事情。身为张党的吴士功上奏折弹劾湖广总督史贻直，乾隆本人自然不想破坏两党的平衡，这件事情就压了下来。但是没过几天，朝中就传得沸沸扬扬，说史贻直被弹劾五大罪状，在劫难逃了。压下来不办的事情在朝中传开了，说明皇帝身边的人肯定有他人的耳目。

乾隆帝看这个折子，第一个问题就说了张廷玉有收受贿赂的嫌疑，第二个问题又含沙射影地说张廷玉在皇帝身边安插奸细，那就赶紧查吧。张廷玉受贿的案子主要是由怡亲王来调查，怡亲王跟张廷玉两个人也算是老交情了，很快就查清楚张廷玉写了帖子只是出于礼节，并没有收受贿赂。

既然张廷玉没有受贿，那么仲永檀这道折子可就算是诬陷朝中重臣了，吴士功马上就参了他一本。乾隆帝不想把事情闹大，不仅没有处理仲永檀，反而还升了他的官。这第二次交手，张党又落了下风。

　　两次当面交锋，鄂党都占到了便宜。抱着大树底下好乘凉的想法，朝中大臣们纷纷投向鄂党，乾隆一拍脑袋，失策了。为了弥补自己的过失，他决定扶植一下张党。不久，之前被下了大狱的张照就被放了出来，官复原职。张廷玉当了几十年官了，心里怎么可能不知道乾隆要干什么。但是他累了，也确实年事已高，不想再跟谁斗下去了。他现在只有两个目标，一个就是乾隆可以放他回家养老，另一个就是死了以后能配享太庙。为了实现他的第一个目标，张廷玉数次向乾隆请辞，希望可以回家养老。乾隆为了平衡两党的势力连张照都放出来了，怎么可能同意张廷玉请辞。同意张廷玉请辞，张党可能几天就崩溃了，那乾隆还怎么搞平衡呢？

　　新升官的左都御史仲永檀看见张照居然放出来了，一肚子的不服。他折子上的第一件事情被张廷玉躲过去了，那么还有第二件呢。密奏被泄露这个问题还没解决呢，张党利用自己在皇帝身边办事的特殊条件往宫外传递消息，将来有一天国家机密被泄露了怎么办？

　　乾隆心里正烦着呢，看见仲永檀又旧事重提，表示张党办事向来谨慎，要说泄密，怕是你们鄂党要走在前面。这个事情被刚刚放出来的张照知道了，这可是天赐良机，张照怎么可能放过？经过张党的调查，最终张照获悉仲永檀把乾隆帝按下的密奏内容泄露给了鄂尔泰的儿子鄂容安。

　　张照马上就参了仲永檀一本，乾隆帝打开张照的密奏马上怒发冲冠了。仲永檀你整天来我这儿胡说八道，原来你是在贼喊捉贼。乾隆帝马上派几位亲王和张廷玉组成调查小组进行调查，结果仲永檀和鄂容安确实有泄密的行为。

张照很激动，终于等到为张党报仇的机会了。乾隆帝却不这么想，为了保持平衡，乾隆帝只是让仲永檀进了监狱，把鄂容安赶出了南书房，并且在朝堂之上臭骂了鄂尔泰一顿而已。两党对于乾隆帝来说哪个都不能少，哪个都不能太弱。

就在乾隆帝维持着两党之间的平衡时，突如其来的变故却不可阻止地将其打破：鄂尔泰死了。鄂尔泰的死标志着两党之间的争斗可以暂时告一段落，而乾隆皇帝也遵守了雍正帝的遗诏，让他配享太庙。不知道配享太庙对于鄂尔泰有多重要，但是张廷玉对鄂尔泰可是非常眼红的，毕竟他的配享太庙还没有落实，随时可能发生什么变故。事实证明确实如此，张廷玉配享太庙的路走得非常坎坷。

身后事

鄂尔泰死了，鄂党的顶梁柱倒了，张党开始迎来壮大的时机。朝中官员如潮水一般涌向张廷玉的门下，赶都赶不走。张廷玉本人从来就没想过要干结党营私的事，鄂尔泰死了以后更是想要急流勇退。乾隆此时启用了遏必隆的孙子讷亲做军机大臣，更是让张廷玉一百个不服，讷亲才三十来岁，年龄还没有张廷玉的官龄长，本事也没有多少。张廷玉越想越生气，于是就再次向乾隆请辞。

乾隆看张廷玉已经快七十岁了，请辞也是理所应当，于是就批准了。但是这个请辞也不算是正式的请辞，乾隆帝只是准许张廷玉不再负责军机处的事务。

乾隆十三年（1748 年）农历初一，张廷玉出席了宫廷的新年晚宴，借机再度向乾隆帝请辞，这次说得明白，希望能够回桐城老家养老。乾隆帝这次毫不犹豫地拒绝了他，或者说乾隆帝压根就没想过张廷玉会提出要回桐城老家养老。家有一老，如有一宝啊，就算张廷玉不能上朝参与朝政，但是朝中真出了什么事，凭着张廷玉丰富的经验就能帮上不少忙。两人经过一番争辩，最终张廷玉摘下自己的顶戴，跪在乾隆帝面前泪流满面。乾隆帝也没想到自己会把张廷玉逼到这般田地，只好叫身边的侍卫将张廷玉搀了出去。

都说一朝天子一朝臣，乾隆帝从继位第一天就已经看张廷玉不顺眼了。雍正帝在遗诏中给了张廷玉作为臣子最高的荣誉，又对张廷玉大加赞赏，这些都是让乾隆所不能理解的。乾隆眼中的张廷玉不过是一只官场老狐狸而已，本事不多，花花肠子却不少，喜欢算计，凡事都喜欢绕着圈子做。这么狡猾的臣子，配得上父亲给予如此高的评价吗？乾隆帝不服，他有一种执拗的小孩子脾气，非要证明张廷玉是个大大的奸臣，好向父亲证明您老看走眼了。

第二天早上，乾隆帝指桑骂槐地表示，有人想要做一个配享太庙的臣子，怎么能够离开这个朝堂呢？作为一个臣子，相伴皇帝多年，自然有些君臣之义，又怎么能弃君王于朝堂而不顾呢？另外又点名表示张廷玉牙尖嘴利，才思敏捷，比年轻人还强，这个时候告老还乡，怕不是鞠躬尽瘁的忠臣所为吧。挨了一顿批的张廷玉也没办法，只好诚惶诚恐地认罪，以后继续上班。

乾隆十三年（1748年），朝堂之上发生了许多大事，而张廷玉挨批已经算是相当幸运了。那一年乾隆皇帝最喜爱的孝贤皇后离世，让乾隆帝整个人都变得狠毒了起来。满洲人皇后、皇帝的丧期内，为了表示内心的悲痛，百日之内不准剃发，这是一种潜规则。但是大清开国已久，许多满人的规矩早就没人知道了，甚至雍正帝离世的时候大臣们依旧剃发，也没有受到什么惩罚。

这次皇后的丧期，许多大臣照样剃发，乾隆发现后怒不可遏，直接赐了两名一品大员自尽，革除两位二品大员的官职。从那以后，乾隆皇帝的性格越加暴戾，只要有臣子做事稍不如意，立刻破口大骂，肆意侮辱。朝中官员个个草木皆兵，风声鹤唳。要不是担心无故请辞可能会招来杀身之祸，相信大部分官员都要罢官了。

张廷玉明白这个官是越来越难做了，但是为了配享太庙，他只能坚持下去。他以肉眼可见的速度迅速地衰老，老人斑出现在他的脸颊上，事情也越来越记不住了。

乾隆十四年（1749年），乾隆终于对这个半只脚踏进棺材的老人动了恻隐之心，给了张廷玉一个机会。他发布谕旨，其中说张廷玉年事已高，已经不能再胜任朝廷的工作了，但是张廷玉陪伴朕多年，就像朕的胳膊大腿一样，朕还是舍不得张廷玉就这样离去。至于他要不要退休，就让他自己决定吧。

乾隆帝这道谕旨的意思就是放张廷玉走了，但是他又很爱面子。这个时候张廷玉就该表示老臣虽然是风烛残年，老迈不堪，但是忠君爱国之心不减当年，愿意跟随乾隆皇帝一直到死。然后乾隆帝就再下一道圣旨，说朕被张爱卿公忠体国的想法感动了，张爱卿不愧是三朝老臣，朕特准张爱卿荣归故里，这个剧情就完美了。

但是张廷玉此时已经年近八旬，经常糊里糊涂、神志不清。当他看见乾隆谕旨的时候满脑子都是回家，马上表示为我要回家，谢皇上恩准。

乾隆接到张廷玉回复的折子，也是生了一阵闷气。这个张廷玉，对朕还真是翻脸无情。不过念在张廷玉确实老迈的份上，乾隆帝还是放他走了，还赏赐了不少财物。如果历史就这样结束了，张廷玉回到故乡安享晚年，死后配享太庙，那么他的一生就完美了。可惜这个世界上就没有完美这种东西。

鄂尔泰病逝后，接替鄂尔泰位置的鄂党领袖就是大学士史贻直。鄂尔泰都倒了，那么鄂党剩下的唯一任务就是诋毁张廷玉了。从乾隆十三年（1748年）张廷玉请辞，到乾隆十四（1749年）年张廷玉被批准回乡，这期间史贻直不停地散播谣言，说张廷玉并没有什么实质上的功绩，凭什么跟鄂尔泰一起配享太庙。

此时虽然乾隆帝已经答应了张廷玉回乡的请求，但是张廷玉要等到明年春暖的时候再动身。张廷玉左想右想觉得这个事情不稳妥，要是乾隆真的被史贻直说动了，取消我配享太庙的资格可怎么办？于是第二天，张廷玉就说服了他的儿子带着他进皇宫找麻烦去了。

他进了内廷，看见皇上，马上摘下顶戴跪在了地上，请求乾隆为他配享太庙这件事情立个字据。乾隆皇帝先是大吃一惊，因为从前朝到现在，张廷玉从政几十年中从来没有主动争过什么功劳，今天居然主动开口了。然后乾隆帝马上就觉得愤怒了，朕已经答应你让你配享太庙，你居然还敢让朕立字据，你的意思是说朕堂堂九五之尊、金口玉言会失信于你?

乾隆帝最后还是咽下了这口气，好人做到底，送佛送到西。回乡都答应了，也不差再写个保证书给他。

张廷玉拿到保证书，自然是开心得不得了。他是开心了，乾隆帝可不开心。乾隆帝象征性地告诉张廷玉，念在你年老，明天不用进宫谢恩了。乾隆皇帝最爱面子，喜欢摆谱。他说不用亲自进宫谢恩，你也绝对不能差了礼数。但是人倒霉，喝凉水都塞牙。张廷玉昨日顶着寒风进宫，到家后居然昏倒了，第二天醒来也根本下不了床。张廷玉一辈子都不曾忘了礼数，自己去不了，那就让儿子替自己去吧。

第二天，张廷玉的儿子张若澄代替父亲进宫面圣谢恩，乾隆一看不是张廷玉亲自谢恩可是气坏了。你要配享太庙，朕满足你了，你要回乡养老，朕也满足你了，甚至你蹬鼻子上脸找朕要保证书，朕都给你写了，你现在反而过河拆桥，连朕都不想见了? 真是反了你了!

乾隆帝在军机处大发雷霆，有两个大臣就在门口候着，其中一个就是张廷玉的门生汪由敦。汪由敦是从翰林院一个小小文官做起的，到今天成了军机处的大臣全靠张廷玉一手栽培。乾隆帝这次大发雷霆，他赶快派人把消息传给了张廷玉。

张廷玉这次可真的是老糊涂了，就在第二天早上乾隆还没下圣旨的时候，张廷玉居然自己跑到皇宫里面领罪。乾隆知道以后气得不行，朕还没通知你呢，你怎么就知道来领罪了? 朕打击了一辈子朋党，没想到张党还是很嚣张、势力很大啊。

他把张廷玉赶走以后，写了一封谕旨，列数了张廷玉没有君臣礼数、不讲君臣之义、不信任皇上、在皇上身边安插眼线等大罪。这数项罪名虽然都是因为张廷玉老糊涂而起，但是证据确凿，不容抵赖。张廷玉诚惶诚恐地写了一封认罪书给乾隆，乾隆也就消气了。最后还是保留了张廷玉配享太庙的资格，但是削去了张廷玉伯爵的头衔。张廷玉此时如果能够安安稳稳地回乡，也算是功德圆满，可惜他自己偏偏要往枪口上撞。

乾隆十五年（1750年）的春天，按照原定计划，张廷玉应该是要返回桐城老家的时候了。他写好给乾隆的奏折，不日即将启程。就在这个节骨眼上，乾隆的大儿子永璜突然离世了。张廷玉做过永璜的老师，从礼数上说，张廷玉是要参加永璜的葬礼的。参加完葬礼，归心似箭的张廷玉马上向乾隆奏请回乡之事。

乾隆一看张廷玉的折子，马上就怒了。上次乾隆丧偶闹出那么大的风波，这次乾隆丧子，心情比上次丧偶还要差。张廷玉这个时候来触霉头，乾隆自然不会放过他。

乾隆下了一道谕旨，谕旨中表示张廷玉身为大皇子的老师，大皇子才刚过初祭就要南返，可见他心情不错啊。这对皇室无情无义，根本称不上忠心，还有什么资格配享太庙啊。谕旨中还说张廷玉在雍正年间不过是个会写圣旨的秘书而已，到了乾隆年间更是游手好闲。不管是文治还是武功，没什么能登上大雅之堂的。要不是朕看在他资格老的份上，早就把他赶走了。

之后乾隆帝还把历代配享太庙的臣子列了个名单给张廷玉，让他自己看看他的功劳究竟够不够资格配享太庙。张廷玉这个时候已经心灰意冷了，他也爽快地承认自己不够资格配享太庙，皇上你还是取消老臣的资格吧。乾隆马上就取消了张廷玉的资格，而张廷玉也不用耗在京城，可以回老家了。

张廷玉回了老家，不问朝堂之事。但是祸从天上来，不是他的事也能被牵连。张廷玉的亲家，四川学政治朱荃的母亲过世了，按照规矩他应该守孝三年。但是眼看就是科考的时候，这个时候不考下次又要等上几年。于是朱荃瞒报了他母亲去世的消息，去当科举考官，被人揭发检举了。

这个时候张廷玉刚回老家不久，乾隆皇帝的气还没消呢，这件事情又给了乾隆整治张廷玉的把柄。他马上传了圣旨，说张廷玉与此卑鄙小人结亲，简直就是藐视朝廷。乾隆这孩子气似的无理取闹让张廷玉都不知道怎么办好，干脆张廷玉就不出声了。张廷玉不出声，乾隆这一拳好像打在了棉花上，难受极了。于是发出口谕，要收回康熙、雍正、乾隆这三朝以来赏赐给张廷玉的所有财物。

乾隆帝派了自己的心腹，内务府大臣德保来执行，其实除了收回赏赐之外，还有一个秘密任务。等到德保来到张廷玉家门前的时候，张廷玉早就带着全家老小在门口跪着等钦差了。为了方便，张廷玉早就把三朝以来得到的赏赐收拾好了，呈交给了德保。德保拿了财物，但是还要执行乾隆帝派下的特殊任务。他带了一百多名官兵，以检查遗漏为名开始对张家进行抄家般的搜索。

此次德保执行的特殊任务正是这件，乾隆帝交代德保，严格搜查张廷玉家中所有的藏书和私人信件，看他是否对朝廷有怨愤之词或者有不轨之心。德保将张廷玉家中所有带字的东西都抄走了，查了快一个月也没查出什么来。张廷玉为官谨小慎微，几百封信件没有一封涉及朝廷。一本年谱只写了关于皇帝什么时候表扬了他，什么时候给了他恩宠，但是一个字的政治评论都没有。乾隆帝自知理亏，但是却不能低头，只好拐着弯地大加封赏了张廷玉的子侄们。

乾隆帝对于张廷玉最后的执念在于张党还没有垮。即便他没有从张廷玉家中查出任何罪证，但还是继续追问张廷玉为什么要跟朱荃这样的卑鄙小人结为亲家。张廷玉被逼得没办法，只好写了一封认罪书，承认自己颠倒黑白、不分是非，被朱荃这样的小人蒙蔽了，求皇上严加处罚。乾隆顺水推舟，将张廷玉革职查办。这一次，张党彻底倒台了。

张党之后就是鄂党。张廷玉离开京城以后，鄂党首脑史贻直就是朝中权力最大的官员了。这位史贻直可没有张廷玉的涵养，他张扬跋扈，好像大清朝不是乾隆的江山而是他的一般。乾隆皇帝怎么忍得了这个，马上找了个理由，利用鄂党中人胡中藻的诗词构建了一场文字狱。不少鄂党人士遭到牵连，鄂党就此垮台。

张党垮台了，鄂党也垮台了，张廷玉也没能撑过那一年，于乾隆二十年（1755 年）的春天离开了人世。张廷玉为官长达五十年，可以说几乎将他的一生都奉献给了爱新觉罗的祖孙三代。乾隆皇帝此时已经铲除了朝廷中的党派，人该杀的都杀了，也该找个机会打造自己仁君的形象了。于是他装作痛心疾首的样子，发布诏令赦免张廷玉以往的过失，允许他配享太庙。

张廷玉一生为人谨小慎微，为官兢兢业业，身为朝中重臣居然要靠妻子变卖嫁妆维系生活，可悲可叹。但他为官五十余年，身居三朝阁老，备受恩宠，却也是前无古人后无来者的。要说他没什么功绩，但是朝廷又离不了他，要说他有什么功绩，白纸黑字写着的却又少之又少。当乾隆知道自己的宠臣一年捞的钱比张廷玉一辈子还多时，会不会怀念起这个被他说得一无是处的张廷玉呢？

第三篇

李光地
——夹辅高风，夙志澄清

李光地，清朝文渊阁大学士，康熙重要辅臣，他波澜起伏的一生伴随着众多争议。

他是康熙心目中难得的忠臣，也是众多朝臣口中的奸诈小人；他是编撰多部重要书籍的道德君子，也是许多文人笔下的假道学代表；他曾辅助康熙平定三藩，力主武力收复台湾，他为民请命，治水有功，康熙曾御赐"夹辅高风"、"夙志澄清"、"谟明弼谐"三道匾额。雍正也曾夸赞他为"一代完人"，但是，李光地的一生却也伴随着卖友贪功、阿谀贪权的批评。他是忠臣？能人？完人？还是一个善于迎合帝王心理的奸佞之臣？

第一章
突来的机会

康熙十二年（1673 年），身在福建的靖南王耿精忠招兵买马，准备反清。刚刚取得编修职位的李光地恰好返回老家福建，就有耿精忠的使者前来劝降。在清廷和藩王的对峙中，李光地坚持原则，把握机会，展现出坚定、顽强、灵活的政治手腕，这给康熙留下了深刻的印象，也改变了他的一生⋯⋯

平静的开端

明崇祯十五年（1642 年），李光地在福建泉州安溪的湖头镇出生。李光地字晋卿，号厚庵，又号榕村。他的家乡青山绿水，红瓦石墙，闽音声声，日子平静而惬意，生在这样一个环境中，又有一个富裕的家庭，已经是大幸了。李光地有聪明的头脑，五岁开始上学，是当地有名的神童。他记忆力惊人，口才也好。因为他太过聪明，私塾里的老师根本不敢教他。

李光地有无忧无虑的童年时期和勤学苦读的少年时期，一切都预示他会成为一个成功的官员。应试中举，入京授职，稳步晋升，娇妻爱子，颐养天年……一切似乎应该是这个样子。亲友们并不奢望他有多么远大的前途，因为，当时刚刚经历改朝换代，来自关外的满洲人对汉人充满不信任，不会把重要的位置交给汉人，人们当然不能奢望天资出众的李光地在这样的环境中能够创造伟业。

十三岁那年，李光地和家人遭遇山贼，好不容易才脱险，从此，他更喜欢坐在书斋里看书。李光地读书时从不三心二意，"凡书，目过手过总不如心过，盖手动则心必随之"。他研读经史子集，十三岁时就已博览群书，出口成章。十八岁，他编写了一本《性理解》，十九岁写了一本《四书解》，二十岁又写了《周易解》。二十四岁那年，他编成《历像要义》。可见，和当时许多文化人一样，他也对宋明理学情有独钟。

过了二十岁，李光地已经是一个有学问、有著作的地方名人了。但他并不想在乡间做个归隐的鸿儒，他需要一个更大的舞台来展示自己的才学。科举，这一普通子弟晋升的途径，成了李光地的目标。他的科举之路同样没有波澜，没有意外，顺顺畅畅。

康熙三年（1664年），李光地乡试中举；

康熙九年（1670年），李光地考中进士，取得了二甲第二名的好成绩。其实李光地在殿试上考了第一名，只因在制策时写错一个字，才与一甲无缘，被降至第五名。如此资质，朝廷自然不会放弃，李光地毫无悬念地被选为庶吉士，进入翰林院学习；

康熙十一年（1672年），成绩优异（散馆第一名）的李光地取得留馆资格，被授予编修一职；

康熙十二年（1673年），李光地成为会试同考官。

这份履历本该这样平稳地增加，某年某月授某官，像很多大臣那样平稳晋升，以康熙帝对理学的爱好，对汉族文人的重视，李光地也许会受到他的重用，成为一个令人羡慕的高官，仕途顺利，作出一些文官的成绩，被史官记上一笔，留给后人一个良好的形象。

但命运就是那么奇怪，当所有人都认定李光地会有一个理所当然的前途，包括当事人也看到自己一帆风顺，却平平无奇的人生轨迹时，转折点突然到来。事态复杂起来，人生复杂起来，李光地的心态、旁人对他的评价也复杂起来。

遇险

康熙十二年（1673年），李光地作为考官参加了当年的会试工作，待事情告一段落，李光地写了一张请假条，希望能回家乡看看自己的亲人。外出三年，思乡心切，朝廷通情达理，答应了李光地的请求。李光地当即打点行装，于当年五月南下，回到福建。

接下来，李光地的命运突然由一出平淡的正剧，变为险象环生的冒险剧。

且说李光地回到家乡刚落稳脚，福建当地就发生了一件大事，镇守福建的靖南王耿精忠因不满康熙的削藩政策，四处招兵买马，准备造反。耿精忠听说有才能的李光地回到家乡，就派人前来招揽，李光地遇到了大难题。

在康熙亲政之后，摆在他面前的一大问题就是三藩。三藩，指的是云贵的平西王吴三桂、广州东南王尚可喜、福建的靖南王耿精忠。

三藩问题由来已久，若干年前明朝尚在，后金（满清）和明朝连年战争，崇祯六年（1633年），耿精忠的祖父耿仲明率领部下投降；崇祯七年（1634年），尚可喜率众投降；具有决定意义的事件发生在崇祯十七年（1644年），李自成攻破北京，明崇祯帝在煤山自缢，李自成的部将掳走吴三桂的爱妾陈圆圆，吴三桂"冲冠一怒为红颜"，迎清军入关攻打李自成。待到清军入主中原，为清朝立下功劳的耿、尚、吴三人都得到了封赏。

清朝初年立足不稳，尚不能解决三藩问题。随着清朝的发展，三位汉族藩王占据广大土地，手中握有精兵，掌握地方财政，形成各自势力，对清朝是个大威胁。倘若这三方联手，云贵、广东、福建联成一片，便占了清朝的很大一块版图。三藩犹如骨鲠在喉，不可不除。

康熙有大志，年少时期就能铲除专横的鳌拜，亲政后更不能容忍三藩的存在。发布撤藩的命令，无疑是一封挑战书。吴三桂当然不愿离开自己的地盘，更不愿丧失到手的利益，于是和耿精忠相约造反。在福建，耿精忠改清装为明朝装束，开始蓄发，表示和清朝划清界限。他在福建各地招兵买马，铸造兵器，强逼有才干的人加入他的幕府为官，为的是壮大自己的力量，以对抗即将到来的清军。他的军队还准备和吴三桂的军队会合，向江西挺进。当时广东的尚可喜忠于清朝，吴三桂一边发兵打清军，一边发兵打广州。

这时，又有一股势力加入到即将到来的混战之中。这股势力来自台湾海岛，其首领是郑成功的长子郑经（又名郑锦）。郑家多年来坚持明朝正统，不肯剃发易服，自成势力。趁着三藩举起反旗，郑经也率众登陆，占据泉州。泉州正是李光地的老家。偏偏郑经经过打听，也知道了李光地这个人，当即就派人去招揽李光地。

李光地拿着来自耿精忠、郑经的书信，如芒在背。他十三岁时曾被山贼围困，此时的境地却比当年赤手空拳与山贼搏斗更加凶险。泉州被郑经占领，福建是耿精忠的地盘，倘若他拒绝这两方的招揽，他和他的家人势必有危险。如果他答应，又会背叛朝廷。

李光地万般无奈，只好三十六计，躲进了山林之中。闽地多山，树木茂密，李光地躲进山林，旁人一时半会儿寻不到他。他东躲西藏，生活条件艰苦，缺衣少食，所受的苦难难以尽述。难得的是，李光地不只躲避耿精忠、郑经的部下的也在追捕他，但他以天下为己任，心系朝堂，在如此困境和危险中，还要想办法给朝廷通风报信。

蜡丸密疏

康熙十四年（1675 年），李光地写了一封《密陈机宜疏》，将其封在蜡丸之中，命一名家僮偷偷送到北京，李光地仍躲在深山之中，焦急地等待朝廷派兵前来。

在这封密疏中，李光地写了自己的经历和福建的状况。他本来就是福建人，对福建的山川地貌早有了解，对叛军的情况、泉州的军情也知之甚详，更难得的是，他从战略的角度分析了福建的局势，并提出了清军的制胜策略。他认为，福建边疆地域小，耿精忠和郑经因战争需要到处征收物资，闽地民力已经耗尽，无力继续应战。此时正是清军急攻福建、一举成功的好机会。

李光地的战略如下：

第一步，耿精忠的精锐部队都在仙霞、杉关，郑经的部队大多分布在漳州和潮州，汀州和赣州接壤的小路只有少量部队，清军能够出其不意，攻其不备；

第二步，为了防止耿精忠、郑经起疑，在走小路的同时，应该派出几千或上万人假装进入广州，由赣州到达汀州有七八日的路程，耿、郑二人要救急，定会日夜兼程，等他们的大军全都开赴以拒外敌，清军便可乘虚而入；

第三步，为了保证清军能够随机应变，希望朝廷派遣间谍，随时了解两股叛军的动向，随机应变，以防不测；

第四步，福建山路崎岖，唯恐清军不了解地形，建议由当地的乡兵在最前面带路，由步兵跟随，然后才是战斗力最强的骑兵，如此才能保证万无一失。

李光地的家僮名叫夏泽，他日夜兼程赶往京城，但即使身在京城的官员，想要把奏折直接交给皇帝也不容易，何况一个从前线跑来的身份不明的家僮。夏泽央告许多官员，他们却担心夏泽是耿精忠或郑经的手下，来到京城是为了传递假的军事消息。多一事不如少一事，谁也不愿冒险将蜡丸交给康熙。

关键时刻，贵人出现。一位叫富鸿基的内阁学士表示愿意帮忙。富鸿基是当时很有名气的文人，更关键的是，他是李光地的泉州老乡，想来他也听过李光地的名声，或私下有过点头之交。他一手将蜡丸呈给康熙，也将李光地这一个战略家的形象展示在康熙面前。

康熙仔细看了密疏的内容，不由动容。想到万里之外有李光地这样一位忠臣，宁可藏在山野之间也不愿与叛贼同流，在群臣面前将这位忠臣大大夸奖了一番。更让康熙留意的是，李光地的奏折不只是为了表达个人对朝廷的忠心，更多的是对清朝前途的考虑，从战略上分析了当时的形势，提出合理的、几乎万无一失的建议。

疾风知劲草，板荡识诚臣。这封密疏给康熙留下了不可磨灭的印象，至此，李光地在康熙心中打造了一个根深蒂固的个人形象：忠诚、可信赖、有眼光的战略家。后来李光地不论闹出多么严重的丑闻，或者出现一些失误，康熙始终不能把李光地和"忠臣"、"能人"、"谋臣"这些固有印象分开，直到李光地去世也是如此。可以说，李光地能在康熙心中始终占有较高的地位，和完美的第一印象密不可分。甚至可以说，没有这样的第一印象，就没有后来的李光地。

康熙对李光地的事相当重视，他亲自下圣谕："编修李光地不肯从逆，避入山中，具疏遣人前来密陈地方机宜，具见矢志忠贞，深为可嘉。"并下令给兵部的领兵大臣，让他一定要留意寻找李光地。李光地人不在京城，但在皇帝心中的分量已经远远超过大小京官。

李光地的进攻策略虽然不错，但战场局势随时有变，这却不是李光地能够预测的。在广东，尚可喜后院起火。尚可喜因不喜长子尚之信，就把王位传给了次子尚之孝。广东战事吃紧时，尚之信接受了吴三桂的招降，带着自己的兵马将父亲围困在平南王府，摇身一变成了吴三桂的"招讨大将军"。尚可喜本来就有重病，急火攻心，不久就去世了。

尚之信叛乱后，南方战局为之一变，清军本打算向福建进军，此时只好加兵防守赣州等地，李光地的良策未能实施。想来是大势所趋，浙江的清军连连取胜，从浙江打进福建，攻克李光地建议避开的仙霞关。康熙十五年（1676年）九月，耿精忠投降。

清军入驻福州，都统拉哈达继续率兵讨伐郑经，也没忘记去找皇帝心心念念的大忠臣李光地。拉哈达派去的使者在远离安溪的山林里找到了李光地，李光地听说王师已到，高高兴兴地随使者去往漳州拜见拉哈达，他慷慨激昂地对拉哈达表达了自己的一片报国之心。拉哈达大受感动，将这些事原原本本地报告给领兵的康亲王，康亲王在奏疏上特意夸奖李光地，说他"矢志为国，颠沛不渝，宜予褒扬"。

奏疏很快到达京城，康熙龙颜大悦，亲自将李光地由编修升为侍讲学士，李光地人还在福建，在京城等待他的，是广阔的仕途，他的人生从此进入了一个备受恩宠的新阶段。

书生上战场

康熙十六年（1677年），李光地接到升官旨意，春风得意，来到福州，准备即日进京。忽然家中派人捎来急信，李光地的父亲病逝。在古代，父母过世，儿子要回乡为父母守孝三年，方能继续做官，李光地立刻赶回溪头，一边为父亲守孝，一边重新拿起书本。

多事之秋，转眼到了康熙十七年（1678年），福建同安有个叫蔡寅的人，聚集了一万多人，打出了反清复明的旗号。这支万人部队人人都戴白头巾，他们攻打安溪，将不大的安溪围了将近一个月。李光地看似一介书生，此时竟然站了出来，和他的叔父李日焌招募了乡间勇士，断绝了蔡寅的粮道，使蔡寅不得不撤军。

蔡寅攻打安溪不成，只好带人投奔郑经。郑经也知战况吃紧，他派手下刘国轩率众前来，攻陷了泉州附近的县城，还弄断了万安、江东两座大桥，断绝了清军的援助。李光地已然成了一位没有头衔的统帅，他立刻派家人去拉哈达军中告急，请他速速派军前来。

偏偏此时江水大涨，进军道路被堵塞。李光地又命向导带着军队从漳平、安溪的山间小道行军。李家的男人几乎全家出动，李日焌率领之前与蔡寅部苦斗的乡勇砍了荆棘，架起浮桥，李光地则亲自带了食物犒劳大军，又在乡间倡议乡人为大军输送粮草。李光地的两个弟弟李光垤、李光垠又带着千余人翻过白鸽岭，接应清朝巡抚吴兴祚。在几路人马的努力下，刘国轩被击败。

拉哈达又一次对李光地刮目相看，特地上书给康熙，称李光地为国家的忠臣，建议皇帝继续提拔。康熙对李光地的印象本就极好，接到这封奏折，更是欢喜。当即就将还在守孝的李光地提拔为翰林学士，命他服满后立即进京。

李光地不骄不躁，以退为进。接到皇帝的升迁命令，他写了一封非常谦虚的奏折，称泉州能够解围，自己毫无功劳，而是"乃将帅仰奉威灵，拯百万垂危之命延及臣家"。他在这封奏折里大大夸奖了拉哈达，说他千里奔赴救难，历尽辛苦，只因生性谦虚，才把功劳加到自己的头上。

接下来，李光地恳切地诉说自己只是个从小就喜欢理学的区区书生，不堪学士重任，恳请皇帝收回成命。在这里，李光地用了个小伎俩，他知康熙一向喜欢理学之术，就把"为六经性理章句之学，粗有纶绪"作为优点，自我推荐一番。他说自己不知军国大体，没有文章威望，无法当翰林学士，显然是谦虚之词——一个在密疏中作出准确的进军谋划的人，怎会不识军国大体？一个在科举中差点高中状元之人，怎会缺少威望？

康熙收到李光地的回信，更加开心。虽然李光地满纸"资质蠢愚，了无才藻"、"典故未谙，文采不赡"，康熙偏偏认为此人"实心为国，深为可嘉"，他立即下旨安抚李光地，并表示已经做出的决定不可收回。就这样，远在福建、还要守两年孝才能回京的李光地，已经成为人人羡慕的翰林学士了。

李光地以谦虚的态度巩固了皇帝对他的好印象。他不慌不忙，继续在家里看书，因为心无旁骛，他的学问大有长进。与此同时，他又因战功被升为永州总兵。等到康熙十九年（1680年），李光地服孝期满，回到了京城。

尽管过了两年，康熙也没忘记这位大忠臣，李光地立刻被授予内阁学士一职，还加授了礼部侍郎，并成为太子的老师，可见康熙对他的器重。从此，李光地正式进入权力中心，开始了他的官场生涯。

第二章
安溪相国

李光地一直是康熙信任的忠臣、得力的能臣。他深谙君臣相处之道，善于揣测帝王心理，君臣关系相处得极为和谐。李光地屡次为康熙立功，康熙夸赞李光地"居官甚好，才品俱优"。康熙四十四年（1705年），李光地升任文渊阁大学士，又被称为"安溪李相国"。直到李光地于康熙五十五年（1717年）去世，他依然是康熙心目中难得的忠臣。康熙朝人才济济，李光地究竟做了什么，才能得到如此恩遇？

君臣一心

李光地到达京城后，果然青云直上。先是出任内阁学士，过几年就成了翰林院的掌院学士，也担负起教导庶吉士和为皇帝日讲的工作。李光地从小就是个才子，这些年来不倦地读书，又有好几年的时间一直闲居家中研究学问。如今做起文职工作来，可谓如鱼得水。

多年来，李光地教导庶吉士，主持日讲，编撰图书。他从小就研究宋明理学，而康熙最喜欢精于此道的学者，君臣可谓投缘。李光地为康熙讲课，既讲为君之道，又讲治国之道。李光地深谙人心，他知道皇帝最在意满汉之别，历来有不少理学家提倡华夷之防，李光地却认为，江山易主本是常事，只要统治者圣明，华夷原为一体，不应分彼此。这大大契合了康熙的心事，康熙从此对李光地的学说更加信任。

李光地不但个人学识深厚，还不断地为康熙推荐有能力、有学识的官员，他虚怀若谷，不嫉贤、不妒能。更难得的是，李光地明白官场历来险恶，他不愿参与到当时的官僚斗争中，索性少说多做，更不会因康熙的宠爱而专断独行。这固然为他带来了一些人的敌视，但他也因此更得康熙信任。康熙需要某方面的人才，常向李光地询问，皆因他相信李光地推荐人只看真才实学，不问出身来历，更不会考虑此人背后的派系。

李光地还有一个特点：不爱写奏折。他对皇帝提建议，只在君臣独处时，以含蓄的方式提出来，供康熙选择。因为他的策谋很少写在奏疏上，其他官员也摸不清他的底细，更抓不到他的把柄，于是对他更为忌惮。偏偏康熙就是喜欢找李光地商量大事，有了什么重大事件，就将李光地召入内廷，君臣二人秘密地商议一番。事情成功，李光地不居功、不炫耀，这种态度让康熙满意又放心。

康熙欣赏李光地做事的态度，李光地与官员们周旋，从来都是谨言慎行以避祸。但是，如果康熙需要他的意见，他从不推诿，总能给康熙一个满意的答复。李光地有原则，他发现有人伪造圣旨贩卖私盐，就上疏参劾这种严重的违纪行为；如果有官员只因不慎而犯错，他就会劝康熙从轻发落。

在日常工作中，李光地注意发现中央各部的弊端，也会及时提出建议，他是康熙的得力帮手。

例如，他发现清朝各级官吏都有侵吞公款和米粮的现象，这种行为屡禁不止，是因为处罚力度不够，无法对官吏产生威慑力。李光地建议严格记录、检查各级库房的支出情况，一旦发现侵吞者必要严惩不贷。朝廷通过了他的提议，对这种现象严加查办，国家亏空情况果然有所缓解。

又例如，康熙发现科举上榜名单中多为官宦子弟，鲜少平民子弟，决定改善这种状况。他让李光地负责这项工作。李光地雷厉风行，会同朝廷上一些早已对科考弊端抱怨连连的官员一起，清查考试关卡，严抓考场纪律，防止考生作弊，也防止暗中操作，并提出四条意见来改善清朝学校的弊端。

与其说李光地能够猜透康熙的想法，不如说他在绝大多数的问题上，和康熙有同样的想法。康熙站在一个帝王的角度想要治理好这个国家，李光地则是站在帝王的忠臣和国家的忠臣的双重角度，以大局为重，为帝王提出建议。这种思想上的一致性，让他们经常能够达成共识，并形成默契。

在康熙心目中，李光地不是一个普通的文臣，而是一个优秀的战略家。他倚重李光地，不只因为李光地有事时能帮他出主意，没事时能陪他谈心，日常能给他讲课，还因为李光地深谋远虑，在重大问题上，能比别人先走一步，让他事半功倍。收复台湾，就是显示李光地能力的一个例子。

清朝的台海危机

台湾自古就是中国的领土，1662 年，郑成功驱逐荷兰人，收复被侵略者占据的台湾，并扶植了大明王朝的后代子孙，于是，台湾就成了与清朝对立的汉族政权。在收复台湾后，民族英雄郑成功病逝，长子郑经继续与清朝对抗，他的部队不敌清兵，只能退守台湾。台湾土地富庶，人民安乐，物产丰富，足够经营一个小朝廷。

对清朝统治者来说，他们想要彻底熄灭复辟的火种，稳固自己的统治，因此，必须攻下台湾。清朝军队也曾试图攻打台湾，却在海上遭遇强烈的台风，只能掉转船头，无功而返。接下来，清朝经历了内部政治斗争，经历铲除三藩的重大军事行动，无力分出武力对付台湾，台湾的郑家人也没有能力重回大陆，于是他们安居海岛，建立武装。

郑家的小朝廷并无太大建树，郑成功的长子郑经能力平庸，气量狭小，毫无政治远见，再加上好赌好色，志大才疏，导致小朝廷上下离心。郑经的部队里有不少福建人，他们渴望回到家乡，于是偷偷渡海逃回大陆。清朝也试图趁机和平解决两岸问题，派了好几批人与郑经谈判，郑经终究无法接受剃发易服的现实，于是双方继续僵持，清朝形势一片大好，百姓越来越想归顺清廷，郑经却趁着三藩之乱，与耿精忠勾结，趁机登岸占领福建沿海，几年后失败退回台湾，导致台湾民众都认为此人无能，又穷兵黩武。

幸好，郑经手下有个能臣叫陈永华，此人有谋略，忠于郑氏，并且爱惜百姓。他制订了一系列护民政策，在台湾岛内兴办学校，培养人才，对外通商，并安抚岛上土著。因为陈永华的得力政策，台湾岛才维持了稳定，逐步走向富庶。一直以来，李光地一直将台湾当作祸患，他留意台湾的局面，寻找并等待着收复台湾的机会。

康熙二十年（1681年），郑经病逝，郑家小朝廷发生内部斗争，郑经的长子郑克臧被杀，另一个儿子郑克塽继承了郑经的位置。郑经只是平庸，郑克塽却是无能，这个新的小朝廷内政腐败，一片混乱，而此时的清朝已经平定三藩之乱，正处在欣欣向荣的发展期。

时机到了。

李光地当即写了一封奏折，开宗明义地说明自己的观点："郑经已死，子克塽幼弱，部下争议，宜急攻之！"

在收复台湾的问题上，李光地是个少数派。当时清廷经过劳民伤财的大战，正进入修养期，多数朝臣主张以安抚策略收复台湾。而李光地却坚定地认为机不可失，若不能收复海峡那头的台湾，一旦郑家或其他势力得到喘息的机会，必会成为朝廷的大患。在一众反对武力解决台湾问题的声音中，李光地无疑是个异类。

但康熙一向欣赏李光地的头脑和远见，何况，李光地分析问题有理有据，句句打动康熙的心。更何况，李光地不但提出了收复台湾的主张，还为朝廷选了一位不可多得的将帅。他和福建总督姚启圣一道，力荐台湾降将施琅。

施琅曾是郑成功的父亲郑芝龙的手下，背着郑芝龙投降清朝，结果，他的家人全都被郑成功杀害。施琅一直想要报灭门之仇，但他在北京一无靠山，二无功绩，三无名声，根本无法实现自己的海战想法。李光地深知施琅与郑氏家族的血海深仇，又知此人在福建沿海作战多年，有充分的海战经验，对郑家军队的部署了如指掌，他相信朝廷只要重用此人，定能一举成功，永绝后患。

经过一番思考，康熙采纳了李光地的意见，任命施琅担任福建水师提督，由姚启圣负责后勤工作。康熙二十二年（1683年），施琅帅两万人马攻打台湾，与郑家部队激战七个昼夜，因为施琅指挥得当，身先士卒，清朝士兵们个个奋勇，终于取得了决定性的胜利。施琅又采取安抚政策，医治、善待战俘，再赠送银两，释放他们回台湾。台湾民众听说施琅的义行，都愿意投降。7月27日，郑克塽投降，台湾被收复，清朝版图又一次扩大。

后来，康熙这样评价："台湾之役，众人皆谓不可取，独李光地以为必可取，此其所长。"这既说明了李光地特有的战略眼光，也体现了康熙的政治智慧。君臣相得是一大快事，统一中国版图，更为后世做出了巨大的贡献，这一切，都来自李光地最初那一份洞若观火的奏折，以及那一句掷地有声的主张。

子牙河诗

《巡子牙河建坝诗》清·康熙

暂别宫槐幸子牙，近村处处少人家。

清和微暑浮畦麦，绿树初荫接岸沙。

堤外草荒艰籽粒，淀中水浅捕鱼虾。

黄童白叟望霖雨，霖雨先施莫自赊。

这是康熙写给李光地的一首诗，内容是表彰李光地治理河务的功绩。

康熙三十七年（1698 年），李光地出任直隶巡抚。直隶，也就是今天的河北省，邻近京师重地。当时直隶地区常有水患，漳河和滹沱河一经会流，就容易泛滥成灾，威胁京畿地区。康熙命李光地去直隶，交给他的头号任务便是治理水患。康熙认为疏浚漳河从前的河道，将泛滥的河水引入运河，便可解决当前的难题。

李光地上任后立刻亲自考察河道，他是朝廷高官，每次出行都要带一些下属，所到之处的住宿膳食皆由当地供应，这些费用全都被当地官府加到农民头上。为此，李光地精简机构，每次出行只带十几人，最大限度地减轻各地官府的负担。他严格约束下属的行为，声明下属如有受贿、扰民、作威作福等违法行为，一律严格查办。

经过调查，李光地确定了治理水患的办法。他说漳河水分为三支，来自广平的一支和老漳河都可归入运河，另一支小漳河可以使其分流，然后再入运河，入运河之水既多，子牙河水减少，"可无碍漕之虑"。此外，李光地还建议疏浚河水至散漫浅平处，在静海县内筑堤束水，并另外选择易于居住的土地，迁移河岸边的人口。

李光地不忘为民请命。因为疏浚河道，官府占用了霸州、永清、宛平等地的民田一百三十九顷，李光地请求朝廷豁免当地百姓的赋税，以补偿他们失去的土地的损失。

两年后，李光地的工作就有了突破性的进展。康熙三十九年（1700 年），康熙亲自前往子牙河巡视河工情况，又命李光地在献县筑起东西两道长堤。又过了一年，李光地奉旨修永定河。在四十天之内，他便完成了召集民工，开河筑堤，疏浚引水等任务，使工程顺利竣工。康熙巡视河工，只见河流畅通，两岸田地一片丰收气象，康熙大悦，对李光地更是刮目相看，并赐予了"夙志澄清"匾额。

沉浮不由人

李光地治水有功，保证了京畿地区的水道疏通，也因此官高一级。康熙四十二年（1703 年），他不但是直隶巡抚，还加封了吏部尚书。从清史的记录看，李光地是个关心民间疾苦的好官员，他亲自走访村里乡野，询问民间疾苦。发现了什么问题，就及时上报给朝廷，为百姓解决了切实问题。

李光地还特别注意调节贫富，他认为贫富悬殊是祸乱的一大根源，主张抑制富豪，把无主的土地交给贫民开发，让人民能够安居乐业。这一举动自然损害了富人的利益，而富人背后往往有京城高官为其做主，李光地无形中得罪了一些人。他知此事在所难免，只能更加注意自己的清廉作风，以免被人抓到把柄。即使如此，依然有人抓住他的错处小题大做。

这是正面说法。

李光地是个极具争议性的历史人物，他做的很多事都有截然不同的两种评价。当时许多朝官认为李光地最大的本事就是讨皇帝欢心，事事顺着皇帝的心意，说皇帝最想听的话，是个奸佞小人。他的许多功劳不过是揣摩康熙的喜好做做样子，言过其实。对李光地的评价最困难的地方也在于此，从史书上的记载来看，这两种说法都有道理，也都有依据。

康熙四十二年（1703年）年底，河间发生水灾，李光地奏请开仓赈灾。地方有水灾，朝廷有两种赈灾办法，一种是开义仓放救灾粮，一种是命富户出粟平粜，防止他们抬高物价。灾民吃得上饭，就能降低灾害损失。李光地的工作显然缺乏成效，大批灾民涌入京城，康熙命各级官员在京城设立十处粥厂，施粥舍饭，赈济灾民。没想到一批灾民来了，第二批接着又来，源源不断，给京城的造成了巨大压力。

第二年，形势继续恶化。给事中黄鼎楫弹劾李光地，指控李光地知情不报，安抚不力，导致流亡者大批进京。所谓知情不报，是指李光地早在去年就看到了大批流民，却没有及时通知朝廷，"不闻出一筹画，碌碌素餐，虚文巧饰"，建议朝廷严厉处分李光地。

李光地以不变应万变，回奏时虚心认错，满口愧疚，请求降罪，也稍稍为自己做了一回辩解，提醒朝廷自己曾经在奏折中提到过宁津水灾，并非知情不报。

决断权在康熙手上，康熙见李光地说得明白，认错态度良好，自然不愿多加责备。他还专门对大学士们说："让李光地仍然做直隶巡抚！他的功劳有什么可争议的？倒是你们经常听信门生的说法，常常被欺骗。如果说的全是空话而不干实事，对朝廷有什么好处？"

如果没有康熙一再回护，李光地早已不知被降了多少级。有一次，李光地负责秋审，他按照大清法律审拟案件，却有人上疏称他"任意决断"，康熙将上疏退回，以示他对李光地的信任；还有一次，李光地推荐的官员出现不法行为，康熙认为这位官员被冤枉，宣布其无罪，反而处置了审案的几个官员。《清史稿》评价："光地被上遇，同列多忌之者，凡所称荐，多见排挤，因以撼光地。"

康熙四十四年（1705 年），李光地升任文渊阁大学士。

尽管朝官对其为人多有争议，康熙依然看重李光地。他私下里为皇帝出的密谋，无人知晓，只有康熙心中有数。除此之外，李光地有一份厚重的、经得起推敲的履历。且不说他早年在科场、翰林院独占鳌头，不说他有传奇色彩的蜡丸密疏，只说他在京师为官后所献计谋、所荐人才，在财政、科考、文化、河工等方面的业绩，足以令他傲视同侪。此外他还有《周易通论》《周易现象》《诗所》《中庸余论》等多部书籍，李光地能够坐稳内阁大学士的位置，靠的是自己的能力和实打实的成绩。

旧衙与新衙

官居高位，李光地却一直享有清廉的名声，即使他的政敌也不得不承认，康熙朝最为清廉的官员，李光地是其一。李光地一心为国，家无余财，在钱财方面更为谨慎小心。在他的湖头镇老家，有两座大宅，这两座宅邸的营建，都不是出自他的意思。

一座叫作"旧衙"，是当年泉州之围，李光地派人给拉哈达送信，又协助攻打泉州后，拉哈达上书盛赞李光地的功劳。后来拉哈达又得知，李光地在给康熙的书信中，不断对皇帝谈及拉哈达的战功，武人性热，心中感念，决定在李光地的家乡建造一所房屋作为回报。他深知李光地不会接受这种馈赠，就想了个委婉的办法。

拉哈达先在湖头造了一所大房子，将自己的夫人接来住了一段时间。没多久，拉哈达的夫人找到李光地的夫人，说自己即将随丈夫回京，新建的房屋无人居住，想要赠送给李家。这位聪慧的夫人求完李夫人，又去求李光地的母亲，终于让李家人接受了这所房屋。李光地知道后也无可奈何。后人在旧衙门前挂了对联："罗绮日暖将军府，弦管春深宰相家。"记录了拉哈达将军和李光地宰相的这段往事。

后来，湖头镇又建了一座"新衙"。

李夫人自从住进旧衙后，一直心有遗憾，认为一家人住的房屋不是自己所建，总是不太舒服。但丈夫为官清廉，家中没有多少积蓄，无法盖新房子。有一年，李夫人去京城看望丈夫，发现丈夫的府库里有一万两银子，她以为那是丈夫的积蓄，就拿走其中的七千两，回到湖头镇，选定地址，聘请工匠，开始砌墙造房，装点新居。她担心丈夫阻止新房的营建，索性先斩后奏。

李夫人不知，那一万两银子并非李光地的财物，而是还没上缴国库的"国有资产"。管理府库的官员发现丢失了银子，连忙上报，康熙听说后，料想这笔钱财被李夫人取去。他知李光地为人清廉，有心奖励忠臣，就命人不要声张。直到新衙建起，李光地仍被蒙在鼓里。

后来，李光地发现夫人私自动用官家银两，大为光火，连忙去康熙面前请罪。康熙不但不怪罪，反而安慰他，让他不必责怪夫人。于是，新衙就成了李光地的新府邸。李光地对此耿耿于怀，回到家乡后依然住在旧衙，怎么也不肯住进新衙。如此心性，也难怪康熙称他"谨慎清勤，始终如一"。

第三章
三桩冤案

在清朝历史上，李光地留下了三段说不清、道不明的公案，这三个案件众说纷纭，正方提不出有力证据，反方说不出有力反驳，却给李光地的名声带来了极大影响，让他从一个完美的大臣变为人们嘲笑的"假道学"、"伪君子"。数百年来，围绕着李光地的真实面目，学者们提出不同的主张，迄今没有定论。

卖友案

卖友案，又名蜡丸案，是康熙年间的"罗生门"。

众所周知，李光地能够得到康熙的赏识，平步青云，官居要位，皆因当年三藩作乱，李光地上蜡丸密疏。这封密疏，正是本案的主要案情。按照李光地的说法，密疏是他在危机之中，以一片忠诚之心写成，希望得到朝廷的重视。但就在李光地因此升官后，有人站出来说："李光地是个小人！密疏的作者有两个，而李光地独占了这一功劳！"

此人叫陈梦雷，字则震，福建福州人，也是一位才子。他十二岁中秀才，十九岁中举人，并在康熙九年（1670年）被选为庶吉士。李光地恰巧也在这一年及第，与陈梦雷同为庶吉士。更巧的是，后来二人同时成为编修。二人同年及第，共同学习，又被授予同一职务，相互间的了解和往来自不必多说。

康熙十二年（1673年），撤藩诏书一下，三藩开始蠢蠢欲动，福建的耿精忠便在老家加强军备，拉拢人手，准备反清。恰恰在这个时候，陈梦雷回福州看望亲人。耿精忠为了造反，到处拉人加入自己的队伍，强硬地授予官衔，陈梦雷是朝廷官员，自然不愿与之为伍，只好躲进寺院。耿精忠找不到陈梦雷，就抓了陈梦雷的父亲，以此威胁。陈梦雷无奈，只好接受耿精忠的要求，但他仍然不愿为耿精忠做事，就在家里装病。

正在此时，李光地也来到福州。两个老同学、旧同事暗地里相见，陈梦雷沉痛地说了自己不得不依附耿精忠的原因，并将自己观察到的"耿逆之狂悖，逆党之庸暗，兵势之强弱，间谍之机宜"详细地告知李光地。二人当即约定，由陈梦雷继续留在逆党中观察虚实，里应外合，李光地则设法出逃，对朝廷上请兵疏稿，这份奏疏由陈梦雷主拟。

后来发生的事，大大出乎了陈梦雷的意料。

首先，那封由他主拟，写了对耿精忠的详细观察，但提出出兵建议和具体作战方案的奏疏上根本没有他的名字。李光地那打动了朝廷的蜡丸里只有他一个人的苦闷、智慧和忠诚。

之后，李光地因此事被授官，还曾对陈梦雷说："你所做的事，我一定会一一告诉朝廷。"但李光地得到皇帝的宠幸，却一直隐瞒陈梦雷的功绩。

再之后，三藩初平，朝廷追究从犯，陈梦雷因为曾入耿精忠幕府，按照规定应判死刑。陈梦雷再三恳求李光地作证，李光地好不容易写了一封求情的奏折，却对陈梦雷"离散逆党，密图内应及同谋请兵之事，一语不及"。

陈梦雷异常愤怒，他写了一篇《告都城隍文》，公开揭露李光地卖友行为，并写了一份《绝交书》，宣布与李光地势不两立。他的遭遇得到了很多人的同情，徐乾学就一再为陈梦雷求情。此事闹得很大，同情陈梦雷的舆论占了上风，最后，陈梦雷由死刑改为流放。几年后，徐乾学又将陈梦雷写的《绝交书》呈给康熙，康熙大叹其文字精妙，但并未减少对李光地的信任。

如此轰动的事件，李光地自然不会一语不发。他为自己辩护。李光地首先指出，蜡丸书与陈梦雷无关，完全是他一个人的作为。至于二人在福州相约，确有其事，但据李光地说，当年即将上兵疏之时，曾派人去福州找陈梦雷，陈梦雷没有给他答复。李光地说得很清楚，陈梦雷的指责全是诬陷，是受当朝大臣指使，想要置他于不义之地。

李光地的说法也并非毫无道理。一来蜡丸一事他的确冒了生命危险，在平定三藩的过程中确实有功劳；二来根据《清史稿》记载，李光地曾写过两封奏疏为陈梦雷求情，并非如陈梦雷所说"缩颈屏息，噤不出一语"。史官的说法是："光地乃疏陈两次密约状，梦雷得减死戍奉天。"

按李光地的说法，他与陈梦雷密谋，后来派人去陈梦雷处没有得到答复，所以其余的事都是他的个人行动，与陈梦雷无关，而他为了陈梦雷这个"逆贼"能够两次上书，已经仁至义尽。在这件事上，李光地的确能够自圆其说。

此事没有人证，没有物证，只有两个当事人说着完全相反的事实，但舆论一直站在陈梦雷这一边。这种情况也不难理解，不论是当时之人还是后世之人，普遍有同情弱者的心理，何况，陈梦雷还是个最易获得世人好感的凄惨的才子，而李光地则是一个世人不那么喜欢的高官。

也有人希望从康熙的态度上看出一些端倪，后来，康熙的确将陈梦雷从流放地召回京城，安排他做三皇子胤祉的侍读。但这位三皇子一心读书，也并不是康熙心目中的继承人人选，这个行为，也可以看成康熙怜惜陈梦雷的文才，为不热心储位的三儿子找了个编书的帮手。这个决定果然正确，在陈梦雷的帮助下，胤祉编出了《古今图书集成》。其间，陈梦雷还曾参了李光地一本，但此事毫无结果。

等到康熙去世，雍正继位，轰轰烈烈的"九龙夺嫡"结束，雍正开始清理潜在的对手。因三皇子与太子亲密而遭到迫害，陈梦雷也因此被发配到边关。一去数年，直到陈梦雷九十一岁在发配地逝世，而此时李光地早已去世了。

夺情案

何谓夺情？首先要说说中国古代的孝道。中国人一向讲究"百善孝为先"，根据古老的礼仪，父母一旦去世，子女应该守孝三年。倘若官员的父母去世，官员应该回到家乡为父母守孝，三年后才能继续为朝廷尽职。这叫作"丁忧"。

凡事总有例外，倘若国家遇到突发情况，处于要位的官员恰逢父母去世，此时就应以国家为主，穿着素服继续工作，三年内不参加吉庆活动。夺情，就是说国家夺去了官员本应对父母尽的孝道。夺情一事古已有之，越到后来，夺情的情况越少，舆论普遍支持孝道，反对官员以夺情为由不为父母服孝。特别是宋明理学兴起之后，夺情者更被视为贪恋官位，另有所图。

李光地的第二桩公案，就与夺情有关。

康熙三十三年（1694 年），李光地正值中年，事业形势大好，皇帝对他器重有加，他也准备有一番更大的作为。四月，家乡安溪突然传来消息，李光地的母亲因病过世。按照规定，李光地应该立刻离开京城，回到家乡为母亲守孝，直到三年期满。

但康熙却不愿李光地离开京城，李光地对皇帝忠心耿耿，而且言语多合康熙的心意，这样让他满意的大臣并不多。康熙并不了解丁忧这一传统的意义，也不清楚夺情这一情况会带来的影响，他下了一道旨意，命李光地"在任守制"。

皇帝下了这样的命令，李光地没有拒绝，只是写了一封奏折，希望能够不负皇上天恩，也不负母亲养育，回乡守孝九个月。他自认这个办法两全其美，既不违背康熙的命令，又兼顾孝道，当然，他也不必冒着失去此时官职荣宠的风险。

李光地小看了舆论的力量。

夺情事件一出，朝廷上下一片哗然。首先提出反对意见的人是专门负责弹劾官员不法行为的御史。两位御史抨击李光地不守孝道，但他们的奏折并没有起到作用，康熙并没有收回成命。

这时，另一位重量级人物，给事中彭鹏登场。

彭鹏并不是康熙朝特别有名的大臣，但在民间，他却以铁面无私著称，是《彭公案》的原型。这位正直的官员曾在三藩之乱中拒绝耿精忠的招降，清廉，有政绩，擅长断案，因人品和能力得到了康熙的信任。彭鹏也是福建人，因"卖友案"，他鄙视李光地的人品，想要趁这个机会一举扯下李光地的假道学面具。

针对李光地的奏折，彭鹏写了一封措辞尖锐的奏折，批评李光地"于礼则悖、于情则乖、于词则不顺"，直指李光地贪恋权位，不肯尽孝。在这封奏折中，他还列举了李光地有"十不可留"，站在维护统治者的角度谴责李光地的行为，并劝告皇上一定要重罚李光地。

这封奏折终于让康熙认识到事情的严重性，但他还是有些舍不得李光地，想要寻找一些转圜的余地。他决定要当面询问彭鹏。彭鹏的斗争很有策略性，他又写了一封奏折。彭鹏首先为康熙开脱，说皇帝之所以下了夺情圣旨，是为了"以此试光地耳"。在此基础上，彭鹏继续分析李光地请九个月假，不过是自欺欺人的行为，甚至有欺君罔上的嫌疑。他断言，李光地的这种行为，要么失于孝道，要么以假仁假义欺骗君主，必居其一。

事已至此，康熙也不能一意孤行了，他将彭鹏的这封奏折拿到大臣面前，让大臣们商量处理方法，最后，康熙下令解除李光地的职务，又不允许他回乡守孝，只能在京城度过三年。这才平息了众位大臣的愤怒之情。

李光地想要顺水推舟地夺情，没想到激起了这么大的反弹，可谓偷鸡不成蚀把米。而始作俑者康熙是君王，人君无错，错了也只是受了奸猾大臣的欺骗。李光地的形象又一次大打折扣，他在京城度过了极其痛苦的三年，据他的儿子在书信中说："阿爹此番撄此大故，惨折之余，加以震动，晦冥不测，气体大为衰羸，脾胃不能消纳，腹多痛。"可见打击之深。

后世也有人为李光地翻案，认为李光地对康熙忠心耿耿，无法拒绝皇帝的要求，而且在此事之后的三年，李光地因不能为亡母守孝，悲不自胜，身体受到了极大的损害，不似作伪。是是非非依然无法判断，只是经过此事，李光地在康熙心目中的地位并未受到丝毫动摇，三年之期一到，康熙便迫不及待地让李光地官复原职，第二年，便命他担任工部侍郎，可见对其信任之深。

外妇之子来归案

外妇之子来归案，发生在李光地晚年，案情简单，真相不明，结局同样令他声名扫地。

事情很简单，某一天，一个女子带着两个孩子找到李光地，说自己是李光地的情人（外妇，指婚外的情人或小妾），身后的两个孩子是李光地的骨肉。这件事再次轰动京师。

古代男子在外有了小妾、私生子，并不是新鲜事。事情之所以和人品挂钩，一来根据女子自述，她和李光地结识在李光地居丧期间，有违孝道；二来李光地年老，卷进这样的桃色纠纷，实在遭人耻笑。据说，这位女子还是个青楼妓女——居丧期间流连青楼，与妓女生下两个私生子，事情听起来并不复杂。舆论又一次显示出强大的力量，此事是真是假并不重要，重要的是李大学士又一次栽了个大跟头，弄得灰尘土脸。

清代著名史学家全祖望在他的著作《结琦亭集》中评价李光地："初年则卖友，中年则夺情，暮年则居然以外妇之子来归。"指出李光地人品低劣。比起康熙一再的重用和夸奖，同代人对李光地的评价如此之低，何以有这样的矛盾？康熙又是如何看待李光地的"人品问题"的呢？

可以确定，康熙并非盲目地信任李光地，他对李光地也有过怀疑。

康熙二十七年（1688年），康熙让李光地推荐一个精通《易经》的人，李光地推荐了满人学士德格勒，说德格勒博学有文采。康熙一向信赖李光地，很快就将德格勒升为掌院学士。康熙随后发现，德格勒在自己面前称赞李光地，不由得怀疑这两个人互相引荐，搞小团体，也怀疑德格勒的学识有水分。

于是，康熙特命陈廷敬等大臣来到乾清宫，又名德格勒作文字传给群臣观看，众人一看，只见文墨粗劣、文理不通，哪里有李光地夸说的"学博文优"！康熙更加生气。当时李光地恰好因母亲生病离京，皇帝一腔怒火无处发作，只能暂时忍下。

德格勒也不知藏拙。此时天下大旱，德格勒占卜吉凶，向康熙传达这样的结果："只要除掉皇帝身边的小人，老天立刻会降下甘霖！"康熙问："谁是小人？"德格勒暗指明珠。明珠在朝堂结党营私原不是什么秘密，德格勒的说法也不算诬告。但在当时，明珠得势，岂能容忍有人在皇帝面前胡说？很快就找了个借口将德格勒抓进大牢。

李光地在福建没住几天，京城传来消息，康熙的祖母、大名鼎鼎的孝庄皇后去世。李光地连忙赶回京城参加葬礼，中途又被礼部大臣参了一本，说他在路途上故意耽搁。康熙依然护着李光地，下令无须追究。等到李光地回朝，一向对李光地和颜悦色的康熙突然秋后算账，把德格勒那些文理不通的作品扔给李光地过目，责怪他荐人不当，说他和德格勒相互勾结。

李光地又一次显示了他灵活的头脑和娴熟的官员修为，面对皇帝的指责，他不解释，不叫屈，一个劲儿认错，不断检讨自己"识人不明"、"交友不慎"，表示愿意承担一切错误，恳请皇帝降罪。康熙思考再三，还是不愿疏远李光地，就在群臣面前象征性地把李光地的官位降了两级，又说起李光地的不少功劳，表示自己处置得当，并未从轻发落。没几天，李光地又被康熙升职。

事实似乎很有戏剧性，官员们越是挑剔李光地，越是指责他的为人，康熙便越是照顾李光地，不断地提拔他。需要注意的是，他们争论的焦点只有人品问题，几乎不涉及李光地的实际能力。这也说明李光地的确是个能人，连他的政敌都无法抹杀他的功劳。而康熙需要的并不是道德完人，而是忠于他的能人。李光地只需要做好两件事——一切以皇帝的利益为重，做好皇帝交代的事——就立于不败之地。

李光地的人品真的有问题吗？有多大的问题？历来人们拿"三案"作为证明，但"三案"本身有诸多模棱两可之处，难下定论。何况，一个卖友求荣、贪恋权位、好色忘义的人，真的能在多年以来一直以清廉著称，不徇私，不结党，无大错吗？"三案"究竟是不是冤案？了解下一个故事，也许我们能更清楚地看到李光地的内心世界。

一个旁证：营救方苞

康熙五十年（1711年），震惊朝野的"南山案"爆发，这是清朝历史上有名的文字狱。

文字狱古已有之，统治者施行高压政策，或推行文化专断时，就会产生文字狱。读书人的文章里稍有对朝廷的不满，就会被当局拘捕下狱，因文获罪。或者，读书人没有按照统治者的意愿行事，因此获罪，也是文字狱的一种形式。秦始皇焚书坑儒，汉武帝的大臣因"腹诽"被杀，朱元璋乱杀文人，都是历史上著名的文字狱案例。

到了清朝，因满清统治者畏惧汉族文化，更担心文人传播反清思想，文字狱更加盛行。如雍正年间，一位叫查嗣庭的官员担任江西考官，用《诗经》中的一句"维民所止"作为考题。却被别有用心的人诬告说"维止二字寓意是砍了头的雍正"，雍正皇帝不喜查嗣庭，就派人调查，经过一系列罗织、构陷，查嗣庭父子被杀，家属被流放。乾隆年间，文字狱更是达到一百多起，这位自称"十全老人"的皇帝连疯子说的"违禁"话语都不放过，四处制造文字狱，销毁了十几万部"禁书"，如此疯狂的文字狱，让全国上下的书生全都战战兢兢，再也不敢随意著书。

相比之下，康熙朝的文字狱数量并不多，但影响极大、极坏。其中最有名的便是"明史案"和"南山案"。明史案起因是一位叫庄廷鑨的浙江商人，购得明朝大学士朱国桢的明史遗稿，延请许多江南才子一起编出《明史》。因为此书使用了明朝年号，写了崇祯一朝的往事，并将清朝肇始者努尔哈赤呼为"奴酋"。后来此书被吴之荣告发。当时康熙尚未亲政，摄政的鳌拜命人严厉处置涉案人员，与此书有关的作者、序者、刻书者、卖书者甚至藏书者都被告发，前后牵连上千人，涉案者被掘尸、问斩、抄家、流放，惨不忍闻。

南山案因一本叫《南山集》的书得名。《南山集》的作者戴名世，是位博学的名士，读万卷书，行万里路，在当时有很高的威望。戴名世心怀大志，少年时便以天下为己任，可惜，他后来虽然在京师为官，却因不满官场黑暗，更不愿为五斗米折腰，常与一众愤世嫉俗的朋友针砭时弊，因此招来京师贵族们的嫉恨。

戴名世一直想编出一部与众不同的明史著作，他经过多年的收集、考证、阅读、走访，终于写出了著名的《南山集》，此书于1702年发行，一时轰动南北，戴名世也因此书成为当世大家，享誉盛名。

戴名世晚年参加科举，一路考中举人进士，并以一甲第二名及第。过了两年，御史赵申乔参劾戴名世大逆不道，将九年前发行的《南山集》作为证据。在这本书中，戴名世写了南明小朝廷的历史，又用到了南明的年号，"倒置是非，语多狂悖"。康熙震怒，戴名世下狱，两年后被处死。这件事同样牵连甚广，政界、学术界、文化界多人被牵扯，其中，有一个叫方苞的官员。

清朝文学史上有个"桐城派"，以散文闻名，方苞就是桐城派的始祖之一。此人不但文章好，还是一位博学的大儒、正直的大臣，他一直与戴名世友善，还曾为《南山集》作序。因为这篇序言，他也成了朝廷清除的对象。戴名世下狱、被害，许多人被牵连，方苞也不能幸免。方苞先被投进县监狱，后被押解进京，判为死刑，投入死牢。

生死关头，李光地及时出手。

李光地和方苞并没有私人往来，史料上甚至没有表明二人互相认识。李光地救方苞，想必是欣赏方苞的为人和才华。在营救的问题上，李光地采取了迂回的方法。有一次，康熙与李光地闲聊，说到去世的户部侍郎汪霦，此人以作古文闻名。康熙感慨道："不知汪霦死后，谁还能写出这么好的文章。"李光地假装无意地说："恐怕只有戴名世案子里的那个方苞。"

这个时候，方苞已经在死牢里受了两年的折磨。康熙也知道方苞的名气，他考虑再三，终于亲自写了一道手谕，"方苞学问天下莫不闻"，于是，方苞不但免除了死罪，还以平民身份被康熙召入南书房。方苞历康熙、乾隆、雍正三朝，一直活到八十二岁，善终。能有这样的结果，多亏李光地为他求情。

其实，在"南山案"中，李光地不但救了方苞，还曾经为戴名世求过情，只是没有得到结果。也许如此，他才在营救方苞时采取了迂回的方式。文字狱时期人人自危，明史案的血色就在本朝还未散去，敢于营救被判死刑的犯人，足以说明李光地的人品和勇气。史料有限，我们无法判断"三案"的真实面目，但从李光地救方苞一事，我们能够得出这样的判断：李光地有自己的是非原则，并不是一个唯唯诺诺的顺臣，也不是一个只求自保的凡人，更不是落井下石的小人。或者说，人无完人，所以也不必苛求古人。

多病的晚年

康熙四十九年（1710 年）李光地自感年老体衰，希望能够退休返乡，颐养天年。他一次又一次地上疏请求退休。此时康熙也已经年老，青年时的豪气，壮年时的功绩，都不能阻挡衰老的脚步。何况，两年前，贵为天子的康熙经历了一件大事，令他心灰意冷，愁极多病。

康熙四十七年（1708 年）九月初四，康熙宣布皇太子胤礽数条大罪，废皇太子。同一天，康熙疼爱的十八皇子因病去世。胤礽在康熙十四年（1675 年）便被立为太子，跟随大儒学习治国学问，并在康熙亲政噶尔丹时代理国政。皇太子一表人才，文武双全，康熙对他寄予厚望。

康熙多子，随着其他皇子年长，诸皇子各自结纳党羽，攻击皇太子一党。皇太子又与朝廷重臣索额图亲密，引起了康熙的怀疑。朝政错综复杂，皇太子和诸皇子深陷其中，或有意，或身不由己地相互攻击，更让康熙烦恼不已。康熙对皇太子的不满日益增加，终于导致了康熙四十七年（1708 年）废太子事件。太子被废后，其余皇子和各自的党羽加紧争夺储位，更让年老的康熙心力交瘁。当年，他又重新立胤礽为太子。虽如此，但父子间的矛盾依然存在，越来越不可调和，康熙五十一年（1712 年），太子再次被废。

康熙的大臣们伴随他度过了文韬武略的一生，他们此时或去世，或退休，或因事获罪，康熙不愿再失去为数不多的几个老臣了，因此一直没有答应李光地的请求。李光地的身体越来越差，连走路、吃饭都费力，康熙依然舍不得他，数次赐给他药物，赐给他宫中饮食，并亲自劝告他努力加餐增加体力。李光地感念皇帝的信任和恩德，仍然努力工作。

康熙五十四年（1715 年），李光地已有七十四岁高龄，他不得不再次上书，提到当年母亲去世，他在京守制的往事，希望能在有生之年返回故乡，将父母重新安葬。康熙只好同意他的要求，但又说："暂给假二年，事完即来京办事，以副朕笃念老臣至意。"言辞间还是不愿李光地离开京城。

李光地回乡不久，康熙便一再催促他尽快回京，李光地于康熙五十六年（1717年）还朝，继续编书工作。李光地假期未满，提前回京，又引起了一番议论，许多人说他年纪老迈依然贪恋权位，想来李光地只能苦笑以对，康熙心里明白，曾对人说："大臣中每事为我家计万世者，独此一老臣耳。"

李光地年纪太老，工作难免出现疏忽。康熙五十六年（1717年），李光地为去世的孝惠章皇后定谥号，奏折上竟然少写了"章皇后"三个字。按照清朝律令，此事大为不敬，立刻有朝臣参上一本，要求将李光地连降三级以儆效尤。孝惠章皇后是顺治的第二位皇后，她虽然只是康熙的嫡母，但康熙的生母在康熙十岁时便已去世，康熙与这位嫡母感情很深。即便如此，康熙也不忍心苛责李光地，而是下旨宽免了他的过错。

百年身后事

康熙五十七年（1718年），李光地病逝。

康熙正在热河行宫，没有及时收到李光地的死讯。直到半个月后，他才知道老臣已经离世。他不但赏赐银两，派皇子前去李光地的家中吊唁，还做了这样一件极具人情味的事：他将李光地屡次要求求退的那些奏折拿出来让群臣观看，证明李光地早有归乡之心，并非贪恋权位之人。康熙这样评价自己与李光地的关系："知之最真，无有如朕者；知朕，亦无有过于光地者。"

李光地谥号文贞，雍正继位后，追赠他为太子太傅。后来，雍正为了表彰对国家有突出贡献的王族和大臣，于京城建贤良祠。雍正十年（1732 年），李光地入贤良祠。雍正评价李光地是"一代完人"，这是统治者对他的最高肯定。

李光地去世后，他的家族并没有衰落，就连他的家乡，也呈现出人才辈出的势头。这得益于李光地对家乡子弟的教诲。李光地，治家严格，他亲自制定家规和族规，要求族人们遵守。直到今日，李家后人依然保留着李光地手书的家训，李光地教导子孙们要勤学、修身、尊贤、守法。

这体现了李光地的政治智慧。但凡家族中有人享有高官厚禄，直系亲属连带沾光，自不必说，旁系亲属也有了托靠，甚至被人央告，试图求得好处。统治者们为了奖励高官们的功绩，常常直接赐予高官家的子弟官位。地方上的其他官吏为了讨好这位高官，常常提携、善待其族人。高官的家人、族人良莠不齐，有些人会趁机做违法勾当，有时会牵连高官。有些高官及时杜绝亲属们的违法行为，有些则被连累。

在历史上，高官厚禄者的子孙多出纨绔子弟，鲜少代代人杰。他们的后代未必个个败坏，但只要有一个闹出大事，很容易牵连全家，导致全族的衰败。高官们在世时还能照拂一二，倘若退休、去世之后，根本无法管束、制止后代的不良行为。李光地治家严格，一是希望家族子弟能够懂得求学、为人、处事之道，有自己的发展；二是为了自己的晚节着想，求个好名声；三是为了在自己百年之后，李氏家族还能稳固地在社会立足。

李光地不但严格要求家人，还力求改变家乡的精神氛围。湖头镇土地少，人口多，不时还有海盗出没，造成了不少乡间子弟逞凶斗勇、目无法纪、贪财忘义，对此，李光地写了一份《本族公约》，希望乡亲们能做忠孝仁爱的君子，不要姑息罪行，匿藏不义，凡事应根据公约秉公而断，不应徇私枉法，一起创造有序和睦的乡里环境。他还亲自写信给安溪的主事人，希望地方上能够重视后代的教育，多建学堂。

在李光地之后，小小的湖头镇人才济济，曾出现"四世十进士七翰林"的科举盛况，这里先后出现一位宰相、四位总兵、九十九位举人。这当然不全是李光地的功劳，但没有李光地的垂范作用，很难想象一个小小的村落会培养出如此多的人才。

今日，湖头古镇依然保留着李光地的故居，包括新衙、旧衙、贤良祠，这些古老的建筑上镌刻着康熙皇帝的手迹，匾额和诗文里无一不包含着对李光地的赞扬和信任。湖头镇人至今还会以李光地的好学、清廉、聪慧教育自己的子弟。历史上的李光地面目模糊，人们很难从纷乱的史料中得到一个真实的重臣形象，留在人们心中的，是一个理想化的李光地，他忠诚有智慧、清廉有能力、公正有威严、宽仁有遗爱，这个形象，是历史和后世子孙共同作出的选择，作为一种正面力量，激励着更多的人。

第四篇

曾国藩
——文官从武，匡扶大清

后期的清王朝根本不是西方列强的对手，曾国藩深知这一点，因此，当这个棘手的案子交到他手上时，他决定对外让步。

　　在天津教案中，洋人伤毙二十一人，曾国藩便决定捉拿二十一名"要犯"以命抵命，并答应洋人提出的一系列赔偿。这种强人就案、杀民谢敌的做法引起了民众的强烈愤怒，消息一经传开，举国上下一片声讨，曾国藩顿时成为人人喊打的"卖国贼"。

　　每每想起此事，曾国藩都感到抑郁难耐，原本病痛的身躯更是雪上加霜。天津教案成了他人生中难以磨灭的耻辱。

第一章
十年七迁

比起大多数人来说，曾国藩是幸运的，耕读世家出身的他靠上了穆彰阿这棵大树，得以在黑暗的官场之中平步青云，十年七迁。

王朝暮色

嘉庆二十五年（1820 年），嘉庆皇帝驾崩，终年 61 岁，道光帝即位，在历史最为关键的转折时刻，从嘉庆手中接收了早已风雨飘摇、内里蛀空的大清王朝。

道光堪称史上最节俭的皇帝，即位之初就发表了一篇题为《御制声色货利谕》的诏书，表达了自己崇尚节俭的理想和目标。道光帝不仅仅把节俭当成了自己的人生目标，还以此来衡量臣子的道德标准。更为甚者，他甚至极力倡导节俭治国，节俭治军，简直到了吝啬的地步。

诚然，道光帝从嘉庆手中接过的大清国，早已不复康乾盛世的繁荣，提倡节俭原本也没有什么不对。但作为一国之君，道光不思大刀阔斧地开源兴利，却只在小事情上锱铢必较，甚至为了节俭而裁撤军费，减少兵员，这无异于在治标不治本的同时折损了大清的兵力、国力。

　　对于皇帝的节俭，大臣们自然是极力逢迎，官场风气从表面上看似乎有所好转，但实际上，这不过是大臣欺上瞒下的作秀罢了。而朝中最典型的代表就是穆彰阿，穆彰阿在道光面前对节俭之事极力赞扬，但暗地里却贪赃枉法，穷奢极欲。

　　比如有一次，皇太后生日前夕，道光帝为了省钱，就下旨说因为皇太后奉行节俭，所以不打算大肆操办，只要让各个臣子进宫表示祝贺就好了。圣旨下来之后，大臣们对皇帝想要省钱的意思心知肚明，便在穆彰阿的带领下主动跟道光说，给皇太后操办生日会的事情不用担心，天下臣民会孝敬她的。道光一听，自然很高兴，可以给皇太后过生日，又不用朝廷自己花钱，就同意了。结果，顺利得到操办皇太后寿宴这一差事的穆彰阿就开始借此名义向各省大小衙门勒索，最终，单单凭借这场寿宴，穆彰阿就从中得到了一千万两银子的好处费。

　　为了逢迎皇帝节俭的心思，北京城里出现了一个特别有趣的现象：旧货铺里的破烂衣服卖得比新衣服还贵。而购买者主要都是京城中的高官们，为了逢迎道光帝，京官们都开始流行穿旧衣破袍，有的穷京官由于买不起旧衣服，无奈之下只能故意把自己的衣服弄破做旧，加上几个补丁来"滥竽充数"。而道光帝呢，一看大家都很节俭，就更是起劲了，浑然不觉自己的吝啬究竟为国家、为人民带来了多少麻烦。

此时的大清王朝如同一台荒诞剧，让人啼笑皆非的官场闹剧相继登场，然而就是在这样的飘摇与混乱之中，仍然有一大批天真的知识分子，怀抱着为民请命或光宗耀祖的心思，挤破头颅地往官场上爬，而他们往官场上爬的途径自然主要还是最为传统的方式——科举考试。在中国知识分子的传统观念里，读书的最终目的就是有一天能够金榜题名，光耀门楣，为民请命。因此对于科举制度，中国知识分子向来有着令人惊异的执着，无数人耗尽一生精力都在参加科举考试，即便无数次名落孙山也依然乐此不疲。在执着的科举考试队伍之中，我们要提到的主角曾国藩和他的父亲曾麟书都是其中坚定不移的一员。

懵懂少年入京师

古代的科举制度最早起源于隋朝，隋朝灭亡之后，唐朝继承了这一制度，并进行了逐步的完善，进一步提高了科举考试的地位，使科举成为一种固定的制度。

从宋朝开始，科举制度又进行了重大的改革，确立了三年一次的三级考试，即州试、省试和殿试。为了保证科举的公平公正，从宋代开始，科举还实行了糊名和誊录，即遮盖考卷上考生的名字，并由专门的人将考生试卷誊写后再交由考官批示，以免有人徇私舞弊。

明朝时候，科举迎来了鼎盛时期，明朝对科举的重视达到一种前无古人的地步，防止作弊的手段也愈发严密，科举也成了读书人进入官场的必由之路。明朝的正式科举分为乡试、会试和殿试三级，但要参加乡试，首先必须成为监生或科举生员。所谓监生，指的就是进入国子监学习的人，生员指的是通过考试得以进入府学、州学以及县学等学习的人，俗称为秀才。而秀才则要经过各省举行的岁考和科考两级考试，方能取得参加乡试的资格，也就是科举生员。

清朝时候的科举制度基本继承了明朝时候的制度，想要取得参加正式科举考试的资格，读书人同样必须先参加童试成为生员，也就是秀才。清朝时候的正式科举考试同样分为乡试、会试和殿试三级。通常乡试每三年在省城举行一次，由于举行时间通常为秋季，又被称为秋闱。乡试考中之后被称为举人，就能够参加会试了。会试一般在乡试后的第二年春天于礼部举行，因此又被称为春闱或礼闱。会试考中之后就成为贡士，取得贡士名额之后才能进行第三场考试殿试。殿试一般是在四月份左右，即会试后的第二个月，由皇帝亲自考试，殿试考中之后便是钦定的进士，就能直接做官了。

可见，明、清两朝的科举都是非常难考的，《儒林外史》中有一个非常著名的故事叫《范进中举》，主角范进一直考到了50多岁，才终于考上个举人，把自己都给考疯了。当时像范进这样的读书人其实很多，在科举考场上，即便看见白发苍苍却依旧坚持考试的人并不奇怪。

曾国藩的父亲曾麟书的科举之路也同样非常坎坷，单考秀才就考了17次，那个时候他已经40多岁，而曾国藩也差不多20多岁了。可见曾家对科举这件事情是非常执着的，而父亲不能完成光耀门楣的任务，重担自然就落在了儿子曾国藩身上。在科举路上，曾国藩的运气比其父曾麟书要好得多，他23岁就考中了秀才，随后参加乡试，一举就中了举人，这让曾家扬眉吐气了一番。

有很多人都传说曾国藩幼年时期便天资聪颖，确实，能够比他父亲提早差不多二十年中秀才，听上去确实了不起。但事实上，曾国藩不仅不是个天资出众的孩子，反而还有点"笨"。

据说在曾国藩小的时候，大约是 14 岁左右，那个时候他还不叫曾国藩，叫曾子城。那年一个冬天的夜晚，他在灯下苦读，背诵一篇文章。当时一个小偷潜进了他家里，就躲在房梁上。小偷一直等着，打算等他们家熄灯了，都睡了，就下去偷点东西。可是都过了大半夜了，曾子城却一直没睡，在那儿点灯背书，背来背去都是同一篇文章，可就是背不会。眼看天就要亮了，房梁上的小偷都坚持不住了，极其恼火地从房梁上跳了下去，一把抢过了曾子城手里的书，愤怒地斥责他说："你怎么那么笨！这文章有什么难的！"说完，小偷流利地"啪啦啪啦"把文章背了一遍，之后扬长而去，只留下目瞪口呆的曾子城。

可见，这"天资聪颖"四个字是怎么都和曾国藩沾不上边的，他的成绩完全是靠日积月累的努力取得的。

在曾国藩 14 岁的这一年，曾麟书就曾带着他一同前往省城长沙参加过童试，结果父子俩双双落第。当时童试是三年两考，两年之后，父子俩又再战长沙，这一次曾国藩取得了第 7 名的成绩，但最终却在院试中受挫。

此前，曾国藩的学业都是由其父所传授的，但如今，眼见儿子频频受挫，自己又多年不能成功取得功名，曾麟书在和父亲商量之后，便决定让儿子曾国藩去外地求学。在达成一致后，道光十年（1830年），20 岁的曾国藩背上行囊，离开家乡，走上了他的求学之路。

曾国藩求学的第一站是唐氏家塾，即衡阳县北的双桂书院，当时又被称为桂芳书屋、桂华轩等。在唐氏家塾授课的老师名叫汪觉庵，他尤其擅长教授八股文，曾国藩在这里第一次接触到了经世之学。

大约在唐氏家塾学习一年有余后，曾国藩又进入了当时湘乡县最大的书院涟滨书院。涟滨书院当时的山长，也就是主讲人是一位名为刘元堂的饱学之士，在这里，曾国藩的学识和思想有了新的进步。

道光十二年（1832 年），曾国藩与父亲曾麟书又一同参加了院试，曾麟书终于在其第 17 次赴考后成了秀才。而曾国藩则被录为备取，第二年再次参加考试才继父亲之后成为曾家第二个秀才，这对于世代务农的曾家来说，是一件天大的喜事。就在这一年，曾国藩和其父的好友欧阳凝祉之女结为伉俪。

算起来，曾国藩从第一次参加县试到最终成为秀才，足足考了七次，历时九载，实在也是艰辛非常。

考取秀才并完成婚约之后，曾国藩并未因此而止步，他又再次背上行囊，到了省城最有名的岳麓书院进行深造。岳麓书院堪称全国四大书院之一，是湖南地区的最高学府。在这里，曾国藩系统地接受了封建思想的教育。

进入岳麓书院不到一年，曾国藩就参加了湖南乡试，这一次，他竟一举以第 36 名的成绩考中了举人，这一成绩让曾国藩顿时信心大增，立即决定乘胜追击，赶往北京去参加来年春天的会试。

当时在京城，为了方便考试的寒门学子，各地的商会或在京的名人都出钱建了一些会馆，类似地方上的驻京办事处，给前来应考的考生提供住宿，当时人们很重乡谊，但凡老乡来住宿，费用都会收得非常低，曾国藩当时就住在长沙会馆。

对于此次会试，曾国藩信心满满，但没想到的是，最终他却名落孙山，这让曾国藩深受打击。但他运气还是不错的，原本会试三年一次，考不上就只能回家，三年后再卷土重来。但第二年正好是皇太后的 60 岁生辰，按照以往惯例，为了庆贺皇太后大寿，朝廷于次年又增加了一次科考的机会。曾国藩大喜过望，一想，不回家了，留在京城好好努力，争取明年一举夺魁！

曾国藩家是务农起家的，奋斗至今也算个小地主，但也只算是个小康之家，因此曾国藩带到北京的盘缠是非常有限的，可想而知在北京的这一年，过的生活势必节衣缩食。古人云"天将降大任于斯人，必先苦其心志，劳其筋骨，饿其体肤……"，当时曾国藩苦也受了，累也受了，怎么也该得到大任了吧。但没料到的是，苦挨一年之后，曾国藩又一次名落孙山了。

这回实在没法子了，只能启程回家。

回程途中，到徐州一带的时候，曾国藩身上的钱花光了。当时，曾国藩的一位同乡正在江苏任职，得知曾国藩的窘境之后，主动借给了他一百两银子。曾国藩非常高兴，一下子有钱了，回家的速度也就放慢了，打算一路上好好游历一番，他就跑到金陵去了。在金陵的时候，曾国藩在书肆里看到了一部精刻版的《二十三史》，曾国藩这个人是非常节俭的，唯独只在一件事情上最肯花钱，那就是买书。他看到这部《二十三史》之后爱不释手，舍不得放下了，结果一问，要一百两银子。书太贵，身上的钱又是借的，但由于实在舍不得放下这部书，曾国藩居然心一横，买了这部书。

回家之后，曾国藩战战兢兢地把事情跟父亲交代了一番，现在他的心里虚得慌，自己出去一年多，两次考试都没考中，却把钱花光了，连借的钱都拿去买书，怎么能不被骂呢？令人意外的是，曾麟书没有骂他，只对他说了一句话："借钱买书是好事，但你要记得细心研读，只有这样才不会白白浪费。"

正是这件事情，成为曾国藩读史书的起点，也是曾国藩养成"无一日不读书"好习惯的契机。此后整整两年，曾国藩没有一天不研读这套史书，两年后，即道光十八年（1838年），曾国藩再一次上京赶考，凭借着坚强的信念，这一次他终于一鸣惊人，成为曾家第一个进士。此后，曾国藩又相继参加了殿试和朝考，在殿试之中取得三甲第四十二名的成绩，在朝考之中取得一等第三名的成绩，后又由道光帝亲自提为第二名，并得以顺利进入翰林院深造。这一年，曾国藩虚龄方才二十有八，虽然也算历尽坎坷，但绝对称得上少年得志。

也正是在这一年，曾国藩正式把自己的名字子城改为了国藩，寓意"国之屏藩"，表达了自己一展宏图的大志愿。

贵人相助，十年七迁

考中进士之后，曾国藩进入翰林院，成了一名低级京官。此时的曾国藩无论是官职还是工资都不算高，但不久之后，他的好运却一波接一波地涌来了。在担任京官的十余年中，曾国藩可谓平步青云，十年七迁，连跃十级。

清朝的官制一共是"九品十八阶"，其中每个品级有正、从之分。曾国藩 1838 年中的进士，1840 年被授翰林院检讨，1847 年升任为内阁学士、礼部侍郎，1849 年又迁礼部右侍郎，同年兼任兵部右侍郎，1850 年任工部左侍郎，1851 年任刑部左侍郎，1852 年任吏部左侍郎。翰林院检讨官职为七品，礼部侍郎官职为正二品，曾国藩十年京官生涯，确实连跃了十级之多，堪称官场上的升迁奇迹。

我们知道，曾国藩的家世背景都是非常一般的，财力、物力也算不上雄厚，那么，在腐败的清朝官场上，曾国藩一路官运亨通，这全都是因为他遇到了生命中的贵人——军机大臣穆彰阿。

穆彰阿这个人非常出名，名声虽不甚佳，但深得道光帝信任。穆彰阿出身满洲镶蓝旗的郭佳氏，自嘉庆帝时期一直到道光帝时期都控制着中央科举考试选拔官员的大权，即"衡文大全"。按照一般惯例，但凡是取得功名的学生，都会将考官视为自己最尊重的"老师"，自己则是这些考官们的永久门生，对考官比对学校教授知识的真正老师还要尊重得多。因此，掌握几十年"衡文大权"的穆彰阿可以说是门生满天下。而穆彰阿便利用这一资源广纳党羽，权倾朝野，当时人们将这些穆彰阿的党羽称为"穆党"，有了穆党的支持，朝野之中，穆彰阿可谓横行无忌，不管是他想要举荐的人还是打击的人，没有不成功的。

曾国藩考试的时候，穆彰阿就是总裁官。因此，在考试结束之后，按照惯性礼节，曾国藩去拜见了穆彰阿，这是他们二人的第一次相识。在这次谈话中，穆彰阿询问了曾国藩对政治的许多看法，曾国藩的很多想法竟都与穆彰阿不谋而合，因此深得穆彰阿赞赏。此后，穆彰阿对曾国藩十分留意，并一再对其进行援引扶植。

有一次，曾国藩得到了道光帝的召见，便立即去拜见穆彰阿，打算从他这里探探口风，看看皇帝究竟会问自己什么。穆彰阿便委派了一名官员前往曾国藩处，向他暗示，让其赠予某内监400两酬金，自然能得到皇帝问询的内容。曾国藩照办后，果然如穆彰阿所说，得到了道光帝的问询内容，提前做好准备，在道光帝召见时对答如流，得到了道光帝的赞赏，从此官运亨通。

正所谓树大好乘凉，曾国藩的连番升迁与穆彰阿这棵大树是脱不了干系的，曾国藩对穆彰阿的知遇之恩也一直铭刻于心。在此后的岁月里，曾国藩无论是在京任职还是离京做官，都一定会向穆彰阿问安，并执弟子之礼。即便在穆彰阿去世之后，曾国藩也时常到穆府去探望穆彰阿的家人，感怀这位老师的提拔。

穆彰阿可以说是曾国藩在官场上的第一个引路人，没有穆彰阿，大清朝腐败黑暗的官场上就不可能成就后来的曾国藩。

有人引路扶植固然非常重要，但想要成功，如果没有自身的努力和才学也是万万不可能的。在曾国藩十余年的京官生涯中，所取得的最大成就并非他所期望的"为国藩篱"，而是成功地通过刻苦修养，自我教育，完善自己的人格，从一个毛病多多的普通人，完成了一场自我反省的蜕变。

曾国藩当翰林的时候，曾把父亲曾麟书和四弟曾国荃接到京城里住了一段时间。曾国藩家一共兄妹九人，在儿子中他排行老大，曾国潢是老二，曾国华是老三，曾国荃是老四，曾国葆是老五。曾国藩一直非常器重曾国荃，让父亲带他一同上京，就是想要把他留在身边亲自教导。

有一天，曾国藩给父亲曾麟书过生日，请了几个朋友到家中吃饭，其中一个朋友姓郑，医术特别高明，相当于曾国藩的"专用医生"，两人关系非常好。在宴席期间，不知道因为什么事情，曾国藩和郑医生发生了口角，争吵了起来，一时之间气氛十分尴尬。碍于当时的情况，郑医生心中有气又不好发作，憋得脸都红了，可曾国藩却毫不在意，一直喋喋不休地说难听的话，最后气得郑医生直接拂袖而去。这件事情后，曾麟书把曾国藩教训了一顿，过了不久，曾麟书便离开京城回老家了，只留下了弟弟曾国荃。

这件事让曾国藩非常后悔，他痛定思痛，把这事儿在日记里记上了，并进行了一番自我反省，指出了自己身上存在的三点错误：一、太自以为是；二、实在口不择言；三、得罪了别人却依旧出言不逊，实在不近人情。在反省过后，曾国藩就给自己定下了个戒条，戒多言。言多必失，祸从口出嘛。

曾麟书回到家乡之后也没闲着，立刻写了一封信给曾国藩，信中主要内容就是和曾国藩说说家里的情况，末了则比较隐晦地给曾国藩提出了一个忠告，让他"节欲节劳节饮食"。这封信再次引起了曾国藩的反思，他注意到了自己身上存在的又一些缺点。曾麟书给曾国藩这样的告诫自然是有原因的，这就要从曾国藩担任京官时的生活情况说起了。

大概是在道光二十二年（1842 年）的时候，有一次，曾国藩的一个同事纳了个妾，听说这个妾长得特别漂亮，曾国藩知道之后就马上坐不住了。当然，他也不是对这个妾想入非非，就是听说其人漂亮，自然就想看看。这个同事一开始不太想把自己的小妾叫出来,后来在曾国藩和几个同事的软磨硬泡下,只好满足了他们的好奇心。小妾出来后,大家一看,果然很漂亮啊,于是言语之间难免有些狎亵轻浮,曾国藩自然也加入了其中。后来曾国藩对这件事非常后悔,感到自己简直枉读了圣贤书。

之后没过多久,又发生了一件事情。曾国藩应邀去一个朋友家吃饭,席间看到一个特别漂亮的歌伎,结果老毛病又犯了,说了许多不检点的话。

可见,这是曾国藩身上存在的一个问题,曾麟书注意到了这一点,所以才告诫曾国藩要"节欲"。曾国藩也痛定思痛,给自己写了又一个戒条:戒色。

关于"节劳"和"节饮食"方面,同样要从曾国藩的京官生活状态说起。我们知道,在曾国藩进入官场的时候,清朝官场已经极度腐败了,鲜少有那种一心为民请命,为朝廷鞠躬尽瘁的官员。在这样的官风影响之下,加之翰林院官职又很清闲,曾国藩免不了每天无所事事,而在这种无所事事的当口,自然就是和同事天天吃饭,东家长西家短,荒废时日虚度光阴。

曾麟书的信对于曾国藩来说如同当头棒喝,他猛然意识到,原来自己在不知不觉之中,竟然累积了这么多的毛病,虽然客观来说,这些毛病都不算什么大事,都是些正常人性中存在的劣根性,但曾国藩却认为,作为一个拥有大志向的人,这样的缺点实在是一种耻辱。曾国藩下定决心,势必要将身上所有的缺点尽数改掉,并称"不为圣人,便是禽兽"。

根据父亲告诫的"三节",曾国藩还总结经验,给自己提出了三戒，即戒多言、戒怒以及戒忮求。

曾国藩是个寻常人，有着寻常人的许多缺点，也和寻常人一样，容易被不良的风气所影响。但他最为显著的特点就在于，他非常善于自我反省，同时他还拥有一个非常重视个人修养，并且在教育方面做得非常好的父亲，这让曾国藩得以在腐败的清朝官场中坚守气节，不仅没有受到不良风气的腐蚀，反而能够专心致学，完善自我。

就在此期间，曾国藩结识了对他一生行事、修身和做学问影响都非常大的两个人，一个是唐鉴，另一个是倭仁，这两位都是当时非常有名的理学家。在这二人的影响下，曾国藩开始研习朱子理义之学，并追溯而上，接触到了张载、周敦颐等人的著作，开始系统地研究中国儒学。

谏言触龙颜

当大清朝沉浸在泱泱大国的自我满足与幻想中时，西方世界正因第一次工业革命而引起了翻天覆地的变化。曾国藩刚开始做京官的那一年，正是鸦片战争爆发的那一年，当时，曾国藩初入仕途，对此事的敏感度非常低，因此对于此次战争的过程以及战败签约的事情并没有太大反应。

清政府战败之后，为了筹集战败赔款，清政府不顾百姓困苦，生灵涂炭，竟大幅度增加税收。加之当时频频发生的自然灾害以及通商口岸开放之后洋人的侵扰，大批百姓在走投无路之下相继掀起了反抗运动，官场黑暗，贪腐成风，民间暴动，此起彼伏，清王朝一时之间陷入了极度的混乱之中。

在此期间，曾国藩正在父亲的当头棒喝之下进行自我反省，忙于读圣贤之书，提高自我修养，故而对世事并未多问。直到后来，情势越来越危急，曾国藩的几位同乡不断将地方上的消息以信件的方式传达到曾国藩的手中，曾国藩这才猛然惊醒，回想起自己进入官场时候的宏图大愿——为国藩篱。要实现这一宏愿，第一步就是要改革弊政，拯救贪腐没落的清政府，只有政府健康强大起来，才可能稳定形势，实现国泰民安。

就在曾国藩幡然醒悟的时候，大约1850年初，道光帝在内忧外患的困扰下郁郁而终，咸丰皇帝接过了清王朝这个千疮百孔的烂摊子。

咸丰皇帝即位的时候大概是二十多岁，正是血气方刚的年纪，当然想做一番大事业。于是，他上台的第一件事情就是罢黜了权臣穆彰阿等人，试图借此来挽回人心，顺带给官员们一个下马威。此外，为了显示自己励精图治，咸丰皇帝还做了件十分冠冕堂皇的事：下诏求贤才，开言路。说白了，就是让大臣有话直说，多提意见。

咸丰皇帝的这一举措让曾国藩看到了为国效力的希望，于是他立刻连上了一系列的奏折，从政治、军事、经济、文化等等方面，对大清朝的情况进行了分析，并针对这些弊端提出了各种各样的建议。当时，官员中像曾国藩这样的热血青年并不少，试图抓住此机会，博得新皇帝喜欢，借以升官发财的官员也不少，因此，上奏的折子如同雪片一样飞来，多不胜数。年轻的皇帝很快就对此有些懈怠了，从一开始看奏折的认真批复，到后期只有一句"知道了"，再后来，这些折子基本上就是石沉大海，没了消息。

对于皇帝热情的泯灭，大多数官员也是见怪不怪了，看皇帝失去热情，也就渐渐没人再提这件事。偏偏这臣子之中就是有不开眼的，而不开眼的这位，就是官居礼部右侍郎的曾国藩。

曾国藩充满热情地上奏了许多折子，一直等着咸丰皇帝的批示，但等来等去，却发现没有任何回应。对此曾国藩非常生气，带着这股气，曾国藩又上奏了一个折子，名为《敬陈圣德三端预防流弊疏》。这个折子和之前的折子有些不一样，以前曾国藩上的折子，主要是针对朝廷各方面的流弊提意见，而这次这个折子却是直指皇帝的不是。

上了这个折子之后，曾国藩又怕如同之前的折子一般石沉大海，于是在上朝的时候，竟当着文武百官的面，把折子的内容在咸丰皇帝面前大声地背诵了一遍。我们知道，曾国藩是湖南人，说话湖南口音重，他生怕皇帝听不明白，不仅声音特意放大，还在某些词句上加重音。这样一来不得了，曾国藩相当于在百官面前指着皇帝骂！朝堂上下都被曾国藩此举吓呆了。

那么，这个折子里，曾国藩对皇帝"破口大骂"的洋洋千言归纳来说总共有三条。

第一条，指责咸丰皇帝上台之后，斤斤计较的都是细节，不关心大事，导致前线战争失败；第二条，指责咸丰皇帝只做表面工作，让大臣提意见，但批示却只有"知道了"三个字，是典型的形式主义；第三条，指责咸丰皇帝刚愎自用，骄傲自满，做事还非常浮夸。为了证实自己的指责，曾国藩还举出了例子，说咸丰皇帝登基没几天，还是个二十出头的小毛孩，连诗是什么都没弄清楚就学人家出诗集。

咸丰帝那可是皇帝，是天子，怎么容得下一个臣子如此放肆！曾国藩刚开始背折子的时候，咸丰被震慑到了，心中虽然恼怒，但一时之间也不知道该不该发火。直到曾国藩指责到最后这条的时候，咸丰皇帝忍不住了，"啪"地一拍龙案站了起来，当场龙颜大怒，指着曾国藩骂："狂悖！大逆不道！"还把军机大臣给叫了出来，当场就要给曾国藩治罪。

眼看曾国藩就要小命不保，大学士祁寯藻等人赶紧站了出来，"扑通"跪在了咸丰面前，动情地跟皇帝说，这只有上主圣明，下臣才敢直谏。如果当年不是有贤明的唐太宗，又怎么会有直谏的魏徵呢？正是因为皇帝你贤明，所以才会有敢直谏的曾国藩啊！

这祁寯藻一席话说的是非常有水准，把咸丰皇帝抬到了一个高度上，给他戴了一顶高帽子，他还不能拒绝。拒绝了这顶高帽子，那不就是在变相地承认自己是昏君吗？听了这几句话，咸丰皇帝一时之间也有点傻了，糊里糊涂也就不追究了。但曾国藩的这一举动却让咸丰皇帝对他有了意见，此后一直都不喜欢他。

除了得罪皇帝之外，"觉醒"后的曾国藩还在官场上干了两件事，得罪了两位"大名大位"的人。

第一位是琦善。琦善这人很出名，是鸦片战争时期投降派的代表人物，他曾因鸦片战争而被道光皇帝革职查办，但不久后又重新被起用，任陕甘总督。咸丰皇帝即位之后，有人上书参奏琦善，说他在任陕甘总督时"妄加诛戮"，于是咸丰就把琦善拿下了，交给刑部进行审讯。

琦善这人在京城里人缘一直不错，加之不成文的"官官相护"规定，他很快就走通了关系，使得刑部上下都对他维护有加，甚至有人还试图要对举报琦善的人进行审讯。当时，曾国藩正兼任刑部侍郎，看到官场风气如此，心中不忿，站出来坚持要秉公办理，结果最后，琦善被革职查办了。

第二位曾国藩得罪的人是赛尚阿。赛尚阿的情况和琦善差不多，他是由于在镇压太平天国起义的时候调度无力，日久无功而获罪的。在刑部审讯过程中，赛尚阿同样打通了上下关系，使自己得到了宽大处罚。但没想到，曾国藩又站了出来，专门写了折子上奏，不满众人的做法，最终赛尚阿也因此被革职查办了。

此前，由于曾国藩为人不错，且又是穆彰阿的得意门生，使得他在京官之中人缘一向颇好。但这两次对官僚集团的"挑战"却让曾国藩的人际关系网络毁于一旦。曾国藩不仅仅得罪了琦善和赛尚阿两名大员，更为重要的是，他打破了清朝官场"官官相护"的规则，也就是说，他所得罪的，不仅仅只是某个或某几个高官，而是整个腐败的官僚集团。

此后，曾国藩毫不意外地被孤立了，许多官员都与曾国藩断绝了往来，甚至坚决不肯与他同席而坐。一时之间，曾国藩竟因自己的正直而成了京城权贵官员人人唾骂的"过街老鼠"。

咸丰二年（1852 年）六月，在经历了一段暗无天日的日子后，曾国藩终于争取到了江西乡试正考官的差事，赶紧收拾东西，逃也似的离开了这个让他感到压抑和失望的京城，并萌生了隐退回家的心思。就在他行至安徽太和县一带时，突然接获了母亲去世的消息，曾国藩悲痛非常，当即调转船头，回乡奔丧。至此，曾国藩十四年的京官生涯正式画下了句号，而他的人生，也将因此而揭开一个崭新的篇章。

第二章
书生上战场

"书生意气"让曾国藩得罪了大清王朝最有权力的人——咸丰皇帝，同时也得罪了整个腐败的官僚集团。被排挤出京师之后，曾国藩在为自己的京官生涯画下句号的同时，却迎来一个改变他一生的机会，让他这个文官，迈上了成为封疆大吏的道路。

太平天国

当曾国藩怀抱着巨大的悲痛之情回到湖南时，满耳朵听到的，都是太平军节节胜利、打得清军狼狈逃窜的消息，一时之间，这种紧迫的风声倒是将心中的悲痛之情冲淡了不少。行至汉阳一带时，曾国藩从湖北巡抚常大淳处获知，长沙已经陷入了太平军的围困之中，于是只得改走陆路，经由湘阴、宁乡抵达老家湘乡。

道光二十七年（1847 年）间，洪秀全在广西桂平创立了拜上帝会，并将曾经收到的基督徒梁发给他的《劝世良言》一书经过重新编写和加工作为拜上帝会的教义。拜上帝会很快吸收了杨秀清、韦昌辉和萧朝贵等 2000 余人入会。随着阶级矛盾的不断激化，在洪秀全带领下，拜上帝会终于在 1851 年 1 月时揭竿而起，正式与清政府展开对抗，洪秀全自称天王，建号太平天国，史称"金田起义"。

太平军一经建立便所向披靡，气势如虹，打得清军节节败退，眼看就要席卷整个大清王朝。为了抵御太平军的疯狂进攻，清政府决定发动地方官员，号召当地百姓自行组织地方武装，以抵御太平军。

就在太平军围长沙，下越州，克武昌，攻湖南的时候，一纸谕令突然下达到了曾国藩手中：咸丰皇帝令曾国藩在湖南帮办团练和太平军对抗。

咸丰皇帝对曾国藩有一点成见，但是这个时候却偏偏离不开他，主要是因为以下两个原因。

第一，当时清军根本没有能力抵抗太平军，统治阶级只能考虑利用民间势力，而要倚靠民间势力，就必须委任一些在地方上有威信，并且熟悉地方事务的官员去办这件事情，而地方官和一些回籍的大臣无疑是最好的人选，他们人地两熟，又具备号召力。1853 年 3 月到 4 月间，就先后有 45 人被任命为团练大臣，因此，曾国藩并非是个特例。

第二，早在曾国藩回籍奔丧的途中，就已经有人向咸丰皇帝举荐曾国藩了，而这个人就是曾国藩在担任京官时的老师兼朋友唐鉴。唐鉴名气很大，虽然早在道光二十五年（1845 年）的时候就已经告老还乡，但咸丰皇帝依然数次召他入京。唐鉴非常欣赏曾国藩，在咸丰皇帝下令办团练之后，便举荐了曾国藩，甚至以自己的名望为曾国藩做担保。因此，咸丰皇帝这才"摒弃前嫌"，打算给曾国藩这个机会，让他证明自己的忠贞。

曾国藩帮办团练的消息很快就传出去了，当时支持他的人非常多，比如他的一些老朋友，如江忠源以及罗泽南等人，还有当时湖南的地方官张亮基等人。

但面对这个机会，曾国藩却一直犹豫不决，顾虑重重。首先，母亲的灵柩还未安葬，此时如果出面去办团练，必定是有违孝道，不免让人诟病。其次，自己是个书生，根本不懂带兵打仗，一不小心，官职丢了，命都可能保不住。最后，清朝官场腐败黑暗，办团练这事必然不会顺利，到时候肯定要和上下级都发生纠葛，这实在难办。

思前想后，曾国藩写了封信给张亮基，一方面拒绝了他的邀请，另一方面则希望张亮基能替他辞谢咸丰皇帝的谕令，并请求在原籍守制 3 年。

就在这个时候，武昌也被太平军攻克了，湖南危在旦夕。无奈之下，张亮基令曾国藩的至交好友郭嵩焘连夜赶往湘乡，去劝说曾国藩出山。

郭嵩焘是曾国藩的至交，两人均是翰林出身。郭嵩焘也和曾国藩一样因丁母忧回籍守制，在太平军攻打湖南的时候，郭嵩焘主动到了张亮基麾下，为他出谋划策。

在见到曾国藩之后，郭嵩焘先是与他一同拜祭了他的母亲，随后便当着曾国藩几个兄弟，将唐鉴推举曾国藩以及后来咸丰皇帝征询恭亲王奕䜣、内阁学士肃顺等人的意见，结果二人竭力保举曾国藩的事情一一告知。

随后，郭嵩焘又一番义正词严、慷慨激昂地劝说，使曾国藩听得热血沸腾，打消了此前的种种疑虑，决定应命出山。但一想到自己如今依然处于守制之时，不免还是有些顾忌。为了解决这一问题，郭嵩焘又找到了曾国藩的父亲曾麟书，将情况详细告知了曾麟书。曾麟书非常支持儿子为国效力，当面教育了曾国藩一番，并责令他移孝作忠。

咸丰二年十二月十七日（1852 年 1 月 25 日），曾国藩安排好了家中的事情，带着弟弟曾国葆离开了家，跟随郭嵩焘踏上了前往省城长沙的路。途径湘乡县城之际，接到了张亮基征调湘乡练勇 1000 名的扎令，这 1000 名练勇便跟随曾国藩一同上路，此外，身在湘乡的罗泽南、王鑫、刘蓉、朱孙诒等人也加入了曾国藩的阵营，这些人一同组成了曾国藩初办团练的班底。

"曾剃头"

团练并非是朝廷的正规部队，而曾国藩的主要职守也只是"帮办"事务，因此说到底，曾国藩的主要任务实际上是维持地方治安，关键时刻才需要率领团练兵协同朝廷正规部队一起抵御敌军。

一到长沙，曾国藩就雷厉风行地在自己的公馆新开设了一个衙门"湖南审案局"，专门负责审理社会治安案件。湖南地区原本就不算特别安宁，在太平天国起义的影响下，匪类起事就更加频繁了。曾国藩才到长沙不久，道州一带就发生了天地会、何贱苟等起义事件，曾国藩赶紧下令王鑫、李朝辅以及刘长佑等人率团勇前往处理，结果没想到，这队伍刚出发，衡山草市刘积厚也起义了，还杀死了地方官，曾国藩又赶紧下令，让队伍调头去处理刘积厚。结果，队伍还没反应过来，攸县的黑红会、桂阳的半边钱会、永州的一炷香会和安化的串子会都起事了。此外，还有一些被太平军击溃的清军，竟然也混在那些起义队伍里头，趁乱四处抢劫。四处频发案件搞得曾国藩焦头烂额，一时之间竟然不知道该先去处理什么事情了。

正所谓"治乱世用重典"，秉承这一原则，曾国藩决定，要给这些扰乱社会治安的家伙来个严厉的大整治。他将"审案局"的所有人召集了起来，当众宣布，以后对地方不良分子一律处以重刑，不管对方是盗贼土匪还是闹革命的，抓到一个杀一个，每抓一个，能兑五两银子。五两银子不是个小数目，但买个人头还是便宜得令人发指的。为了震慑那些不良分子，曾国藩还大张旗鼓地令人制作了一批囚车，但凡是捉到的土匪，都要关在囚车里头游街，一直到游死，饿死。

没过多久，曾国藩的"暴行"就传遍了整个长沙，很多人去向省里头告状，说曾国藩的"审案局"是阎王殿，净干些伤天害理的事情。但这个时候，湖南巡抚张亮基却是曾国藩的支持者，他非常支持曾国藩的所作所为，因此这些诉讼到了他那里，也就如石沉大海，杳无音信。再者，对于咸丰皇帝来说，太平天国那一类的匪众是他最为痛恨的，杀土匪简直就是天经地义的事情，所以即便上告到京城，估计皇帝也不会理睬。到最后，曾国藩依旧大开杀戒，而状告他的折子却是逐渐平息了。

仅仅在四个月内，曾国藩的"审案局"就正式处决了104名犯人，而经由他批示由各县自行处决的人更是多不胜数。在曾国藩的"重典"

之下，湖南地区的社会治安迅速安定了下来，匪众也急剧减少，但曾国藩却因为"杀人不眨眼"而恶名昭彰。人们对他愤恨不已，给他取了"曾剃头"、"曾屠户"等绰号。无论是在民间还是在政界，曾国藩都没有赢得任何赞许和感激，反而招致了重重怨怼。在当时，甚至连他的一些至交好友，如郭嵩焘、欧阳兆熊、朱孙诒以及李瀚章等人都纷纷给他写信，劝说他，责备他，对他的种种行为表示了不理解。

就在曾国藩处于风口浪尖之际，他的最大支持者张亮基却突然接到了调令。当时，武昌被太平军攻陷，湖广总督徐广缙被革职，张亮基被紧急调往武昌，接替了徐广缙湖广总督的职位。张亮基一走，湖南地区的政治形势就发生了严重变化，新的湖南巡抚骆秉章和布政使徐有壬，按察使陶恩培等人都与曾国藩不和睦，对他的做法颇有微词，失去最大支持者，曾国藩的日子变得不好过了。

团练大臣这一职务，其地位是非常尴尬的，他们比不上皇帝任命的钦差大臣，同时又不是正式的地方官吏，说白了，只是地方军队的一个辅助品，用来对付太平军的应急手段。想要真正做实事，就必须得到地方官员的支持。此前，曾国藩的"杀人大计"能够进行得如此顺利，也是有赖于张亮基的坚定支持，现在支持者没了，新的地方官又把曾国藩当作眼中钉、肉中刺，想要再进一步开展行动几乎是不可能的。

在这样四面楚歌的境况下，曾国藩很快就出了大麻烦，而这个麻烦的起源就是绿营兵。

曾国藩在长沙练勇期间，与绿营军中一名为塔齐布的军官相交甚好。这塔齐布出身满洲镶黄旗，姓陶佳氏，生性忠勇剽悍，完全没有大多数旗人和绿营军官那种腐败的习气，因此很得曾国藩器重。两人相识后，曾国藩聘请他做了团勇的教练，并让团勇与绿营兵一同进行会操训练，即便是在盛夏酷暑时节也不曾有丝毫懈怠。

按照清朝惯例，绿营兵是由总督直接统辖，由各省提督带领的，至于团练大臣，朝廷并没有赋予他们干涉绿营兵军务的权力。虽然曾国藩让团勇和绿营军一起训练是出于对朝廷的赤胆忠心，但从律例上来说，确实有些越权的嫌疑，绿营军中许多骄将惰兵开始对曾国藩感到不满，甚至开始集体抵制曾国藩，不听从曾国藩的命令，不愿与团勇一起训练。

一次会操的时候，绿营军除了塔齐布率领的小部队之外，几乎全体缺席，并且还造谣生事，辱骂塔齐布和曾国藩。曾国藩大为恼火，立刻向咸丰皇帝上书弹劾带头闹事的长沙副将清德，并对湖南绿营兵进行了强烈抨击。结果清德被革职查办了，曾国藩获得了与绿营兵冲突表面上缓解了。

实际上从曾国藩担任京官的经历就能看出，他每一次与朝中官员作对的背后，事实上都是在与清朝廷整个庞大的官僚腐败集团作对，而他每一次的胜利背后，都已经为他埋藏下了更大的祸端，这一次自然也不例外。清朝官场气败已极，在曾国藩看来，想要挽救大清，挽救天下，首先就必须要改掉官场的不良风气，因此他一而再、再而三地试图以自己刚猛的办事风格，给予腐败的清朝官场狠狠一击，但他却始终没有意识到，仅凭一己之力，是难以对抗整个官僚集团的，而那些看似办事昏聩的官员，在"坏事"方面可都是行家里手。

曾国藩对清德的整治引起了湖南地方官员更大的不满，尤其是清德的上司，湖南提督鲍起豹。鲍起豹是绿营军的直接领导人，对曾国藩插手干涉绿营事务本来就颇有微词，如今他又惩罚了自己的人，自然对他更加怀恨在心，一直伺机报复。很快，鲍起豹就等到了这个报复的机会。

绿营军在曾国藩所招募的团勇面前一直自认高人一等，常常借故找团勇的麻烦，与之发生械斗。一次，鲍起豹的卫队又因一些鸡毛蒜皮的小事和团勇杠上了，打斗一番之后，双方各有损伤。

曾国藩得知此事后非常愤怒，随即给鲍起豹发了一纸文书，要求鲍起豹惩治带头闹事的绿营军。两军之间发生一些冲突本来不是什么大事，但鲍起豹却不然，他决意要趁着这个机会，好好给曾国藩一顿教训。于是，在接到文书后，鲍起豹立即下令将几个带头闹事的绿营士兵捆了起来，一边大张旗鼓地往曾国藩公馆里头送，一边四处派人散播谣言，说曾国藩要狠狠惩治几个绿营兵。绿营军中原本就对曾国藩怨声载道，如今一听说这个消息，更是群情激奋，纷纷上街游行，逼迫曾国藩释放绿营士兵，长沙城被他们闹得沸沸扬扬。

长沙的官员们对曾国藩本来就不满意，如今一看出了这事，全都装聋作哑，心下暗喜。见无人干涉，绿营兵们胆子更大，竟然开始围攻曾国藩的公馆。当时，湖南巡抚骆秉章的办公室就在曾国藩公馆隔壁，但他却假装什么都不知道，关起大门来暗暗偷笑。

绿营兵们冲入了曾国藩公馆，见人就打，见东西就砸，眼见情况失控，曾国藩才意识到问题的严重性，在随从的保护下夺门而逃，几步窜到了隔壁连连敲门，找骆秉章帮忙。

随后，骆秉章才勉强出面，安抚了绿营兵，随后又把鲍起豹绑来的几个绿营士兵带了上来，亲自给他们松绑，还连连道歉安慰，对曾国藩却没半句慰问的话。

曾国藩气得说不出话来，此事也成了湖南官员们茶余饭后的笑谈，一时之间，长沙城里充斥着对曾国藩的讥笑之声。

曾国藩非常愤怒，同时又感到十分难堪，这可以说是他有生之来第一次遭遇如此严重的挫折，这样的屈辱让他夜不成寐，却又无可奈何。起初，曾国藩试图将此事上告皇上，痛快淋漓地上诉自己的委屈，但冷静下来之后，曾国藩才意识到，这样的做法是完全行不通的，这一道折子上去，即便皇上像惩治清德一样惩治了鲍起豹，但是鲍起豹的背后，还站着无数与自己不对付的湖南官员，未来不过又是再一次的悲剧重演罢了。

经过几天几夜不眠不休的思索之后，曾国藩终于接受了一个现实：仅仅凭借一人之力是不可能与整个湖南省的官员对抗的。在认清这个现实之后，曾国藩做了一个非常重要的决定——惹不起还躲不起？离开长沙，到自己的"地盘"衡州去寻求发展。

湘军初成

衡州是湖南衡州府的知府衙门所在地，即今天的衡阳市，该地北临南岳衡山，控制着水陆要冲，是兵家的必争之地。曾国藩祖籍在衡州，他的妻子欧阳氏也是衡州人，因此他在衡州的亲友非常多，称得上是他的第二个故乡，算得上是他的"地盘"。

经历了长沙的困局之后，曾国藩认识到，想要在官场立足，做自己想做的事情，就必须要拥有自己的资本和势力，而要拥有这一切，他现在唯一的途径就是组建自己的一支军队，而要成功组建自己的军队，就一定要和地方官沟通好，搞好关系。

当时衡州的知府是陆传应，官位从四品，按照品级来说，陆传应的官位比曾国藩整整低了五级。当曾国藩带领手下的团勇前来时，陆传应照例开城相迎，曾国藩表现得非常谦恭，没有因为自己官位比陆传应高而表现得趾高气扬，反而一直对其以"兄"相称，这给陆传应留下了非常好的印象。

在陆传应的首肯下，小西门演武场成了曾国藩和团勇们的临时"署衙"。小西门演武场位于衡州西门外的蒸水滨，是当年吴三桂称帝时候开辟的一处大祠堂。虽然暂时找到了落脚之地，但曾国藩的处境依然非常尴尬，衡州的形势虽然比长沙要缓和一些，但他的境地依然是那么孤立无援。

朝廷虽然委任了数十名团练大臣，但却并没有相关的条文来保障这些"团练大臣"的职权，而这些团练大臣品级也都有高有低，各地也并没有专门设立团练大臣的衙门。因此，在自设"署衙"之后，取名倒成了难题。几经商量后，众人裁定的名称是："钦命团练大臣曾统辖湖南湘军总营务局"，但牌子写好之后，曾国藩左思右想却始终感觉不妥，自己只是个"帮办团练大臣"，也就是说，这团练的主要领导实际上还是骆秉章，挂上这样的牌子，似乎不太合适。最后，又商量了几次，曾国藩决定，还是沿用长沙时候的名字："湖南审案局"。

虽然衙门的名字没有变化，但曾国藩的做派却是完全不一样了，他决心不再只把目光放在眼前的维持地方治安上，要成就一番如郭子仪、李沁等大将那样的事业，建立一支能征善战的军队。

想要建立这样一支军队，就必须首先拥有一批可靠的军官，曾国藩立马提笔给郭嵩焘、李元度、刘蓉以及陈士杰等九个朋友写了信，邀请他们来衡州共商大计。这几个人与曾国藩的交情都非常深厚，同时又各有所长，是曾国藩组建军队的重要助力。

就在信发出去之后，曾国藩突然收到了新任的湖北按察使江忠源的来信，此时的江忠源正在江西战场与太平军作战，由于绿营军无法抗衡骁勇善战的太平军，江忠源便写了这封信给曾国藩，催促他抓紧时间练兵，并尽快带领他的劲旅奔赴战场。

咸丰皇帝给各地团练大臣的任务主要是"帮办"，既然是帮办，就意味着团练大臣所组建的部队并非正规军，不管是人数还是武装方面都有所限制。实际上在当时，各省的团练大约也就数百人，而曾国藩手下的湖南团练足足有一千余人，算是非常庞大的一支队伍了。但显然，曾国藩并不满足于这一切，他希望建立的是一支具有超强战斗力的真正的军队。而江忠源的来信给了他一个实现宏伟目标的契机，他借机回信给江忠源，希望他能代奏咸丰皇帝，批准他在衡州继续招募勇丁，将其编练成军。

与此同时，曾国藩也继续加紧步伐，开始在衡州四处招募军队，并进行艰苦的训练。在此期间，曾国藩所邀请的朋友们相继到来，并带来了许多各自招募到的勇丁，使得原本不过千余的团勇扩增到了五千余人。曾国藩将这五千勇丁分为十个营，正式投入了训练。

衡州知府陆传应见曾国藩拥有如此强大的号召力，转眼间就招募了这么多人马，壮大了衡州的声威，心中自然非常高兴，加上曾国藩平时对他礼让有加，还常常主动邀约他一同商量练勇的事情，对曾国藩更是添了几分好感，于是慷慨解囊，从库银中取出了十万两借给曾国藩做军费，暂时解决了曾国藩创建湘军之初的军饷问题。

咸丰三年（1853 年），中国近代史上第一支新式地主武装队伍诞生了，这就是曾国藩所组建的湘军。

湘军分为水、陆两师，其中陆师的编排为每营 500 人，一共十营，分别由塔齐布、邹守章、罗泽南、曾国葆、朱孙诒、邹士琦、周凤山、储玫躬、扬名声和林源恩等人率领。

水师的筹建比陆师要晚，而水师的筹建中最大的问题就是战船。起初，曾国藩试图以木排来代替战船，他认为木排轻巧又稳当，在战场上能够灵活掌控，更为重要的是，木排的制造比起战船来说要简单得多。但在制造好木排之后，曾国藩才发现，自己的想法太天真了，木排在水中顺流时勉强可用，但逆流时却极其笨拙，加上木排非常小，根本不利于在宽广的水面上行驶。于是，曾国藩决定放弃这一想法，继续潜心造船，他找遍了湖南全省的能工巧匠，但却发现，这些人竟无一人懂得制造战船的技术。

既然没人会造，那就自己设计吧！有了这一想法，曾国藩立刻召集人，开始以龙舟为原型设计自己的战船，最终制造出了一批"曾氏战船"。显然，造船是个技术活，曾国藩这个半路出家的"设计师"哪里懂得这项技术，他所制造的"曾氏战船"十分容易倾覆，根本无法真正用在战场上。

经历了几番波折之后，曾国藩才总算找着了两名对战船有所了解的军官，在他们的介绍和指导下，经过数次试验，终于制造出了能够投入使用的战船。随后，曾国藩立刻向朝廷奏请，拨款 4 万两在衡州建立了造船厂，并大量雇佣衡州、永州的匠人，大量制造各种战船。到咸丰四年初（1854年），水师正式建立完成，共有战船361艘，其中拖罟大船1艘、长龙50艘、舢板150艘、快蟹40艘以及改装渔船120艘。在这些战船上，总共装了470门大炮以及320门新式洋炮。

成军之初，水师人数与陆师差不多，同样编为十个营，分别由夏銮、褚汝航、胡作霖、胡嘉垣、成名标、彭玉麟、龙献深、杨载福、诸殿元和邹汉章率领。

在水师建成之后，陆师也从原本的十个营、五千人扩充到了十三个营、六千五百人，加上其他杂务后勤人员等，此时的湘军一共差不多一万七千余人。按照最初的计划，曾国藩只想建设一支大约万余人的队伍，但在其强大的号召力下，湘军人员比计划中差不多翻了近一倍。

曾国藩所创建的湘军不是一支普通的团练武装，而是完全称得上一支战斗力强大的军队。在湘军创立之前，清朝廷为了避免军中将领做大，发展自己的势力，影响朝廷统治，会定期更换绿营军中的统帅，但这样一来，也让将领与士兵之间难以默契配合，导致战斗力下降，作战指挥也频频出错。为了避免这种情况，曾国藩按照明代戚继光的方法来编制湘军，以营为单位，并在营下设立队、哨等。曾国藩规定，每个大营的士兵只服从营官，而全军则只服从于曾国藩一人。这样一来，大大提升了湘军的凝聚力，同时也将湘军的指挥权牢牢抓在了手中。

湘军的士兵主要都是从湖南一带招募的，其中很大一部分都来自曾国藩的老家湘乡，由于招募的地区比较集中，因此，军中很多士兵之间都互相认识，甚至可能是亲戚、兄弟、父子，这使得湘军如同一个大家庭一样，在战斗中，士兵们也更能够相互扶持，相互支援。

此外，曾国藩还采取了"高薪养廉"的策略，他给湘军开出的俸禄比同等级的绿营兵大约高三倍左右。

曾国藩是读书人，他所选择的湘军将领也几乎都是非常有学问的大儒，因此，在训练湘军作战能力的同时，曾国藩也不忘用儒家忠孝仁爱的思想来作为全军的指导方针。大约在咸丰八年（1858年），湘军与太平军在江西对战时，曾国藩还为湘军写了一首军歌，名为《爱民歌》，歌词的开篇是这样唱的："三军个个仔细听，行军先要爱百姓；贼匪害了百姓们，全靠官兵来救人；百姓被贼吃了苦，全靠官兵来做主；第一扎营不要懒，莫走人家取门板……"

从这首简单易懂的军歌中，我们就能看出，曾国藩创建湘军的一大目的，是为了实现保护百姓、平定天下的理想，而他所创建的湘军从本质上来说与清朝廷的军队是不同的，他希望创建的是一支能够保卫百姓，而非欺压百姓、谋取利益的军队。

出师未捷身"险"死

在曾国藩创建湘军的同时，太平军也在日益壮大。咸丰三年（1853年），太平军攻克江宁（今南京），并改江宁为天京，在此定都，并于5月间正式发动了西征和北伐。太平军西征部队沿江西进发，攻占安庆、九江、汉口、汉阳，势如破竹，直至江西省府南昌。南昌的守将是曾国藩的老朋友江忠源，在江忠源带领下，清军在南昌与太平军对峙三个多月，坚不可摧。无奈之下，太平军只得改为攻打其他地方。

年底，太平军攻克桐城、舒城之后开始进攻安徽重镇庐州，江忠源又被紧急调往庐州进行防守。但可惜，庐州的城墙不及南昌坚固，兵力和物资也不及南昌充足，即便江忠源本事再大，也难以抵挡太平军的攻势。在此期间，咸丰皇帝曾数次下令，催促曾国藩带领湘军加入战斗，协助江忠源抵御太平军，但曾国藩以水师未成为由，一直拒绝参战。最终，在坚守三十多天后，庐州失守，江忠源自杀殉国。

江忠源死后，清军更是一败涂地，接连又失去了庐江、六安、潜山、无为等地，随后，太平军又攻下黄州、汉阳，并围困武昌，湖南地区再次面临危险。在此过程中，湖广总督吴文镕也为国捐躯。

江忠源和吴文镕都与曾国藩交情匪浅，此二人的死让曾国藩痛苦不已，同时也让他备感愧疚。在这种愧疚的驱使和外界环境的压力下，曾国藩终于还是坐不住了。咸丰四年正月二十八日（1854 年 2 月 25日），曾国藩正式在衡州誓师，并发布讨贼檄文《讨粤匪檄》，列数了太平军的"罪行"。

曾国藩的这篇檄文是非常有名的，被诩为"胜过百万兵"。太平军在起义之初也发布过讨伐檄文，即《奉天诛妖救世安民谕》《奉天讨胡檄布四方谕》和《救一切天生天养中国人民谕》三篇，主要列数了清朝统治者的种种罪责，并打出"上帝牌"，让洪秀全"讨贼"的身份变得名正言顺，在当时的百姓中引起过巨大轰动。曾国藩这篇檄文则从中国传统文化的角度出发，对太平军进行了猛烈抨击，例如太平军之间互相称呼为兄弟姐妹，曾国藩便斥责其坏了纲常伦理，乱了君臣父子的尊卑秩序等。在檄文中，曾国藩还将洪秀全所创立的"拜上帝会"说成是外夷的代表者，将讨伐太平军说成是抵御外国侵略者。这些观点在当时都是非常高明的，"上帝"来源于国外宗教，在中国传统文化中完全没有根基，曾国藩利用这一点，成功地将太平天国这支农民起义队伍变成了众人眼中的"外夷"，让湘军以卫道者的面目出现在大众面前，迅速争取到了封建士人们的支持。

《讨粤匪檄》可以说是清朝廷在对抗太平军时最为成功的宣传，它利用中国传统文化去对抗洪秀全根据西方宗教文化所创立出来的新东西，以绝对的优势团结了当时社会的中坚力量——文人士大夫阶层。

檄文发布后，曾国藩率领着湘军水、陆两师浩浩荡荡出发北上。

行至岳州（今岳阳）的时候，湘军和太平军遇上了。湘军的战斗力比绿营兵是要高出很多的，但太平军并不知道。已经习惯与绿营兵作战的太平军难免有些轻敌，结果首次交锋就被湘军打了个措手不及，溃败而逃。然而，湘军还未来得及庆祝胜利，等到援军的太平军又卷土重来，一举攻下了岳州，并乘胜攻占靖港，直指湘潭，曾国藩只得率湘军退回长沙。

虽退回长沙，但曾国藩只将陆师驻扎于城郊一带，自己则和水师一同住在舟船之上，并未进入长沙城。众所周知，长沙城里的官员和曾国藩都不和睦，此次湘军出师未捷，城中自然议论纷纷，对曾国藩更加看轻，甚至有人提出解散湘军。好在咸丰皇帝曾在上谕中认可了湘军的编练与出师，故而骆秉章没有权力动湘军分毫，更为重要的是，此时最大的敌人太平军已经步步逼近，骆秉章也急需军队帮助他防守湖南。

湘潭位于长沙南边，一旦太平军攻陷湘潭，那么长沙就会腹背受敌，陷入夹击，于是，曾国藩果断下令，集中兵力进攻湘潭。在与众将商定之后，曾国藩随即制定出了进攻湘潭的计划：由塔齐布率一队陆师打前锋，水师方面彭玉麟和杨载福等率 5 个营先行，曾国藩自己则率余部殿后。

就在先行部队出发之后，曾国藩突然收到一条消息，说在靖港那个地方大概只有五百余"长毛"，也就是太平军，他们完全没有作战准备，只要派军队前去攻打，必定能一举拿下靖港。当时，靖港的民团与湘军内部一直有联系，而这则消息又是来自靖港民团的，曾国藩自然不疑有假，当即决定率余下湘军大部先攻靖港，再发湘潭。

咸丰四年四月初二（1854 年 4 月 27 日）凌晨时分，曾国藩亲自指挥湘军向靖港出发，中午便已经抵达了靖港镇外。但没想到的是，湘军才刚进入靖港镇，就遭遇了太平军的伏击，在震天的炮火声中，太平军从四面八方涌出，打了湘军一个措手不及。湘军阵脚大乱，四处溃逃，四处响彻"活捉曾国藩"的吼声，让中了埋伏的曾国藩更是胆战心惊。

靖港之战湘军溃不成军，卫兵将曾国藩架入船舱，慌忙败逃，曾国藩这才捡回了一条小命。

曾国藩呆坐在船舱里，始终无法接受眼前的现实，自己苦练近一年的湘军，竟是如此不堪一击！自衡州出师，曾国藩两度遭遇太平军，却都以失败而告终，尤其是这一次，简直败得一塌涂地！官员们的冷眼仿佛再一次出现在曾国藩眼前，战败兵勇的惨嚎声不绝于耳，曾国藩心中更添几分绝望。

此时，曾国藩的幕僚陈士杰和李元度发现曾国藩神情有些不对，赶紧令章寿麟等人去看着曾国藩，结果没想到，这命令刚下，就见曾国藩"噌"地站了起来，纵身投入了滚滚江水之中。章寿麟大惊，边喊着："曾大人跳水了！"一边随曾国藩跳入了江水中。好在章寿麟反应快，将曾国藩从水里救了出来，并把他扶进船舱一番施救后，曾国藩才缓过了气。

靖港大败随着曾国藩的自杀未遂落下帷幕。返回长沙之后，果真如曾国藩所预料的那般，湖南的官绅们对他的诽谤和指责更加猛烈了，湖南提督鲍起豹甚至下令关闭长沙城门，不许湘军和曾国藩进入城中。面对这一切，曾国藩万念俱灰，一连几天不吃不喝，几度想要再次寻死，还叫弟弟曾国葆给自己做了一口棺材停放在江边，自己则给咸丰皇帝写了一封遗折，决心以死来报答皇帝的恩德，谢丧师败北的罪责。此外，曾国藩还写了一个遗嘱，安排了自己的身后事，并一再强调，不能为自己公开吊唁，也不花朝廷一分钱。

做完这一切之后，曾国藩正寻思着以什么样的方式结束自己的性命时，弟弟曾国葆突然慌慌张张地跑来了，大喊着："大哥！湘潭胜了！湘潭大胜了！"

曾国藩一怔，简直不敢相信自己听到的，瞪大眼睛看着曾国葆："真的?"

曾国葆赶紧把塔齐布写来的信递给曾国藩，看着信上的喜讯，曾国藩激动地颤抖着，两行眼泪夺眶而出，这才打消了寻死的念头。

湘潭之战持续了整整六天，由于太平军内部发生分歧，湘军得以乘虚而入，十战十捷，抢夺烧毁太平军战船 2000 余艘，并击杀太平军万余人。这是太平军自起事以来最大的一次失败，当然也是湘军，乃至整个清朝廷自与太平军对战以来最大的一次胜利，这也成为双方军事战况一个至关重要的转折点。

湘潭大胜的消息很快传到了京师，曾国藩和湘军这才真正引起了咸丰皇帝的重视。随后，咸丰皇帝发出了一系列的上谕，嘉奖湘军上下，并下旨拿办了鲍起豹等人，塔齐布也被任命为湖南水陆提督。让曾国藩最为高兴的是，咸丰皇帝准许他单衔奏事，并赋予了他调遣湖南省除巡抚之外的所有官员的权力。

湘潭之战的胜利彻底改变了曾国藩的政治地位，让曾国藩在湖南站稳了脚跟。曾国藩并没有因为这次的胜利而感到沾沾自喜，反而对湘军感到忧心忡忡，在岳州、靖港和湘潭的三次作战中，他发现湘军暴露出了许多他以前未曾察觉的弱点与弊端，而现在，严厉整顿的时候到了。

血战换来空头衔

曾国藩在总结了三次作战的经验教训之后，经过严格的调查，嘉奖了那些临败不溃、能战能防的军官和士兵，而对那些不听指挥、拼命逃跑的士兵则一律裁撤。令人意外的是，第一个被拿来开刀的竟是曾国藩的弟弟曾国葆所领导的一营。曾国藩将在靖港之战中率先逃亡的士兵全部裁撤，连曾国葆本人也被撤职，开缺回籍。

由于曾国藩大义灭亲，率先拿自己的亲弟弟开刀，其他各营也不好再说什么，整顿实施得非常顺利。在这次整军中，湘军一共裁撤了三千余人。而塔齐布、彭玉麟、杨载福和罗泽南等所率的大营则有了大幅度的人员增募，尤其塔齐布一营达到了七千余人。整顿过后的湘军共有陆师、水师各 20 营。此外，水、陆两师分别设置两名统领，陆师统领为塔齐布和罗泽南；水师统领则为彭玉麟和杨载福。

长沙整军之后，曾国藩信心大增，决定趁着湘潭之胜的士气向太平军西征部队发动进攻。咸丰四年六月三十日（1854 年 7 月 24 日），湘军与太平军会战于岳州城下，太平军失利，放弃岳州，连夜逃往城陵矶。

城陵矶是个军事要塞，地势险要，易守难攻，湘军几番攻打都未能顺利从太平军手中夺取该地。七月十六日（8 月 9 日），湘军水师褚汝航和夏銮与清军水师一同突入了太平军的防守圈，结果被太平军切断后路，褚汝航和夏銮等人均战死，湘军水师大半覆没。

七月十八日（8 月 11 日），陆师方面塔齐布率兵与太平军展开殊死搏斗，当时太平军的统帅是曾天养，曾天养被誉为"飞将军"，所率部队也被称为"虎头军"，是太平军西征军的主要将领，能征善战，有勇有谋，他虽已年近六旬，却是战场上无人能敌的一员猛将。

曾天养遭遇塔齐布，可谓是棋逢对手，二人激战多时却始终不分胜负。突然之间，曾天养一矛刺中了塔齐布的战马，就在曾天养下一矛即将刺向塔齐布的时候，塔齐布的亲兵突然从曾天养背后偷袭，猛刺一枪，曾天养一回马，坐骑被刺中，曾天养从马上坠落，塔齐布抓住时机，将曾天养刺于马下。曾天养一死，西征军顿时乱了方寸，顿失斗志，只好放弃城陵矶，败退武昌。

夺取城陵矶后，曾国藩随即指挥水、陆两军并进，直指武昌。湘军陆师兵分两路，一路由罗泽南率领攻打花园，另一路则由塔齐布率领攻打洪山，水师则由杨载福率领，分兵攻打武昌。

此时，由于湘潭、岳州以及城陵矶等地的接连失败，太平军已经斗志全无，士气大挫，面对湘军的猛烈攻势，抵抗几番之后便弃城逃跑了，曾国藩得以顺利占据了武昌、汉阳等地。

湘军的再一次胜利让咸丰皇帝惊喜交加，他简直难以相信，区区一个文官，竟然能够在一年之内训练出这样一支骁勇之师，从将绿营军打得落花流水的太平军手中恢复两湖地区的大部分失地。

捷报传到后不久，咸丰皇帝就下旨对湘军将领进行了封赏，并任命曾国藩为署理湖北巡抚。巡抚这个官是很大的，相当于现在的省委书记，得到这个官职，曾国藩还是非常满意的。但没想到的是，就在曾国藩与湘军将领们喜庆荣升之时，又一道上谕下来了，上谕中说，赏给曾国藩兵部侍郎的头衔，撤掉了署理湖北巡抚一职。湖北巡抚这个职位就给了无功无过的陶恩培，而在陶恩培到任之前，则由杨霈兼署湖北巡抚一职。

这道上谕让曾国藩非常恼怒，他的官职本来就是侍郎，如今这皇上明面上像是给他升了官，但实际上却是个空头人情，官职丁点没动。更可恶的是，署理湖广总督杨霈没有任何功劳，却因为湘军收复了武昌而成了实实在在的总督，而那个一直连同骆秉章等人和曾国藩作对、反对湘军组建的原湖南按察使、新授江苏布政使的陶恩培居然白白就得了个湖北巡抚的官职。在战场上拼命的是自己，在官场上高升的却是别人，怎么可能让人服气呢？

咸丰皇帝如此出尔反尔，归根结底还是因为曾国藩的身份，曾国藩是汉人。根据大清祖训，地方督抚大权是不能交给手握兵权的汉人的，加之曾国藩不仅手握兵权，还十分有威望，假使日后他打退了太平军，随即振臂一呼，朝廷不就养虎为患了吗？正是这样的不放心让咸丰皇帝对曾国藩一直小心防范，甚至时常加以打击，令曾国藩一直处于一种进退维谷的尴尬境地。

虽然对朝廷心有不满，但曾国藩并未停下对抗太平军的部署，他向咸丰皇帝上书，奏报了自己的作战策略：稳扎稳打、步步为营，先经营湖北，再进去江西、安徽，一步步包围太平天国的大本营天京。

但咸丰皇帝却断然拒绝了曾国藩的提议，或许是胜利让他冲昏了头脑，他下令湘军立即东下，乘胜追击，企图一举歼灭太平军。曾国藩不敢违抗圣命，只好继续率领湘军东下。

此时，太平天国领导人也收到了武昌失守的消息，大为震惊之余也立即展开部署。洪秀全令燕王秦日纲率部前往九江的上游田家镇半壁山一带进行布防，迎击东进的湘军。田家镇半壁山是长江的一处咽喉要道，地势险要，易守难攻。秦日纲率领约三万余人赶往此地，途中陆陆续续又招募了万余在武昌一战中败退的军队，抵达半壁山时，太平军人数已经超过五万。而湘军水、陆两师总共不过三万余，加之连连战斗，未得休整，早已是人困马乏，太平军的将领们都一致认为，此役正是歼灭湘军的大好时机。

咸丰四年九月十三日（1854 年 11 月 3 日），湘军从武昌出发，兵分三路东进。第一路是由固原提督桂明率领的湖北军，沿江北岸推进；第二路为湘军水师，顺流而下；第三路则是湘军陆师，沿南岸推进。在离开武昌之后，陆师随后又分成两支，一支由塔齐布率领，进攻大冶，另一支则由罗泽南率领，进攻兴国，取胜之后两军会和，攻打半壁山。

当湘军行至田家镇时，太平军早已布防完毕，曾国藩见六条大铁索横在江面之上，铁索后方便是严阵以待的太平军水师，一时之间也犯了难，他和杨载福几经商议之后，也没有得出过锁之策。无奈之下，曾国藩发出命令，让陆师先行出击，待攻下半壁山之后，再从岸上除掉铁索。

一天的激战过后，双方都伤亡惨重，湘军作战勇猛，太平军也不遑多让，半壁山血流成河。血战数日之后，太平军大败，湘军艰难地夺取了半壁山。此时，湘军水师部队也部署了关于破坏江面铁索的计划，他们一方面用炮火轰击太平军江面水师，一方面则趁机派出一队小船，行至铁索下，将铁索烧红后用巨斧斩断。

见湘军破坏铁索，太平军也不甘示弱，登时出动了水、陆两师，江上岸上都展开了激烈战斗。此时，已经成功占领半壁山的湘军从山上利用火炮对江面进行轰击，帮助水师牵制太平军的水师力量。

十月十三日（12 月 2 日），江面铁索轰然断裂，湘军水师成功攻入田家镇，太平军西征部队的战船几乎全部被毁，太平军水师力量基本瓦解。

此战太平军水、陆两师均惨败，伤亡巨大，一路退到了九江一带。而湘军虽然取得了胜利，伤亡却也不比太平军轻多少。战后，曾国藩在田家镇建立了"昭忠祠堂"，纪念牺牲的军官和士兵，并向咸丰皇帝追讨部下的封赏，同时为阵亡的官兵请恤。

祠堂落成之后，曾国藩亲自为死者题写了挽联："巨石咽江声，长鸣今古英雄恨；崇祠彰战绩，永奠湖湘子弟魂。"在诵读祭文的时候，曾国藩一度呜咽，随后更是放声大哭，痛不自禁，凄然哭诉道："自军兴以来，从未有此丧师之惨者！"

这场胜利带来的喜悦远远不及伤痛，而这似乎也预示着，咸丰皇帝的错误决定也将为这支部队带来难以想象的灭顶之灾。

又一次惨败

田家镇之战取得胜利后，曾国藩率湘军与绿营兵共同沿长江并进，向九江进发，根据曾国藩的计划，只要攻下九江，拿下安庆，就能直取天京。

经田家镇半壁山一役后，太平军已经元气大伤，士气大跌，并且几乎所有的战船都被焚毁，战斗力大大下降，败溃之军根本难以抵挡湘军。身在天京的杨秀清等人得知这一消息后，立即传令在皖南作战的翼王石达开和身处江西饶州的冬官正丞相罗大纲等人率部前往九江进行支援。

石达开和罗大纲都是太平天国有名的骁将，文武兼备，足智多谋。两人率部在九江顺利会师的时候，九江附近的黄梅已经落入了湘军手中，大批的太平军正被湘军追打得四散溃败。罗大纲率部挡住了湘军，重整旗鼓，带领溃军在孔垅驿一带与湘军展开激战，后退守到九江和湖口两城。

当时守卫九江的是太平天国的著名将领林启荣。石达开一进入九江城之后，便立即将罗大纲和林启荣等将领召集在一起开了个会，商讨如何对付湘军。林启荣提出，既然湘军远道而来，人困马乏，那么太平军不如以守为攻，让他们更累更乏一些，等把湘军拖垮了，到时候再来个突然袭击，就能把他们一举歼灭！

与此同时，曾国藩也在九江城下的座船上召开了军事会议，和众将领商议进攻九江的事宜。曾国藩早已听说过翼王石达开，据说他文武双全，是太平军中顶尖的人物，并非那些寻常草寇可比拟的。但塔齐布、罗泽南、彭玉麟和杨载福等人却都一致认为，"长毛"们之所以横行无忌，把清军打得落花流水，并不是因为他们本身能力强，而是因为清朝绿营兵太腐败，因此根本不足为惧，只要一鼓作气攻克九江就可以了。

　　或许是此前的节节胜利让湘军有了轻敌之心，让他们错误地以为，攻打九江也会和武昌、田家镇等地一样，即便过程艰辛，最后始终会取得胜利。此时的湘军众将还不知道，前方有什么在等待着他们。

　　湘军兵分四路攻向九江城的四个门，但令人意外的是，当湘军向着九江城气势昂扬地前进时，却见不到城墙上有太平军的一兵一卒，而就在湘军毫无防备地挨近城边后，突然之间，城墙上竖起了旗帜，伴随着旗帜的，还有震天的炮火声，杀得湘军人仰马翻，塔齐布和罗泽南等人原本还想阻止湘军败退，但眼见太平军火力实在是太凶猛了，攻打下去也只会白白牺牲人马，于是只能灰溜溜地带领着溃败的兵马撤回了营地。

　　此次交战让曾国藩等人大为震惊，这才确定，石达开和林启荣等人并非泛泛之辈，只靠蛮干是打不过的，必须要另想计谋。经过一番商议后，众人决定来一招声东击西，塔齐布率领部队继续攻打九江，而罗泽南便趁机率部绕过九江，前往攻取湖口，彭玉麟和胡林翼则合力率部向梅家州进攻，兵分三路，只要有一处能取得胜利，就能打开太平军的突破口。

曾国藩精明，石达开也不傻，眼见湘军败走之后消停了几天，就立马猜到曾国藩肯定另有所图，于是下令全军警戒，并亲自率领小部队检查各处的防卫情况，重点视察了湖口和梅家州。

视察完毕之后，石达开随即有了主意，他先命罗大纲率一万兵马赶往了梅家州，并加筑炮架，封锁江面。随后又命林启荣加强九江城的防守，并下令不许出城作战，只利用炮火来与湘军对战。最后，石达开自己亲自率领一万陆军部队和数百条战船赶往湖口布防。

求胜心切的湘军全然不知，敌人早已看穿了自己的计谋，并早已撒好网等着鱼儿上钩了。湘军的分兵计划按时实施，罗泽南率兵赶到湖口，见到城中一片寂静，求胜心切的他贸然下令冲杀，结果不想大军刚接近护城壕，就遭遇了太平军的袭击，湘军不到半个时辰就全线溃败。随后，石达开打开城门，两支人马冲杀而出，一直将湘军逼至江边。

负责攻打梅家州的彭玉麟水师同样出师不利，陷入了罗大纲早已布置好的火力网中，水师进退不能，无奈之下，只得牺牲了大批的船只武器，付出很大代价才勉强冲出封锁区，狼狈逃离了江面战场。这是彭玉麟自率军作战以来遭遇的第一场惨败。

至于攻打九江城的塔齐布，那就更不用说了，太平军拒城不出，湘军冲杀无果，白白牺牲了大量士兵。

在与湘军对垒的同时，石达开也一直在分析湘军，他发现，想要攻破湘军，就必须从水师下手，但太平军自田家镇一役后，水师力量迅速削弱，远远不及湘军，要攻破水师就必须智取。石达开发现，曾国藩的水师战船一共有三种，即长龙、快蟹和舢板，长龙和快蟹都是大船，主要用于指挥、运输士兵和器械，舢板则行动轻便，主要用于战斗。湘军水师能够如此厉害，主要还是在于两者相得益彰的配合。因此，想要攻破湘军水师，首先要做的，就是让这相互配合、取长补短的战船分开。

怎么让湘军水师的船分开，石达开心中早已有了计策，他迅速传令，此后九江、湖口和梅家州等地的军队只许坚守，不许出战，遇到湘军来攻，置之不理便可。

而湘军方面，曾国藩在休整军队之后，便密切注意各处太平军的动静，却发现太平军基本没有什么动作，于是便又再次责令湘军出击。这一次，湘军吸取了往日教训，不敢贸然靠近，只远远地开火，试探太平军，但太平军却依然没有任何反应，这让湘军感到非常奇怪。白白试探了一天之后，湘军毫无战功地回到了营地，疲惫不堪。

入夜时分，就在湘军正打算休息时，江面上突然枪炮齐鸣，无数小船冲向湘军营地，火箭、火球照亮了夜空，四处飞蹿。连续几夜，湘军都莫名地遭遇这种折腾，弄得全军上下焦躁不安，疲惫不堪。

在有组织地折腾湘军好几天后，石达开正式开启了分离湘军战船的计划。咸丰四年十二月十二日（1854 年 1 月 29 日），40 余只太平军的战船在石达开指挥下出现在江面，这是数日以来太平军第一次在战场上主动出击，这事如果放在平日，曾国藩或许会小心推敲，谨防有诈，但现在，全军都焦躁不安，根本没人有心思去做深入推想。既然没心思推想，那就打吧，反正只要是太平军，那就必须要打的。于是，打！湘军120 余只战船出动，在萧捷三等将领的率领下出击太平军船队。

眼见湘军出动，太平军船队赶紧掉头就跑，双方你追我赶，一直追到了湖口一带。眼见就要追上，萧捷三赶紧下令船队开炮，但就在这一刻，太平军却突然改变的方向，向右一转，转向鄱阳湖去了。萧捷三气急败坏，不假思索就指挥水师也追进了鄱阳湖。湖口连接鄱阳湖的地方，是一处口子极其狭窄的湖水进出口，就像一个大肚口袋的袋口那样。因此，湘军的小船能够进入，大船却是无论如何也过不去的，而这个关卡正是石达开谋划已久的"分敌之策"。

萧捷三带领小船队伍驶鄱阳湖之后，太平军立即封锁了入水口，将湘军水师直接"腰斩"开来。失去舢板保护的长龙和快蟹大船瞬间失去了战斗力，陷入了被动挨打的危险境地。傍晚时分，江面上突然出现了大队太平军的船只，向停留在江面的水师大船发动攻击。没有舢板的护卫，大船只能笨拙地移动，以躲避敌军攻击，太平军的小船们则如鱼得水，不断穿行在大船夹缝中，向大船不断投射火把火球。不到片刻，水师9只大号船和30余只中号船就葬身火海了。曾国藩和彭玉麟等赶紧下令大船集中火力，全面开炮，让太平军无法靠近，这才免于灭顶之灾。

十二月二十五日（2月1日），石达开再次指挥太平军向湘军发动更大规模的进攻，太平军乘坐小船，穿行于湘军大船的船队缝隙之中，使得湘军大船根本不能开炮，一旦开炮，很可能伤到的就是自己的大船。无奈之下，湘军战船只得纷纷逃向上游，曾国藩所乘坐的大船则因非常巨大，行动不便而被留在了后面，遭到了太平军的阻截。太平军纷纷冲上甲板，和曾国藩的亲兵卫队展开了对战。看着船上的厮杀，曾国藩吓得脸色发白，以为这次必死无疑。这时，突然一个高大的太平军士兵朝着曾国藩冲了过来，曾国藩一惊，猛地推开舱门，一头扎入了黑沉沉的江水里。曾国藩的一名贴身侍卫发现曾国藩跳入江中，急忙也飞身而下，把曾国藩拖了出来，并带他坐上了一条准备逃跑的小船上，悄无声息地向江边驶去。

逃到岸上后，曾国藩顿时又回想起湖口惨败的境况，悲愤异常，大声说道："牵一匹马来！"众人面面相觑，曾国藩平日里基本上是不骑马的，尤其是在建立起水师以后，最大的那艘指挥船就成了他的"坐骑"。

曾国藩的亲兵们以为曾国藩想要自己骑马回军营，但曾国藩此时刚刚缓过气来，身体十分虚弱，于是都劝说道："让我们抬您回营吧，大人，您现在不适宜骑马。"

但曾国藩却仿佛听不到众人的话，又高声发布了一次命令。亲兵不敢违抗曾国藩的命令，赶紧牵来了一匹马。曾国藩吃力地跨上马背，双腿用力一夹，就要策马飞奔而去。罗泽南和彭玉麟突然发现他脸色不对，不像是要回军营，倒是一副慷慨赴死的样子，赶紧跳了起来，一把抓住曾国藩的马缰，这才把曾国藩拦了下来。

原来，曾国藩确实并非想骑马回营，他是想效仿春秋时期的晋国大将先轸，策马冲入敌营之后，让敌军将自己杀死。好在彭玉麟和罗泽南反应快，这才阻止了他，自众人苦苦劝慰之下，曾国藩才逐渐打消了再次自杀的念头。

湖口大败之后，湘军攻打九江的计划也随之破产，太平军乘胜反攻，接连夺回了黄梅、广济、蕲州、黄州等地，并重新占领了汉阳，兵锋指向武昌。朝廷得到消息后大为惊骇，急忙传令曾国藩回师武昌，但可惜，遭受重创的湘军此时根本无力与太平军抗衡，武昌失陷，北巡抚陶恩培兵败自杀，湖广总督杨霈逃走，湘军苦战攻克的各个重镇再一次回到太平军的统治之下。

坐困南昌

湖口战败之后，咸丰皇帝下旨痛斥了曾国藩一顿，并坚持命令他继续攻打九江，曾国藩不敢违命，只得将塔齐布和罗泽南两部的陆师部队集合起来，日夜进攻九江。但林启荣的防守固若金汤，无论湘军怎么攻，九江依旧是岿然不动。而本来就遭受重创的湘军损伤更是严重，就在这个时候，罗泽南向曾国藩提议放弃九江，转而与太平军争夺武昌。

事实上，在去年湘军攻克武昌之时，曾国藩就曾上奏建议咸丰皇帝先牢牢占据武昌，经营湖北，再步步推进攻打太平军，只可惜他的意见没有被咸丰皇帝采纳，这才造成了今日的被动局面。

虽然曾国藩非常同意罗泽南的看法和意见，但是否真的放他前去攻打武昌，曾国藩却犹豫了。此时，湘军水师遭受重创，陆师也只有罗泽南和塔齐布两部可用，如果这个时候罗泽南离开，那么湘军的力量就更加薄弱了。但反复思索之后，曾国藩最终还是同意了罗泽南的建议，如今九江战场毫无进展，即便留下罗泽南，恐怕对战事也不会有什么推进，倒不如狠心搏一把，或许还能有所转机。

然而，就在罗泽南率领部队准备前往武昌的时候，塔齐布却突然病死在军中，曾国藩收到消息，顿觉肝肠寸断。塔齐布的死不仅仅让湘军损失了一名能征善战的猛将，更是让曾国藩损失了一条与大清朝廷连接的纽带。塔齐布是湘军将领中唯一的满人,曾国藩起初与他交好,一方面自然是欣赏他的为人处事,而另一方面实际上也是为了消除朝廷对他的顾虑,给朝廷留下一个满汉联合的一个印象。如今,塔齐布一死,无异于折断了曾国藩的一个翅膀,于公于私,曾国藩都伤心胆裂。曾国藩为塔齐布写下了一挽联,曰:"大勇却慈祥,论古略同曹武惠;至诚相许与,有章曾荐郭汾阳。"

塔齐布死后,曾国藩他原本所领导的军队拨出了 1500 余人,一同交给了罗泽南带去武昌,其余部队则按照塔齐布的遗愿,交给周凤山领导,继续围攻九江。

罗泽南的离去直接把曾国藩置于到了危险的境地之中,当石达开知道罗泽南北上救援之后,马上意识到,这正是消灭曾国藩的最好机会。石达开令韦俊率军据守武昌,与新上任的湖北巡抚胡林翼以及罗泽南队伍周旋,林启荣继续在九江稳住周凤山的兵力,石达开自己则率兵直扑江西,与当地的天地会联系,展开大规模攻击。

在此次反扑江西的过程中,石达开改变了一贯的作战方针,不再一味地攻城略地,而是开始注意战后恢复,经营建设已占领的地区,并严格下令太平军不许侵扰民众,要爱护百姓,保护生产。石达开对读书人也非常尊重,每到一个地方,便会招贤纳士,并设立地方官员维持治安,他的这些措施逐渐改变了太平军在老百姓心中的形象,甚至开始有读书人和一些士绅主动加入太平军,与清军展开对抗。

在攻打江西的时候,石达开并没有一开始就把江西首府南昌列为攻击目标,而是先分兵攻打其他市镇,比如瑞州、袁州、临江等。

曾国藩得知江西形势后,为防止南昌落入太平军手中,立即放弃攻打南昌，命周凤山率部驻守南昌的咽喉要道樟树镇。当时，太平军的主要部队都在攻打江西其他地方，石达开只带领着几千人来到樟树镇，为了故布疑阵，石达开在夜里命人在周围山上准备好灯火，并在入夜之后率部直扑樟树镇。太平军突然来袭，周凤山大惊失色，接着又看到周围山上满是火光，不由得阵脚大乱，以为太平军大举扑来，不战自乱，最后湘军大败，溃逃至南昌。石达开就这样率领仅仅几千人便攻下了樟树镇。

随后，石达开又相继攻克抚州、进贤、东乡、乐平等地区。到咸丰六年三月（1856年4月）时，太平军已经几乎占领了江西全境，将南昌包围其中，切断了南昌与湖南、湖北等地的联系。

在南昌尚未与外界断绝联系之前，曾国藩就曾上书咸丰皇帝，要求让罗泽南率领部队救援江西，但此时，罗泽南与胡林翼正合力攻打武昌，初见成效，所以咸丰皇帝断然拒绝了曾国藩的请求。但直到第二年，南昌已经成为一座孤城，武昌却依旧还是没能打下来。曾国藩再一次请求罗泽南率部回援，罗泽南左右为难，一方面想赶紧攻破武昌，另一方面又恨不得马上奔赴江西，救援坐困孤城的曾国藩。

咸丰六年三月初八（1856年4月12日），求胜心切的罗泽南再一次对武昌发动猛攻，并亲自领兵冲锋在前，结果不慎被流弹击中左额，血流满面，他立即被部下救了回去，但第二天，罗泽南还是不治身亡了。临死之前，罗泽南留下了一封遗信给曾国藩，并在遗信中向曾国藩举荐了左宗棠，同时还称赞了胡林翼，建议曾国藩与胡林翼合作，将两军合二为一，必能定两湖大局等等。

罗泽南的死让曾国藩彻底失去了救援的希望，南昌城内人心惶惶，士卒饥饿疲乏，粮草也日渐枯竭，破城只是时间问题了。然而，曾国藩的运气却总是非常好，就在这危急时刻，石达开却突然接到了洪秀全的召唤，让他尽快赶回天京，解救天京的危机。

原来，在太平军攻下天京之后，清朝廷就在扬州设置了江北大营，在孝陵卫设置了江南大营，对天京成夹击之势，威胁着天京的安全，所以洪秀全才会紧急调回翼王石达开以及燕王秦日纲。

接到调令之后，石达开既惋惜又失望，眼看攻破南昌已经指日可待，可惜却要功败垂成，不由得长叹道："若是放虎归山，必定后患无穷啊！"但君命不可违，即便石达开再不甘心，却也不得不立即返回天京。

就在石达开离开江西返回天京的时候，曾国藩的两个弟弟曾国华和曾国荃告别了父亲，决定到南昌救援大哥曾国藩。曾国华先到湖北找到了湖北巡抚胡林翼，向他借了四千余兵马，曾国荃则到湖南找湖南巡抚骆秉章借了三千余兵马，周凤山随后也率领三千余人前来与曾氏兄弟会和，共同向江西进军。

在得知援军已至，而石达开也离开江西之后，曾国藩打起精神，再次整顿困于南昌城内的兵马，一举冲破了太平军的包围圈。被困近一年后，湘军终于再次夺回了江西的控制权。虽然湘军得以"死而复生"，但实际上曾国藩的困局却没有丝毫缓解，只不过这一次的困局主要在于军饷问题。

军饷可以说是立军之本，没有军饷的供养，就不可能组建起一支军队。清朝廷需要曾国藩和湘军，但却又始终对他有所防备，故而一直不肯对其放权，而这就使得曾国藩和湘军一直受到地方官的排挤和轻视，他们始终认为，湘军并不是国家的正规军队，因此不愿意承担湘军的军饷，这使得曾国藩和湘军在江西寸步难行。

江西巡抚陈启迈是曾国藩的同乡，同时又曾和曾国藩一起做过翰林官，按理来说，两人应该交情不错，加之曾国藩带领湘军前来江西，实质上是在为陈启迈守卫地方，无论于情于理，两人都应该是同舟共济，共同进退的，但陈启迈却不仅不和曾国藩合作，反而处处给他使绊子，自己不肯为湘军提供粮饷，也不准别人给予湘军任何帮助。据说，当时江西万载有个叫彭寿颐的举人，在地方上自己办了团练，曾国藩知道以后，便想将这个人调来湘军队伍里头，陈启迈知道以后不仅拒绝了曾国藩的请求，甚至还找借口将彭寿颐给关押了起来，以防他帮助湘军。

曾国藩非常愤怒，写了个折子给咸丰皇帝，把陈启迈给告了。原本江西被太平军占据了大部分领土，咸丰皇帝就对陈启迈感到非常不满意了，现在曾国藩状告他，正好给了咸丰处理他的机会，于是咸丰皇帝果断罢了陈启迈的官。但曾国藩没有想到的是，去了一个陈启迈，却来了一个更加排挤他的文俊。

因此，即便冲出了南昌城，曾国藩和湘军在江西的困局也依然没有丝毫缓解。就在曾国藩进退两难，困顿于军饷问题的时候，他突然接到了父亲曾麟书去世的消息，这个噩耗犹如晴天霹雳，但同时也给了曾国藩一个摆脱困境的良机。

第三章
日趋中天，权倾一时

　　惨痛的失败让曾国藩走上了一条淬炼之路，在这段艰辛的路途中，曾国藩的人生观和世界观产生了翻天覆地的变化，他摒弃了自己的信仰，却开创出政治生涯的辉煌。他所创办的湘军力挽狂澜，拯救了风雨飘摇的大清王朝，而他也终于成为名副其实的封疆大吏，实现了"为国藩篱"的理想和抱负。

乡居岁月

　　咸丰七年二月四日（1857 年 2 月 27 日），收到父亲去世消息的曾国藩立即向咸丰皇帝上书，要求开缺守制，不等圣旨下来，曾国藩就和弟弟一起回乡奔丧去了。

　　曾国藩之所以能够如此放心地撂下湘军指挥权回乡奔丧，主要原因是因为自石达开离开江西返回天京之后，太平天国内部发生了严重的内讧，使得整个战局发生了逆转性的变化。在江西方面，湘军逐步夺回了控制权，湖北方面，武昌也被胡林翼等人攻克，湘军已经逐渐占据上风，因此，曾国藩能够放心回乡。

那么，太平天国内部到底发生了什么问题呢？这还要追溯到1847年的时候。

太平军在金田起义之后，于永安封王，其中洪秀全作为领袖，地位最高，称天王，即"上帝耶稣的弟弟"；杨秀清则为东王，称九千岁；萧朝贵为西王，称八千岁；冯云山为南王，称七千岁；韦昌辉为北王，称六千岁；石达开为翼王；之后秦日纲又被封为燕王。

1847年的时候，冯云山在桂平带领会众捣毁庙宇，被官府抓住投入了大牢，洪秀全因此返回广州去营救他们。就在这个时候，拜上帝会又因为遭到地方势力的迫害而人心动荡，在危急关头，杨秀清站了出来，伪装成"神灵附体"的样子，自称天父，即上帝的父亲，向教众传达圣旨，这才稳定了民心，巩固了拜上帝会。这件事情让杨秀清突然拥有了非常特殊的地位，在名义上，洪秀全虽然是太平军的领袖，但只要杨秀清"天父附体"，那么即便是洪秀全也不得不听从他的吩咐，这样一来，矛盾也就随之产生了。

太平军定都天京之后，杨秀清的权力实际上已经超过了洪秀全，他多次借由"天父下凡"打压将领，甚至用杖刑来"惩罚"天王洪秀全。后来，有人向洪秀全告密，说杨秀清有取而代之的心思，洪秀全这才赶紧把韦昌辉、石达开以及秦日纲等人急调回来，表面上是为了对付清军的江南江北两大营，但实际上却是为了对付东王杨秀清。

在石达开等人成功攻破江南江北两大营之后，洪秀全立即密诏韦昌辉、石达开和秦日纲，令其铲除杨秀清。韦昌辉和杨秀清之间关系一直不好，一收到命令便马上带领着三千精兵反扑天京，冲入了东王府。杀死杨秀清之后，韦昌辉依然不解恨，继续率军将东王府几千人全部杀害，之后，韦昌辉又借搜捕东王党羽为名，在天京大开杀戒，铲除异己，这场屠杀中大约两万余人丧命。

石达开回到天京之后才知道韦昌辉的恶行，当即怒斥韦昌辉，韦昌辉大为恼怒，当夜便派人冲入石达开府中，试图将他铲除。好在石达开福大命大，得以顺利逃出天京，韦昌辉一怒之下竟将石达开的家人全部杀死。

石达开逃离天京之后，立即在安庆广聚兵马，声讨韦昌辉。由于石达开在太平军中威信极高，迫于压力，洪秀全只得杀死了韦昌辉和秦日纲，迎石达开回天京。正所谓功高震主，洪秀全虽然欢迎石达开回来，但实际上却并不信任他，为了牵制石达开，洪秀全分别册封自己的两个兄弟洪仁发和洪仁达为安王以及福王，并有意将石达开软禁在天京，以免他的势力进一步扩大。察觉到洪秀全的阴谋之后，石达开心灰意冷，率军离开了天京，从此在外征战，再也没有回过天京。

太平天国内部的争权夺利使得太平军在短短的时间内就失去了杨秀清、韦昌辉和秦日纲三王，甚至还逼走了最为能征善战的翼王石达开，大大削弱了太平军的整体实力，使得太平军在战场上逐渐落于下风，从攻势转为守势。正因为如此，曾国藩才能无后顾之忧地丢开江西的事务，返回家乡为父亲守孝。

曾国藩回到家过了好几天，才收到了咸丰皇帝对他请假的批复：

准假 3 个月，不准开缺。临近 3 个月假满之前，咸丰皇帝又给曾国藩下了一道命令，让他返回江西。曾国藩接到圣旨之后并未动身，而是又写了一个折子给咸丰皇帝，要求再给 3 年的假。在折子里，曾国藩还向咸丰皇帝抱怨了一番，诉说自己不愿回军营的理由。实际上，这就是变相地在向皇帝要实权，并且表明了，皇帝要是不给实权，自己就不回去当这个官。

咸丰皇帝一看，这曾国藩就是要跟自己要无赖了，心中顿生不满。随即又转念一想，如今太平军势力已经逐渐衰弱，即便没有曾国藩，清军也不见得会落败，手握军权和督抚大权的曾国藩比太平军恐怕还危险得多。于是，咸丰皇帝干脆顺水推舟，同意了曾国藩守制 3 年的请求。

我们知道，曾国藩提出"守制"的请求并非出自真心，只是一种向咸丰皇帝要权的手段，但他怎么也没想到，皇帝居然就这么准了，这让曾国藩一直郁结于心，怎么也想不通，为什么自己对皇帝对朝廷一片忠心，皇帝和清朝廷却这样来回报他。忧愤无处发泄，曾国藩就天天在家生闷气，动不动就乱骂人。一开始是数着江西的一帮官员的名字挨个骂，骂得差不多了就找兄弟们的茬，兄弟们一开始还劝着，后来看劝不了干脆就充耳不闻了，过些日子后，曾国藩的兄弟们都陆陆续续返回了战场，没有兄弟可骂，他就开始骂几个弟媳。这个时期的曾国藩是非常讨人厌的，脾气暴躁，语言粗鄙，根本不考虑旁人的感受。

更让曾国藩感到气结的是，他的很多朋友也对他颇有微词，认为他的行为背叛了之前的誓言，前线危急，他却跑回家趁机要挟皇帝，实在令人不齿。最让曾国藩感到愤怒的是左宗棠，左宗棠是朋友中骂曾国藩骂得最凶的，骂他假仁假义，临阵逃脱，自私无能等等。左宗棠骂，长沙的大小官员也都跟着骂他，骂得曾国藩食难下咽，夜不能寐，一度患上了"失眠症"。

曾国藩一直认为，左宗棠应该是最能理解他的，他们同门同道，相互引为知己，但却没想到，自己落到了这步田地，落井下石的人竟然是左宗棠！因此，在那段时间里，曾国藩恨透了左宗棠，左宗棠在湖南府衙里头骂他，他就在家里咒骂左宗棠，大有水火不容之势。

在这样的痛苦之中，曾国藩日也想，夜也想，不断地回忆着自己的人生，检视每一个细节，他迫切地寻找着问题的症结，他不明白，自己自入仕以来，一身正气，两袖清风，以天下为己任，为国家出生入死，但为什么最终却落得上下不容的下场，朝廷不信任，连朋友都不和自己站在一边。

为了解除心中的疑惑，曾国藩又重新翻阅了《史记》《汉书》《左传》以及《资治通鉴》等经典书籍，希望从中找到答案。但可惜，这些书曾国藩已经烂熟于心，根本不能再从中得到新的启示了。

曾国藩犹如走入了死胡同，一度想要遁入空门，在这种想法的驱使下，曾国藩阅读了他从前并不相信的《道德经》和《南华经》等老庄的经典，就是在这些著作中，曾国藩找到了一直以来困扰他的答案。曾国藩发现，自己以前一直秉承儒家的至诚与法家的强权，对人对事都果决干脆，直截了当，难免处处得罪人。而现在，他顿时发现与人相处的另一种方式，正所谓"大柔非柔，至刚无刚"，实在是精妙绝伦！

想通这一层之后，曾国藩顿时觉得豁然开朗，他如同脱胎换骨一般，彻底抛弃了自己前半生的信仰与行为，在行动做事方面开始变方正为圆通。在后来的家书中，曾国藩提起这一段"乡居"岁月，曾这么写道："昔年自负本领甚大，可屈可伸，可行可藏，又每见人家不是。自从丁巳、戊午指咸丰七年、八年（1857 年、1858 年），大悔大悟之后，乃知自己全无本领，凡事都见得人家几分是处，故自戊午至今 9 年，与 40 岁前迥不相同。"

而就在曾国藩历经这段充满痛苦的蜕变时，战争的形势也发生了巨大变化。起初，在曾国藩离开江西的时候，因为太平军领导层的内讧，为湘军提供了机会，成功扭转战争局势。但到咸丰八年（1858 年）时，石达开率 20 万太平军离开天京后，便转入浙江，一连攻占了常山、江山等地，局势顿时又陷入了紧张。曾国藩终于等到了再度出山的机会。

三河镇之殇

咸丰八年六月三日（1858 年 7 月 13 日），曾国藩接到咸丰皇帝的圣旨，不再提任何条件，于四日后便启程奔赴战场，再度出山统率湘军与太平军作战。

出山之后的曾国藩首先奔赴长沙见了骆秉章和左宗棠。得知曾国藩来见自己，左宗棠感到非常诧异，此前自己骂曾国藩骂得这么厉害，怎么也没想到，曾国藩出山之后，首先来拜访的人居然是自己。

曾国藩见到左宗棠之后，全然不提此前的事情，只是以无比真挚的态度与之交谈，从用兵谈到做人，再谈到学问，两人惺惺相惜，尽释前嫌。

在之后的几天，曾国藩拜访了长沙大大小小的衙门，甚至连一些小县衙也都亲自出访，赢得了湖南省官场的一致好评，众官员一改对曾国藩的态度，纷纷表示全力支持湘军对抗太平军，湘军需要什么，他们便提供什么。

在长沙逗留十余天后，曾国藩又到了武昌，同样和在长沙时一样，拜访了当地大大小小的官员，为湘军筹措了不少军饷和军械。此后，曾国藩才沿江东下，与阔别一年多的部下见了面，共同商议下一步军事行动。

之后，按照既定计划，曾国荃率部继续围攻吉安，李续宾、曾国华等人则率部转向安徽战场，其他部队则跟随曾国藩，奉旨前往浙江增援。曾国藩率部抵达江西河口时，亲自前往拜访了当时的江西巡抚耆龄，成功地取得他的支持，解决了湘军的粮草军饷问题。

到八月的时候，石达开部队已经从浙江转移到了福建，曾国藩便率部在江西和福建之间的弋阳、双港以及金溪等地驻守，准备进入福建，阻截石达开部队。

曾国藩这一次出山与此前大为不同，成功地争取到了各地方政府对湘军的支持，解决了此前一直困扰他的问题。事情的顺利让曾国藩信心大增，并计划在一年之内将太平军全部歼灭。但没想到，军事形势的变化再一次打破了曾国藩的美梦。

就在湘军逐渐在战场上占据上风的时候，洪秀全也意识到了岌岌可危的形势，为了扭转局势，洪秀全立即罢免了不得人心的洪仁发与洪仁达，大胆起用一批年轻将领，如陈玉成、李秀成、李世贤、韦俊等，并再次向石达开示好，试图争取他回归阵营。虽然洪秀全所起用的这批新人各方面来说都比不上之前的杨秀清等人，但总算稳定了天京事变之后的混乱局面，为太平天国之后与清朝廷的斗争创造了一个好的起点。

按照之前曾国藩的部署，湘军的军事重心放在了安徽省，当李续宾和曾国华等人按照计划率兵挺进安徽的时候，陈玉成已经率领太平军攻破了安徽的临时省府庐州。原本安徽的省府是安庆，但后来因为安庆被太平军占领，于是庐州便成为安徽的临时省府，结果现在，安徽的省府又再一次丢失了，这无异于给了清朝廷狠狠一记耳光。

收到消息的李续宾等人急忙领兵奔向庐州，一路攻克了潜山、桐城、舒城等地，但抵达三河镇的时候，湘军却不得不停了下来。

三河镇是庐州的咽喉地带，同时也是太平军的存粮之所，因此有重兵把守。但要救援庐州，就必须拿下三河镇，因此李续宾只得硬着头皮率领湘军对三河镇发动攻击。陈玉成收到消息之后，当即率兵赶到庐州城南的白石山、金牛镇一带，切断了李续宾部队的后路，同时通知李秀成率部前来，对围攻三河镇的湘军实施了反包围。

咸丰八年十月十日（1858 年 11 月 15 日）清晨，太平军正式向清军发动攻击，浓雾之中，枪炮声和喊杀声震荡四野，吓得湘军肝胆俱裂。经过一整天的厮杀后，除却极少逃散的湘军之外，李续宾连同曾国华以及七千余湘军全部被歼。

李续宾和曾国华的全军覆没，无论在情感还是情势上来说，对曾国藩都是个沉重打击。在三河镇全军覆没的这七千湘军可以说是湘军中战斗力最强的精锐部队，其中不乏众多湘军中的骨干人物，而在这其中，获得皇帝加封的文武官员就有 400 余。从损失上来说，三河镇的失败甚至比此前曾国藩湖口兵败的损失更大。

三河镇之役再一次改变了湘军和太平军在长江流域一带的攻守形势，在取得三河镇胜利之后，陈玉成部队乘势夺取桐城，并率军南下，巩固了安庆的防守，而李秀成部队也乘势攻克了庐江、界河、潜山以及太湖等地。

见安徽形势危急，曾国藩和胡林翼决定率部回援安徽，就在这个时候，太平军杨辅清部突然对江西景德镇发动进攻，无奈之余，曾国藩只得暂缓救援安徽的计划，转而兵援景德镇。咸丰九年（1859 年），曾国荃抵达江西，连同曾国藩部队一同助攻景德镇。6 月，杨辅清因军粮断绝，最终放弃景德镇，湘军大胜。自此，曾国藩正式结束了江西地区的军务，准备开始向安徽方面转移。

重用李鸿章

咸丰九年（1859 年），正当曾国藩沉浸在三河镇失败的痛苦中时，李鸿章来到了建昌大营。

李鸿章可以说是曾国藩生平最得意的门生。李鸿章的父亲叫李文安，和曾国藩同时考中进士，称为"同年"，相当于是老同学。李鸿章在二十一岁的时候就考中举人来到京师，当时曾国藩已经是京师小有名气的儒者，鉴于父亲与曾国藩之间的关系，李鸿章进京不久便去拜见了曾国藩，并顺利拜入曾国藩门下，成了他的学生。

李鸿章来到军营的时候，曾国藩正和胡林翼等人商量，准备让湘军进入四川防守。让湘军入川的建议是胡林翼提出的，当时，胡林翼打探到石达开准备率兵入川的消息，便立即通知曾国藩，想让他借此机会带湘军入川，夺取四川总督的职位。此外，四川盐井税收非常丰富，如果能顺利夺得四川总督的位子，那么湘军日后的军饷也就有所保证了。

李鸿章听说这件事情之后，却坚决地向曾国藩进言，说四川坚决不能去。李鸿章向曾国藩解释说，太平军现在的势力主要集中在苏南和皖中两地，湘军要干的事情，就是死死咬住这两个地方不放，看准机会把他们一举歼灭。至于石达开，那不过只是一支流寇而已，成不了大气候。如果这个时候为了对付流寇而调离主力，放弃苏南和皖中，那岂不是因小失大了！

曾国藩非常赞同李鸿章的分析，对这个学生更加高看了。但此前，咸丰皇帝已经下达了让曾国藩入川的旨意，作为臣子，又怎么能违抗圣命呢？

李鸿章又向曾国藩献计，让他写信给湖广总督官文和胡林翼，让他们一起上书向咸丰皇帝陈述利害。同时，还可做出准备率军入川的样子，假装履行皇帝的命令。曾国藩按照李鸿章之计行事，果真还未行到半途，便接到了皇上下达的圣旨，敕令曾国藩暂缓入川，驻扎湖北和胡林翼、官文等共同商榷进攻安徽的事情。

咸丰九年九月（1859 年 9 月），曾国藩和胡林翼等人商定了兵分三路进军安徽的计划：第一路军由都兴阿、多隆阿、鲍超以及杨载福等率领，目标直指安庆；第二路由曾国藩亲自率领，攻打太湖、潜山以及桐城，以切断庐州与安庆的联系；第三路则由胡林翼率领，取道英山、舒城、六安，以防太平军趁机从后方偷袭湘军。

　　该计划遭到了咸丰皇帝的反对，皇帝担忧湘军此举将会把身在安徽的太平军逼向淮北一带。但这一次，曾国藩和胡林翼都没有打算更改进攻计划，多番思索后，曾国藩反而决定亲自率领第一路军攻打安庆，将第二路军的指挥权交给了多隆阿和鲍超等担任。湘军反攻安徽的第一战就这样打响了。

　　第一战在太湖打响，咸丰九年（1859 年），收到消息的陈玉成率大军增援太湖，将攻打太湖的湘军团团包围，胡林翼军收到消息后迅速进驻英山，并向曾国藩部队告急。曾国藩一方面让李续宾的弟弟李续宜和曾国荃领兵增援太湖，一方面则继续抓紧对安庆的攻势。但此时，李续宜和曾国荃的军队还远在湖南和江西，要赶到太湖还需要一段时间，在这段时间里，多隆阿和鲍超所领导的第二路军只能自生自灭，奋力抵挡陈玉成军。

　　鲍超是湘军中的一个传奇人物，骁勇善战，战功卓著，当陈玉成率太平军抵达太湖之后，鲍超率领一队人马驻扎到太湖东北方的小池驿，阻止太平军前进，孤军奋战许久之后陷入太平军的包围圈，部队死伤过半。在这样的情况下，鲍超依旧没有丝毫气馁，继续带领剩余部下对抗太平军。在危急关头，胡林翼派出金国琛等大将率领万余人从后方偷袭太平军，鲍超趁机率部突围，多隆阿一见战势又变，果断派兵出击，烧毁了太平军的粮库，随后，李续宜和曾国荃的军队也相继到达，陈玉成腹背受敌，粮仓被毁，不得不于一月间放弃太湖，率部撤离。

在此次太湖大胜中，鲍超可谓功不可没。咸丰皇帝得到消息后非常高兴，当即加封鲍超提督衔，并赏给鲍超回乡探亲的假期。假期结束之后，鲍超又在曾国藩和胡林翼的示意下招募了万余勇丁，此后，鲍超所率领的这支部队成了湘军的主干部队之一。

太湖是安庆的门户，太湖一破，湘军便长驱直入，兵锋直指安庆。就在湘军全力围攻安庆的时候，天京地区的战局又发生了重大变化。太湖之战后，太平军在忠王李秀成和英王陈玉成的带领下策划了一场巨大的军事行动，一举捣毁了清朝廷设置的江南大营，此后太平军乘胜追击，一举攻克苏州、常州等地，解除了天京之围。在此次军事行动中，清政府七万绿营兵全军覆没，从此，朝廷想要对抗太平军，所能依靠的力量就只有湘军了。

这一消息对于清朝廷来说是沉重的打击，但对于曾国藩和湘军来说却是天大的好事，无论是曾国藩，还是左宗棠、李鸿章、胡林翼等汉族官员，大家都欢欣鼓舞，他们知道，自己的出头之日终于到了。

果然，不久之后，在肃顺的推举下，咸丰皇帝终于发出诏令，任命曾国藩为两江总督，署理两江事务，曾国藩终于得到了梦寐以求的职位，成为名副其实的封疆大臣。

得到梦寐以求的职位后，曾国藩开始思考今后的作战计划，他意识到，想要攻克天京，就必须依照自己曾经定下的进军皖中的计划，首先拿下安庆，消灭陈玉成部队，然后再步步为营，向天京挺进。有了计划之后，曾国藩将湘军大营驻扎在安徽、浙江和江西三省之间的祁门，全力向安庆发动进攻。安庆是太平军仅次于天京的政治、军事中心，同时也是目前天京上游唯一的屏障，只要成功拿下安庆，湘军便能直接威胁到天京。

咸丰九年（1859 年）夏天，曾国藩和胡林翼统帅湘、鄂两军共五万余人大举进入皖中地区，直逼安庆。曾国荃率湘军陆师万余向安庆北面的集贤关挺进，与杨载福所率领的湘军水师四千余共同包围安庆；多隆阿和李续宜等人则率湘、鄂两军二万余驻扎桐城西南方，阻截太平军的进攻。

同年秋天，洪秀全从江西、浙江两战场抽调兵力，分五路回击湘军。五路军的部署分别为：英王陈玉成率部由长江北岸向西挺进，从皖北进入鄂东；忠王李秀成率部由长江南岸向西挺进，由皖南、江西进入鄂东南；辅王杨辅清和定南主将黄文金等率部沿长江南岸向赣北进发；侍王李世贤则率部从皖南进入赣东；右军主将刘官芳则率部进攻曾国藩大营驻扎的祁门。在这五路军队中，以陈玉成和李秀成率领的部队为主力军，着力解救安庆之围，其余三路部队的主要任务则是牵制湘、鄂两军在皖南和江西一代的势力。

就在夺取安庆的关键时刻，北京的一场意外变故让曾国藩陷入了焦虑之中。原来，英、法联军此时已经占领天津，直逼北京，咸丰皇帝带领着嫔妃大臣慌忙逃离了紫禁城，并严令曾国藩立即派鲍超率部前往救援。

第一次鸦片战争让英国侵略者在中国尝到了甜头，为了获得更多的利益和特权，他们在 1854 年的时候又向清政府提出进一步修改条约的要求，结果遭到了清政府的拒绝。之后，英国侵略者并不死心，和法国勾结起来，在1856年10月的时候向中国发动了第二次鸦片战争。此后，他们不断侵扰中国，挑起战事。直至1860年8月，英、法联军从北塘登陆，并迅速攻占天津，兵临北京城下，吓得咸丰皇帝仓皇逃往热河避暑山庄，只留下了恭亲王奕䜣在京师与英、法联军进行谈判。

在逃往热河的途中，咸丰皇帝接连发布数道上谕，让各地督抚、将军立即带兵前来勤王，而第一道上谕就是发给曾国藩的。

接到上谕的曾国藩顿时犯了难，一方面，他非常担心咸丰皇帝的安全，但另一方面，他又不想让鲍超前去救驾。要知道，鲍超是湘军里头著名的征战之将，他所率领的部队更是湘军围攻安庆最重要的机动兵，以目前的情况来看，只有鲍超能够与陈玉成相抗衡，一旦鲍超离开，攻克安庆，紧逼天京的计划很可能就要成为泡影。再者，鲍超如果带领湘军部队前去勤王，必定要听从副都统胜保的命令，胜保这个人就是一个空有头衔的"草包"，把湘军主力部队交给他，那和直接送死有什么区别呢？但即便有千万个不愿意，曾国藩也不敢抗旨不遵，这可是关乎皇帝生命安全的大事，如果找托词推诿，拒不发兵，随时可能被扣上"卖国贼"的帽子。

一连几天，曾国藩都急得夜不能寐，却怎么也想不出个好计策来。就在这个时候，李鸿章悄悄来见曾国藩了。李鸿章向曾国藩分析说，这个时候去京师勤王，无论对湘军还是对皇上，都是没有半点好处的。你想啊，这洋人打进北京去，肯定不是为了威胁皇上啊，他们只是想要好处，更多的好处，只要给了他们好处，他们自然也就走了。接着，李鸿章又给曾国藩出了个主意，让曾国藩上奏咸丰皇帝，说这个鲍超不过是一介武夫，入京勤王是大事，他怎么担当得起呢？要勤王，就应该由曾国藩自己或者胡林翼亲自带兵去，但这样的事情自己又做不得主，所以写了折子请示皇上，这样可不可以。

李鸿章打的主意实际上就是拖延时间，从祁门到北京，上个折子怎么也要半个来月才有回音，只要拖上这半个来月，北京那边恭亲王和洋人的条件肯定已经谈妥了，这样一来，勤王这件事也就过去了，曾国藩和湘军也不存在抗旨不遵的问题了。

曾国藩听完李鸿章的计策，顿时一阵轻松，困扰他几天的难题终于得到了解决。之后，事情果然正如李鸿章所预料的一般，曾国藩顺利渡过了这一难关。此后，曾国藩对李鸿章更是器重有加。

绝望的边缘

起初，为了便于指挥湘军与太平军的战事，曾国藩才选定了连接赣、浙、苏三省的祁门作为驻扎地。祁门是位于皖南群山环抱中的一个县，四周有大山环绕，又处于三省的交汇点，远可贯通三省，近则有山为屏障，这正是曾国藩选中祁门的缘故。但当时，李鸿章却非常反对以此为根据地。李鸿章认为，这里四周环山，导致进退不便，且人烟稀少，土地贫瘠，一旦东西方向大道被堵住，祁门便会成为死地。

但最终，曾国藩还是坚持自己的意见，并上书向咸丰皇帝奏请了这一计划，随后率领湘军于咸丰十年六月初一（1860 年 7 月 18 日）抵达祁门。

事实上，刚到祁门曾国藩心里就开始后悔了，这里就如李鸿章所说的一般，确实存在致命的弊端，但此时，他已经上报了皇帝，并且全军也都抵达了祁门，临时更改主意的话，他这个主帅岂不是显得太过于轻率了！于是，曾国藩只好死扛着，铁了心守在祁门。

当时，曾国藩的幕僚们也都和李鸿章一样，反对驻扎在祁门，不断劝说曾国藩换地方，曾国藩心中憋着气，最后把众人大骂了一顿，之后，谁也不敢再提换地方的话了。

在决定将大本营驻扎在祁门之初，为了防备太平军大举西进，曾国藩令湖南提督周天受率部镇守宁国，左宗棠率部镇守景德镇，吴坤修率部镇守九江，鲍超和张运兰率部镇守休宁，李元度率部镇守徽州。

曾国藩的这一安排实际上有些感情用事，而这不够理智的安排也险些让他命丧祁门。在曾国藩分兵驻守的这些地方中，徽州可以说是最为重要的，徽州是祁门的门户，要保证祁门的安全，就必须牢牢守住徽州。但在曾国藩所派出的这些将领中，最没有带兵打仗才能的人，偏偏就是镇守徽州的李元度。

李元度和曾国藩之间的交情是非常深厚的，他不仅仅是曾国藩最早的幕僚之一，更与曾国藩有着"三不忘"之交，一是靖港失败之后对曾国藩的细心劝慰；二是九江惨败后率部护卫曾国藩大营；三是樟树镇惨败后支撑至援军赶到。可以说，李元度无论是对曾国藩还是对湘军做出过着非常重要的贡献。

曾国藩对李元度非常信任，在他几次陷入绝境时，哪怕一些老朋友都弃他而去，李元度也始终在他身边与他同甘共苦。但是，曾国藩一直都深知，李元度这人擅长文学却对带兵打仗一窍不通，而且对部下更是一味纵容，但基于此前种种情谊，曾国藩却一直对李元度爱护有加，委以重任。也正是出自于这种维护和信任，曾国藩才会将驻守徽州的重任交给了他。临行之前，曾国藩一再叮嘱李元度，如果太平军来攻城，一定要固守城中，绝不可出城迎战。

咸丰十年八月（1960年9月），太平军西征部队南路在杨辅清和李世贤等大将率领下进入皖南，并很快攻克宁国，杀死湖南提督周天受，接着向徽州城发起进攻。面对太平军，李元度完全把曾国藩的嘱咐抛诸脑后，仰仗自己有6000精兵，竟擅自出城与太平军对决。结果，太平军骁勇异常，李元度的部队却不堪一击，见到情况不妙，李元度撒腿就跑，这样一来，更是军心涣散。最终，徽州失守，导致祁门岌岌可危。而更可恶的是，李元度在战败逃离徽州之后，并没有及时返回湘军大营，反而在江西、浙江一带徘徊了数月，而回到大营之后，不仅没有向曾国藩请罪，反而理直气壮地拿了粮饷不辞而别，率领自己的部队直接返回了湖南。

咸丰十年十月（1860年11月），在占领徽州之后，李秀成率领太平军进入皖南，并攻破了距离祁门仅仅只有80里的羊栈岭进入黟县。收到消息之后，曾国藩慌了，他现在身边只有三千防兵，根本不可能抵挡李秀成部队的进攻。曾国藩赶紧令人送信给鲍超，让他率部前来营救。

几天之后，鲍超的部队始终不见踪影，曾国藩开始感到绝望了，也开始后悔当初没有听从李鸿章等人的话。他为自己写了一封遗书，将后事也向身边亲近的人作了交代。眼见主帅都已经没了斗志，小吏们就更是惊慌失措了。有很多胆小怕死的人偷偷准备了小舟，连夜收拾好行李准备随时跑路。曾国藩知道这件事情之后非常气愤，真恨不得将这些胆小如鼠、惑乱军心的家伙处死！但他冷静地思考之后，终于止住了向小吏们问罪的冲动，而是贴出一份告示，说只要有人想要离开祁门，那么他会令人派发工资和路费，以后祁门不危险了，大家想回来的，他曾国藩依旧会以诚相待。

这一招果然非常奏效，曾国藩欲擒故纵，倒是弄得这帮小吏不好意思叛逃了，偷偷又把打包装好的行李搬了回来。

好在李秀成此时并不知道曾国藩的情况，一直没有向祁门发动攻击。不久之后，鲍超率部赶来了，击败了李秀成部队。该战失利后，李秀成立即撤兵南下，曾国藩总算是死里逃生。

这次险境过后，曾国藩终于腾出手来，打算找李元度算账，他当即拟了一个弹劾李元度的折子，打算上呈给咸丰皇帝。结果，折子还没拟好，他手下的幕僚和将领们都来给李元度说情了，其中李鸿章是闹得最凶的，李鸿章甚至毫不留情地指责曾国藩忘恩负义，不顾前情。

此前说过，曾国藩与李元度的交情是非常深的，但也正因为如此，李元度这一次的表现确实让曾国藩失望无比。同时，也为了表现自己公正无私，赏罚分明，曾国藩坚持要弹劾李元度，把来说情的人都训斥了一顿。这一次李鸿章也愤怒了，当即表示，不再继续为曾国藩效力，离开祁门扬长而去。

李鸿章对曾国藩的强烈指责很大原因实际上是在给自己寻找一个离开祁门的借口，从刚到祁门的那一刻开始，李鸿章就知道，选择这里作为驻扎地是一个极大的军事错误，而这一次被太平军的围困就是最好的证明。李鸿章知道，太平军绝对不可能善罢甘休，一次逃脱是运气好，但第二次恐怕就没那么好运了，他有自己的宏图大愿，绝不能在此为老师的错误陪葬，因此，他早就想离开祁门，只是苦于没有理由，而现在，李元度的事情给了他一个最好的时机。

就在李鸿章溜掉没多久，太平军果然又再次兵分三路向祁门攻了过来，幸好在战斗中，太平军主将黄文金受伤，太平军再次退回皖南。但不久之后，更严重的情况发生了，太平军将领李世贤率部从江西向左宗棠率领的湘军展开进攻，与此同时，太平军将领刘官芳等人又率部攻克了距离祁门仅二十里（1000米）的历口。曾国藩再一次到达了绝望的顶点，写好遗书交代后事。就在这个时候，左宗棠部击退了李世贤所率领的太平军，扭转了整个局势，曾国藩又一次死里逃生。

两次险境让曾国藩触动非常大，他再也不敢硬充好汉，非要在祁门待下去了，军情有所转机之后，曾国藩赶紧率部离开了祁门险地，将大营搬到了靠江安停泊的大船上，这才终于结束了担惊受怕的日子。

在祁门两次遇险的过程中，最让曾国藩感到失望和心寒的，是心腹李元度的叛逃和学生李鸿章的背弃，对曾国藩来说，李元度是他最知心的朋友，李鸿章是他最优秀的弟子，他怎么也没想到，他们竟会在这种情况下离他而去，这是何等痛心疾首的事情啊！

解除危机之后，曾国藩再次弹劾李元度，最终使得李元度革职充军，受到了应有的惩罚。而李鸿章自离开祁门之后则回到了南昌，在南昌逗留一段时间后，在郭嵩焘和胡林翼等人的规劝下和曾国藩重归于好。咸丰十一年六月（1861年7月），李鸿章再次投奔到曾国藩旗下，而此时，曾国藩的大营也早已经从祁门搬移了。

天国覆灭

　　离开祁门之后，曾国藩再不必担心太平军的围攻，开始全力展开对安庆的攻势。在安庆之战的兵力部署方面，主要负责围城的部队由曾国荃率领，多隆阿、鲍超以及李续宜等所率领的部队则被曾国藩安置在外围，用以对付陈玉成所率领来救援安庆的大部队。

　　起初，为了解除安庆之围，陈玉成曾率兵多次冲击多隆阿等人的防区，但都以失败告终，无奈之下，太平军决定采取"围魏救赵"的策略，转而攻向武汉。眼见太平军接连攻克英山、蕲水，胡林翼急得口吐鲜血，甚至连自己的后事都安排好，决议与太平军拼死一战。就在这个时候，英国人却掺和进来了，他们借口称汉口是《北京条约》规定开放的商埠，故而不准陈玉成率部攻打武汉，在英国人干涉下，陈玉成最终只能转而攻打湖北北部地区，相继占领了德安和随州一带。咸丰十一年三月（1861 年 4 月），眼见安庆形势越发严峻，湘军也丝毫没有放弃安庆回援后方的行动，陈玉成只得再次率部回师，前去救援安庆。

　　陈玉成军进入皖南之后，由宿松、石牌攻入集贤关，派吴定彩率千余人进入安庆支援守将叶芸，自己则率部负责在菱湖进行粮食运送。就在这个时候，黄文金和洪仁玕、林绍章等人也率太平军抵达安庆外围，暂时使安庆方面的局势稳定下来了。

　　眼见太平军已经陆续抵达安庆，曾国藩立即将鲍超等人所率军队调往集贤关，以对付陈玉成的部队，并安排多隆阿率部阻截天京和芜湖方面所派遣而来的援军。四月十日（5月19日），鲍超和多隆阿等所率领的军队纷纷就位，随时准备展开对太平军的攻势，偏偏就在这个时候，陈玉成离开了集贤关，率领一部分军队前往桐城，打算和洪仁玕等人商议如何对付官军。

曾国藩收到陈玉成离开集贤关的消息，立即抓住了这一关键时刻，下令鲍超等人对集贤关发起猛攻，同时令曾国荃率部包围菱湖的太平军，割断了菱湖与集贤关之间的联系。陈玉成收到消息之后，顿时后悔万分，立即率部离开桐城，回师集贤关，但在途中却遭遇了多隆阿部队的阻截，一时之间进退两难，救不了集贤关，也回不了安庆城。这个重大的军事失误成为安庆之战一个巨大的转折点，打破了太平军与湘军之间的相持局面，让湘军最终取得了战争的主导权。

经过70余天的奋战，安庆城粮草耗尽，到达了不攻自破的危急关头。陈玉成一再试图用小船向城内输送粮食，但都遭到了湘军水师的阻截，未能成功。八月一日（9月5日），曾国荃所率部队终于轰倒了安庆北门的城墙，大军蜂拥而入，此时，安庆城内的太平军已断食数日，根本无力与湘军抗衡，投降者达到万余人之多。

面对如此多的降兵，曾国荃一时之间没了主意，湘军的众多将领都认为，这些"悍匪"若是留下，必定后患无穷，还是全部杀了最干净。最终，曾国荃将此事交由湘军将领朱洪章负责，所有俘虏都命丧屠刀之下。安庆一战，先后死难的太平军多达三四万，被无辜牵连的百姓也不在少数，可谓惨绝人寰。

一下子杀了如此多的人，曾国荃心中一直忐忑不安，写信给哥哥曾国藩诉说了心中的悔恨。但曾国藩却教训曾国荃说，既然已经带兵打仗了，就是杀这些贼人，又何必因为杀得多了而感到后悔呢。可见，在杀掠太平军一事上，曾国藩是持赞许态度的。

安庆失陷后，陈玉成率部撤离，多隆阿则挥师追击，一路上对其发起猛攻，最终消灭了这支主力部队。与此同时，湘军水、陆两师也相互配合，乘胜收复了安徽大部分地区，兵锋直指天京。

就在安庆被攻克的第七天，曾国藩就率部踏上了前往安庆的道路，并于数日后将指挥部设置在了安庆城中的原英王府内，准备开展指挥湘军攻打天京的工作。就在这个时候，一封从北京发来的加急公文悄然而至，带来了一个石破天惊的消息：咸丰皇帝于七月十七日（8月22日）驾崩了，年仅六岁的皇子载淳继承皇位，由端华、肃顺、载垣等8人辅政。

这个消息震动了湘军上下，正所谓一朝天子一朝臣，谁也无法预料统治阶级的更替将会给朝堂内外带来多大的影响。

曾国藩对当前的局势也感到茫然一片，同时又忐忑不安，他的两江总督职位全赖于顾命大臣肃顺的举荐，皇帝年幼，顾命大臣自然是不可少的，但皇帝成年之后，顾命大臣就会成为束缚皇帝亲政的绳索，皇帝想要真正将权利掌握在自己手中，必然会跟顾命大臣发生争斗，加之肃顺又偏偏是那种刚愎自用、锋芒毕露的人，下场必然不会好，那么，由肃顺保举下的自己，又如何能躲过一劫呢？

就在曾国藩忐忑不安的时候，朝廷再次风云突变。咸丰十一年九月三十日（1861年11月2日），慈禧太后发动宫廷政变，在恭亲王奕䜣的支持下，处理了八位顾命大臣。之后，恭亲王被封为议政王，东西两宫皇太后则开始垂帘听政。

此前，咸丰皇帝对于汉官一直采取打压态度，但慈禧太后和恭亲王奕䜣掌权之后却完全改变了这一策略，为了尽快镇压太平天国起义，慈禧太后开始大胆向汉官放权。不久之后，一道圣旨发到了曾国藩手上，任命他管辖江苏、安徽、浙江以及江西四省的军务，并且给予他节制巡抚、提督以下文武官员的权力。此外，湘军中的许多将领以及和湘系一派有所关联的人也都相继升了官，比如左宗棠升任为浙江巡抚、李鸿章升任为江苏巡抚、李续宜升任为安徽巡抚等等。曾国藩从此成了实质上的"东南之主"。

同年十一月（12月），为了提高军队战斗力，向西方国家的先进技术看齐，曾国藩在安庆主持办成了安庆内军械所，并很快试制出一批洋枪洋炮。安庆内军械所的规模并不大，所有改装制做用的都是土办法，但就是这些用土办法仿制的洋枪洋炮，在镇压太平军的战场上发挥了巨大作用。之后，李鸿章在上海开办的"上海洋炮局"实际上也是受了曾国藩的启发。

在试制武器成功后，曾国藩再次展开对太平军的全力镇压。从同治元年（1862年）到同治三年（1864年）间，曾国藩三路出兵，将天京团团包围，天京成了一座"孤城"，第一路军由曾国荃所率领，围住了天京城，其余两路则分别由李鸿章和左宗棠所率领，攻占了天京周围的各大重要城镇。

曾国荃是个非常心高气傲的人，自安庆出兵的那一刻开始，他就已经打定主意要独占头功，因此一直不愿有别人插手围攻天京的事情。在攻城期间，曾国藩曾先后派遣鲍超和杨载福等各部参与协助曾国荃的工作，但过不了多久，这些人就都被曾国荃赶走了。

曾国藩何尝不了解自己弟弟的心思，他内心也希望弟弟能独占天京这块宝地，但另一方面，他又担心曾国荃无法攻克天京，白白耗费自己十多年的心血。于是，思前想后之后，曾国藩决定，派出李鸿章前去协助曾国荃。

曾国荃收到消息之后非常不悦，立即将手下的将士们都召集了起来，怒气冲冲地对众部将们说道："现在有人想来抢劫我们的功劳，你们答应吗？"众将士面面相觑，在得知李鸿章将率部前来协助攻城后，纷纷怒而骂之，并当即表示，要齐心协力抓紧攻城，势必在李鸿章抵达之前拿下天京。

见军中士气高涨，曾国荃当即组织人马攻克了天京城外的地堡城，毁灭了天京的最后一道屏障，并在天京城下展开挖地道的工作，试图通过地道轰炸天京城。同治三年六月十六日（1864 年 7 月 19 日），在曾国荃的指挥下，士兵点燃了天京城下地道里的炸药的导火索，随着一声震天动地的巨响，城墙上出现了一个二十余丈宽的缺口，顿时间烟焰冲天，距离缺口较近的湘军以及围墙里的太平军死伤无数，此时，后方的湘军也顾不得前方的危险了，踩踏着战友的尸体，纷纷举着武器，高喊着涌入城中，攻破了天京城。

湘军入城之后，为了逼出太平军，四处放火，把天京城里的房子全烧了，并把城中的财宝劫掠一空。据说，当时大火在天京城整整烧了八天，幸而一场大雨降下，才熄灭了这场大火，而天京城几乎已经成为一片废墟。城中的生灵百姓也遭到了大肆屠杀，无论老幼妇孺都未能逃出湘军的毒手，哀号之声不绝于耳。

天京城的烧杀抢掠持续了一个多月，但凡参与攻城的湘军兵将，无一不是满载而归。太平天国在这惨无人道的屠戮中彻底成为了历史，不复存在了。

第四章
老骥伏枥

　　湘军的强大让清政府感觉到了深深的恐惧，曾国藩作为一个忠臣，为了让朝廷宽心，主动裁掉了湘军的大部分人马。随后而来的捻军叛乱，让刚刚裁军的曾国藩束手无策，遭遇了失败。更倒霉的是对于天津教案的处理，曾国藩表现出的软弱让他背上了汉奸的骂名。就这样，一代能臣曾国藩在世人的唾弃中含恨而终。

聪明的抉择

　　随着太平天国的覆灭，湘军终于获得了全面胜利，同时也让曾国藩获得了无限的荣耀。然而，曾国藩的心中却并未感到欢喜，反而感到了深深的不安与忧虑。曾国藩是个喜爱读史书的人，他非常清楚什么叫"功高盖主"，什么是"兔死狗烹"，当他站得越高，手中权力越大的时候，朝廷对他的忌惮也就越大，离收拾他的日子也就越近了。

同治三年六月十八日（1864 年 7 月 21 日）深夜，曾国藩收到了曾国荃寄来的捷报，心中既欢喜又担忧，彻夜不眠地思索着如何应对朝廷的猜疑。

虽然心中疑虑重重，但公务上的事情由不得他有半点怠慢，根据曾国荃的报告，曾国藩将湘军攻城杀贼的情况进行整理，拟了《报捷折》呈递给朝廷。折子发出之后，曾国藩心急如焚地等待着朝廷的批复，他急需知道清政府的态度，以便日后进行应对。

六月二十四日（7 月 27 日），朝廷的上谕终于下达了，上谕中赏加曾国藩太子太保头衔，并赐封其一等侯爵，赏带双眼花翎。接到上谕的当天，曾国藩就立即乘船赶往被攻克的天京进行视察，并亲自审问被俘虏的太平军领导人物李秀成。

在审讯李秀成的过程中，曾国藩惊讶地发现，攻城的实际情况与曾国荃在捷报中所描述的竟相差甚远。曾国荃报告说斩杀了天京城内十万太平军，但实际上，镇守天京的太平军实际人数根本不到十万；曾国荃说太平天国幼主，也就是洪秀全的儿子洪天贵福在湘军攻城时已经举火自焚，但实际上他早已趁秩序混乱逃出了天京。此外，李秀成所供认的，关于天京城内所藏有的财物，与曾国荃的汇报也相差甚远。

曾国藩吓出了一身冷汗，如果这些事情被上报给朝廷，那自己之前写的折子不就是在欺君吗？这欺君罔上的罪名，他可担待不起！于是，为了掩盖这一情况，曾国藩果断令人将李秀成杀死了，并擅自涂改了李秀成的供述。

不久之后，朝廷的另一道上谕发了下来，对湘军各将领进行了分封表彰。但令人意外的是，在攻破天京城中获得头功的曾国荃所得到的赏赐却非常少，甚至还不如其他某些湘军将领。曾国荃这人非常心直口快，听完封赏之后心中非常不满，当即就开始发牢骚。结果，这牢骚话还没说完，又一道上谕发来了，直接点名责骂了曾国荃，说他"指挥失宜"，导致太平天国幼主逃脱，并指责他所奏报的情况与实际情况有所出入等等。

曾国藩担心的事情终于还是发生了，上谕之中透出的杀机让他如坠冰窟。曾国荃听完上谕则是又惊又气，一下病倒在了军营里。

朝廷的态度已经非常明显了，曾国藩思之再三，权衡利弊之后，他终于知道，自己只能自翦羽翼，以退为进，获得朝廷的信任，才可能保住"功臣"之名、侯爵之位，也才可能避过杀身之祸。

做出这一决定之后，曾国藩立即着手，采取了一系列的措施。首先，他向朝廷汇报了裁撤湘军的想法，并着手将近一半的湘军进行遣散。随后，他又向朝廷奏请逐步停止了湘军的军饷供应，以此向朝廷表明心迹，清政府也因此不再继续追究天京的财物问题了。最后，曾国藩又主动奏请让弟弟曾国荃开缺回籍，彻底剥夺了曾国荃的权力。按理来说，曾国荃是镇压太平军的大功臣，即便是做表面工作，朝廷也应该客气挽留一番，但面对曾国藩的奏请，朝廷却爽快地答应了，可见当时清政府对曾国荃的厌恶已经到了忍无可忍的地步。

此事对曾国荃的打击非常大，他愤愤不平地返回湖南老家，之后便闭门谢客。此后，当捻军复起，西北回民起义之时，清政府曾试图再次起用曾国荃，但曾国荃一直称病拒绝，不肯再为清政府卖命。后来，他即便勉强接受了湖北巡抚一职，曾国荃也再没有当初围攻天京的豪情了，不久之后便又借故辞归。

束手无策

清政府利用曾国藩镇压太平天国起义后，又担忧湘军成为新的威胁，故迫令曾国藩自解兵权。但没想到的是，太平军败下去了，豫、皖、鲁一带却又兴起了捻军起义，为镇压捻军，清朝廷不得不又再次起用了曾国藩。

捻军起初是由一批贩卖私盐的商贩所组成的，在太平天国起义爆发之后，捻军大力响应，成了太平军的盟友。太平天国覆灭之后，其残留势力退到了豫、皖一带，与群龙无首的捻军结合起来，再度兴起革命。

再度兴起的捻军首领是太平天国名将遵王赖文光，在他的改编之下，原本松散的捻军成了一支正规化的武装力量，并开始对清兵发起进攻。由于其主要采取游击作战的方式，无论攻退都快如闪电，使清军难以应付，追之不及，这让清政府深感头疼。眼看捻军势力越来越大，清政府这才坐不住了，再次想起了歼灭太平军的曾国藩。

朝廷打算起用曾国藩的时候，湘军正处于裁撤期间，人心混乱，难以征调，即便上战场，也发挥不出最大力量，因此，曾国藩拒绝了朝廷的任命。同治四年五月五日（1865 年 5 月 29 日），由于原本负责镇压捻军的将领僧格林沁殒命沙场，朝廷再一次向曾国藩下达命令，让他率部前往镇压捻军。之后，朝廷又接连发出几道圣旨，催促曾国藩尽快上路。无奈之下，曾国藩只得勉强受命，率领裁军之后所剩下的六营湘军和李鸿章的淮勇一同踏上了"剿捻"之路。

出师之前，曾国藩对捻军进行了详细分析，发现他们以骑兵为主，主要采取流动作战的策略四处出击。曾国藩决定"以静制动"，调动各地方督抚配合部队作战，并展开大规模清查运动，以割断捻军和平民百姓之间的联系，让捻军失去民众支持。

事实上，曾国藩所制定的这一战略是非常合理的，但要将这战略落到行动上，却有一定的难度。想要对付流动作战的捻军，曾国藩需要的是一支反应力快且能征善战、指挥起来得心应手的军队。但现在，就曾国藩手中的军队来说，湘军在裁撤之后，无论精神状态还是战斗力，都可谓今非昔比，加之天京之战的过度疲惫，大部分士兵都不愿再受行军之苦，对战事自然也就心生倦怠。而淮勇呢，实际上是受李鸿章支配的，根本不可能听从曾国藩的指挥。虽然曾国藩和李鸿章有师生之谊，但在这件事情上，李鸿章对曾国藩却不能完全放心，每当曾国藩下达一则命令时，淮勇将领必然会先请示李鸿章，而李鸿章又常常对曾国藩的决策指手画脚，这样一来，便大大降低了军队的执行力、战斗力。

因此，虽然曾国藩在对抗捻军时所制定的方针非常具有针对性，但却因为没有得心应手的部下，而一直没能取得预期效果。在与捻军对抗一段时间之后，曾国藩陷入了深深的苦恼中，即便他绞尽脑汁，却始终无法根除捻军带来的祸患。

"北征"无功之后，清政府严厉指责了曾国藩，老谋深算的曾国藩赶紧趁机上递折子要求辞职，清政府担忧曾国藩的势力再一次强大起来，于是便赶紧同意了他的请求，让他继续回去做两江总督，而剿捻的任务则交由了曾国藩的弟子李鸿章来接替。

同治七年（1868 年），曾国藩被朝廷调任为直隶总督，直隶总督是总督中最重要的职位，接到调任令的曾国藩感到非常不安，他不明白，为什么自己"北征"无功，也没有做出什么令人满意的政绩，朝廷却突然升自己的官。曾国藩本想上表辞谢这一职务，但一时之间却又想不出什么理由，只好硬着头皮上任。

按照朝廷的规定，但凡晋升为直隶总督的大臣，都是要去觐见皇帝的。此次觐见让曾国藩感到非常失望，两宫太后和同治皇帝前后一共接见了他四次，在这四次觐见中，同治皇帝如同摆设一般，几乎一语不发，慈安则完全如同一名普通的闺中妇人，对朝廷大事不闻不问，在四次觐见中，只有慈禧太后一人发问，但问的也多是家常，几乎没什么正事，这让曾国藩感到茫无头绪。

除了觐见皇帝和两宫之外，就是无休止的宴会应酬。待到元宵节一过，曾国藩只觉得再也无法在京师待下去了，周身无力，如同泄了气的皮球一般。他赶紧收拾东西离开了京师，前往保定上任。

到达保定之后没多久，曾国藩就感觉到了身体的不适，先是眼睛出了毛病，看东西仿佛隔着一层雾，之后开始疼痛难忍，不久以后曾国藩的右眼就完全失明了。此后他又患上了眩晕之症，耳鸣脑涨，根本无法办公，最后只得请假休养。但没想到的是，就在这个时候，天津发生的一个案子却将曾国藩推进了民族斗争的风浪旋涡之中。

黯然离世

第二次鸦片战争之后，天津开放成为通商口岸，西方各国在天津进行各种贸易和侵略活动的同时，也在天津地区大力开展了教会活动，比如盖教堂、设立教会、开育婴堂以及兴办教会学校等等，但由于文化之间的冲突和对侵略者的仇视，广大民众对此是非常反感的，民族冲突也一度十分尖锐。

同治九年五月（1870 年 6 月），法国天主教的育婴堂中收养的 30 多名中国婴儿突然莫名死亡，教会在将尸体运出育婴堂的时候被市民看到了，众人怀疑此事蹊跷，必定内有乾坤。就在这个时候，又有风声说，很多地方都发生了小孩被迷药迷倒后拐走的事情，而这些风声又都与洋人的教堂脱不了干系。

几天后，一个诱拐犯被人抓住了，这名诱拐犯当众承认了自己的罪行，并称迷药是从天主教民王三的药店里买的。就这样，诱拐儿童案又莫名地和教会扯上了关系。

百姓将这名诱拐犯扭送到衙门，见了知府张光藻，张光藻原本并不想和洋人作对，但看到群众义愤填膺的样子，却也不得不接了这个案子。进行审讯后，张光藻又约见了教会代表，希望他们能交出涉嫌协助犯罪的王三，最终未有结果。

五月二十三日（6 月 21 日），张光藻等人带着诱拐犯来到育婴堂门前对质，但令人惊讶的是，教会中根本没有诱拐犯说的这个名叫"王三"的人。最终，张光藻也只好悻悻地向法国人赔礼道歉，然后告退了。

官员走后，群众却不干了，一个个义愤填膺地向教堂扔石头、垃圾，并且高声谩骂侮辱。当时，法国领事馆距离教堂非常近，法国领事丰大业非常愤怒，当即就带着武装人员前往镇压，结果和民众发生剧烈冲突。最后，丰大业被群众打死，几名传教士也非死即伤。愤怒的群众又将两座教堂全部烧毁，之后又冲击了法国领事馆、洋行，美国和英国的教堂也惨遭毒手。

天津教案发生之后，各列强立刻向中方提出了抗议，并将附近海域的军舰全部调集，进行战争威胁。随着事态的严重，朝廷又再一次找上了曾国藩，下令让他去天津进行查办。这件事情是非常难处理的，这关乎中外之间的关系，一旦处理不好，随时可能引发战争。

抵达天津之后，曾国藩先是询问了有关人员，接着又派遣人到育婴堂进行深入调查。据调查显示，法国育婴堂中所收留的孩子都是流浪儿童，无父无母。至于死去的孩子，此前有人称，尸体曾被开膛破肚，这实际上是由于这些孩子生病，医生试图为其手术，但最终也没有能够挽救他们而留下的疤痕。至于那个诱拐犯，在曾国藩提审的时候，完全推翻了之前的供词，说自己其实和育婴堂没有任何关系，之所以扯上育婴堂，不过是想借教堂的庇佑来脱罪。

案子基本上已经清楚了，但怎么应对，曾国藩却始终没有主意。朝廷派遣他来和洋人谈判，自然是不希望他得罪洋人，但在这件事情上，不得罪洋人，就必须要得罪千千万万的百姓，无论哪一个决定，最终都没有什么好结果。

权衡利弊之后，曾国藩决定，自己必须保护天津不被洋人践踏，于是答应了对方提出的所有条件，赔偿损失以及惩治地方官员等等。洋人提出，必须要清朝政府严惩凶手，一命抵一命。天津教案中，一共有二十一名洋人死亡，因此，洋人也要求曾国藩以二十一名凶手的性命作为"赔偿"，为洋人抵命。但此时，凶手早已经逃走，连影子都不见了，为了凑齐这二十一人，曾国藩开始在天津城中进行大肆搜捕，让怒火中烧的民众更加愤恨。

　　曾国藩对此事的处理在老百姓眼中是非常令人失望的，他所表现出的委曲求全毁了他一生的清誉，因为这件事情，曾国藩被百姓指为卖国贼，坠入了人生最耻辱的深渊，谩骂之声不绝于耳。天津教案成了曾国藩心中一个难解的疙瘩，每每想起此事，曾国藩都会感到抑郁难耐，让原本有病的身体更是雪上加霜。

　　处理"天津教案"后不久，曾国藩又被朝廷撤职，再次回任两江总督。同治十一年（1872 年），曾国藩领衔上奏朝廷，与李鸿章、丁日昌等人一起，成功地将包括詹天佑等人在内的第一批幼童，一共四十名送往美国留学，这是中国历史上第一次向海外派遣公费留学生，这项创举将近代中国的洋务运动推向了一个高潮，这也是曾国藩人生中最后的一缕光辉。在这件事办完之后没几天，曾国藩就一病不起了。

　　同治十一年二月初四（1872 年 3 月 12 日），这是一个曾国藩永远无法忘怀的日子——父亲曾麟书的忌日。他如同往常一样，早早起来拜祭父亲，但此刻他的病情已经非常严重，甚至无法在父亲灵牌前跪下了。拜祭完父亲后，曾国藩又令人扶着他到签押房准备办公，但打开公文之后，眼前却只是一片模糊。

到下午的时候，曾国藩感觉身体似乎有所好转，便找来儿子曾纪泽，让他扶着自己到花园散步。慢慢走了一阵，曾纪泽看到曾国藩的右脚有些奇怪，便问他说："父亲，是鞋没穿好吗？"

曾国藩轻声说了一句："我脚麻。"

说完之后便倒在了儿子身上，曾纪泽大惊失色，抱住父亲赶紧唤人帮忙，把曾国藩抬进了大厅。此时，曾国藩已经无法说话了，只张着嘴，浑身抽搐。当晚戌时，曾国藩永远闭上了眼睛，结束了他沉重而劳累的一生。

在风雨飘摇的大清，中国传统文化酿造出了曾国藩这样一位精英，他成帝王之业，修己身之德；他忠君爱民，同时也怀一己私心；他诚恳待人，但为了混迹于黑暗腐朽的官场，又不得不展现虚伪奸诈的一面；他是满口仁义道德的大儒，同时又是翻云覆雨、杀人不眨眼的"曾剃头"。

无论如何，曾国藩为挽救内里早已腐朽蛀空的大清王朝倾尽了自己一生的心血，他不仅为大清创建湘军，剿灭了太平天国农民起义，同时在这个过程中，也为大清网络、培育出了一批军政人才，组建起一个庞大的军事政治集团，在腐败黑暗的社会环境中，曾国藩为清政府带来了一丝熹微的曙光，虽然他无法仅凭一个人的力量去力挽狂澜，但他所做的一切确实在某种程度上，令清廷得以喘息延缓了清王朝的覆灭。

曾国藩去世后，他一生最看重的学生李鸿章接过了清朝改革的指挥棒，在李鸿章和淮军的努力下，清王朝的命运又将如何呢？

第五篇

李鸿章
——一身误解，力撑危局

年近 80 的李鸿章在被罢免赋闲很久以后，又因为庚子之变被当作消防队员叫回了京城。这位古稀老人已经没有精力再像当年那样在谈判桌上唇枪舌剑了。他心中唯一想的就是大清国不能亡，太后和皇上要赶紧回京。最终他在病床上完成了《辛丑条约》的签订。

第一章
少年英才涉世途

　　李鸿章的家庭是中国传统的耕读世家，一直到了李鸿章的父亲李文安这一代才正式步入仕途。李文安自认为不够聪明，他的仕途也走得十分坎坷。而李鸿章则是在年少之时就展露出了远超于同龄人的聪明才智，再加上李文安与曾国藩的良好关系，李鸿章可谓是前途无量。

　　太平天国运动时，李鸿章作为一个不懂军务的文官被派上了战场，从不愿意打仗，到不得不打仗，最终因为成立淮军和立下的战功，成为了威震一方的封疆大吏。

前途无量

　　李鸿章出身于书香门第，他的父亲在朝中拥有很广的人脉，这为李鸿章兄弟后来的步步高升打下了深厚的基础。但是李鸿章的祖先一开始也是普通的农民，他父亲李文安是李家的第一个高官。

安徽省庐州府就是李文安的老家，李家原本不姓李，而是姓许。在明朝末年，李文安的先祖许迎溪为了躲避战乱，从江西迁居到了安徽合肥定居。李心庄没有子嗣，在封建社会中，不孝有三，无后为大，这件事情成了李心庄的一块心病。许迎溪的到来改变了这种情况，因为李许两家一直交好，所以李心庄请求许迎溪能够过继一个儿子给他，许迎溪也欣然允诺了。许迎溪将自己的儿子许慎所过继给了李心庄，并且从此定下了李、许两家不得通婚的规定。

经过李慎所的苦心经营，李家的条件渐渐好了起来，等到乾隆年间的时候，李慎所的五代孙李椿已经拥有两百多亩土地了。因为没有靠山，所以李椿经常受到当地土豪劣绅的欺负，李椿终于明白了，想要在这个时代安身立命，光有钱是不够的，朝中必须有人做官，有了靠山才能过安稳日子，于是李椿就将希望寄托在了自己的儿子李殿华身上。

可惜的是李殿华并不是读书的料，他经过多年的寒窗苦读却连乡试都没有取得名次。加上从小体弱多病，于是他只好回家继承祖业，一边从事农耕一边教自己的子孙读书。李殿华在读书上没什么长进，在经营家业方面也没什么本事，在他五十年寸步不离的经营之下，家中的土地也被他经营光了。为了维持生计，他只能到处借钱，后来欠下的债务越来越多，只能靠拆东墙补西墙勉强度日。

李殿华文不成，武不就，经营家产也不成，幸好他还算是个合格的父亲与老师，不管家庭条件多么困难，他始终没有放弃让自己的儿子们读书。在他的认真教育下，他的小儿子李文安学问还算是不错。

很快李文安就到了成家立业的年纪，他娶了老婆，生了儿子，然后一边刻苦读书一边开了个小小的私塾，用以养家糊口。

道光三年正月初五（1823 年 2 月 15 日），这一天李文安的妻子又为他添了个儿子。按照中国的传统，正月初五是财神爷的生日，李家现在最缺的就是钱，所以这个孩子出生在初五，这是个很不错的兆头。因为李家的家谱中，名字是按照"文章经国，家道永昌"来排列的，他又希望儿子能够饱读诗书，所以就取了个名字，叫李鸿章。

　　虽然李文安已经有了两个儿子，但是李殿华还是将希望寄托在他身上，希望他能够考取功名。所以每年的科举，李殿华必定会亲自送李文安参加考试。李文安屡屡落第，但是为了不让父亲失望，他还是一次又一次地参加科举考试。一次次的考试失败，损失的不仅是花费的钱财，这些失败给了李文安不小的打击。李文安经常在失败以后借酒浇愁，但是不管喝多少酒都没能浇灭他对考试成功的渴望。

　　皇天不负苦心人，李文安不懈的努力最终获得了成果。道光十四年（1834 年）的时候，李文安终于考中了举人，揭开了走向成功的第一页。所谓苦尽甘来就是如此，中了举人以后，李文安的仕途开始顺利得一发不可收拾。虽然考中举人的时候他已经两鬓微霜，但是凭着他饱读诗书打下的坚实基础，他在四年后又考中了进士。经过考试后，他又在预备官员考试中脱颖而出，获得了刑部的一个职位。

　　李殿华终于实现了多年的夙愿，让李家有个在朝中做官的人。三年清知府，十万雪花银，当上官以后，李家自然也就不缺钱了。有钱又有权的李家，很快就崛起了，成为庐州一带的名门望族。

　　李文安的成功与父亲的栽培和自己的努力是分不开的，他本人的天资并不算聪颖，甚至比同龄人还要差上一些。李文安开蒙读书本来就比其他的孩子要晚上几年，另外他又体弱多病，同龄人有的已经在乡试中崭露头角的时候，李文安才读完"四书"。

李文安不是个聪明人，所以他做官做得也不圆滑。作为刑部的司法官，他办事认死理，坚决依法办案，谨小慎微，不容许自己出一点差错。因为李文安做事认真负责，不徇私枉法，在百姓中有着较高的名望，甚至有些人还称呼他为"包公再世"，不过，他这种与其他官员格格不入的作风却让他的上司很不喜欢他。在上司的打压、同事的排挤之下，资历早就够升迁的他却一直还在原职上苦熬。

跟李文安一样官场不得志的还有跟他同年高中的曾国藩，李文安在刑部司法官的位置上苦苦挣扎，曾国藩那时也就是个编写史书的小官。李文安和曾国藩的关系非常好，按照当时的情况，同一年考中进士的人被称为"同年"，这是一种比同窗还要亲近的关系。

曾国藩跟李文安挺像的，脑子都不是很聪明，但都靠着自己不懈的努力积累了扎实的学问功底。可能是因为曾国藩跟自己很像，所以李文安觉得曾国藩是个有大才的人。

因为李家的经济条件很差，而且李文安在李鸿章之后又生了四个儿子，所以李鸿章小时候的生活是很艰苦的。艰苦的生活条件让他从小就尝到了生活的艰辛，一直到父亲当官以后才好了一点。但是李文安的官职很低，所以不能彻底改善李家的生活情况，于是李鸿章从小的就立下了志向，一定要当个大官。

小时候，李鸿章就有明确的目标，而且头脑灵活，跟他父亲完全不同，是个才思敏捷的人。道光八年（1828 年），李鸿章开始在父亲开设的私塾中读书，私塾下课以后，李鸿章就会跑到附近一个池塘边玩耍。在一个非常炎热的夏天，李鸿章跟往常一样在池塘边玩耍，其父李殿华的朋友周菊初来到池塘边洗澡。他将衣服脱下挂在树枝上，随口吟了一句："千年古树为衣架。"李鸿章正在旁边玩，头也没抬地接了一句："万里长江作浴池。"这一句诗让周菊初震撼不已，一个如此幼小的孩子居然能够马上对出自己的诗句，并且这句诗里还蕴含着一股庞大的气势，于是他马上就喜欢上了李鸿章。

周菊初在当地也算是赫赫有名的先生，他知道这个孩子是自己朋友李殿华的孙子后，就主动上门说要收下李鸿章做学生。这可是李文安求之不得的，于是很痛快地答应了。

李鸿章六岁进入家馆棣华书屋学习，李鸿章聪明好学，加上合肥名士徐子苓和堂伯仿仙也都是他的老师，李鸿章在学问上进步飞快。八岁的时候李鸿章就已经读完了"四书"，比他爹李文安早了四五年。

时间很快就过去了，道光二十三年（1843 年）的时候，李鸿章已经二十一岁了。在这一年，李鸿章被庐州府学选为优贡。优贡是清朝时期特有的一种制度，就是由各地学府中选出优秀的学生进行考试，每个省都有几个名额，可以直接进入国子监，相当于现在品学兼优的学生可以直接保送去大学一样。

由于父亲李文安在京城做官，李鸿章差不多也到了年纪，于是就干脆在京城住了下来，准备明年参加顺天府的乡试。就是在京城筹备考试的时候，李文安带着李鸿章见到了曾国藩。曾国藩当时官虽然做得不大，但是他的学问很扎实，在京城学子中颇有名望，李文安就让李鸿章拜了曾国藩为师。

道光二十四年（1844 年），李鸿章不负众望在乡试中取得了优异的成绩，中了举人。就在同年，李鸿章应母亲的要求回乡结婚。

道光二十五年（1845 年），李鸿章参加了会试，曾国藩是考官之一。但是李鸿章没有像想象中的那样顺利，他落榜了。曾国藩对李鸿章赞赏有加，觉得李鸿章虽然这次失败了，但是以后一定会大有作为。

道光二十七年（1847 年），李鸿章再次参加会试，这次中了二甲第十三名，进入翰林院做庶吉士。庶吉士就是皇帝的秘书之一，同时也是有潜力的进士进修时的官职。李鸿章从此正式踏进了清朝的官场。

道光三十年（1850 年），李鸿章作为庶吉士的进修结束了，他以优异的成绩留在了翰林院担任史书的编修。

咸丰元年（1851 年），李鸿章升职做了武英殿纂修，国史馆协修。

进入翰林院是李鸿章人生重要的转折点之一，重要程度不下于拜曾国藩为师。虽然他在翰林院中只是个小小史官，但翰林院中大量的藏书丰富了李鸿章的知识和思想，因此，李鸿章对历史的对学问都有了更深一层的认识。

就在李鸿章踏踏实实地做学问，一心想要在这条路上走下去的时候，突如其来的变故打乱了他的计划，不过却也为他带来了难得的机会。

人生低潮

咸丰元年（1851 年），也就是李鸿章升职的那一年，轰轰烈烈的农民起义运动在广西金田展开了。洪秀全自封为"天王"，带领着"拜上帝教"的教众们建立了一个以"人人平等"为信念的"太平天国"。此时咸丰皇帝刚刚即位，在太平天国运动迅猛的发展下，他终日担惊受怕。

时间还不到半年，太平军的势力就已经不仅仅限于南方，开始向北方迅速扩张。由于湖南久攻不下，所以太平军转而攻打湖北武昌。后来湖南驻军也溃败下来，武昌也被太平军攻占了。眼看政府的官兵无法击退太平军，其他的城市也面临着沦陷的危险，咸丰帝发出谕旨，命令籍贯在江南江北的官吏，回到籍贯所在地，训练团练武装，以用来对抗太平军。所谓的团练就是民兵、私兵。在官军无能的情况下，也只能指望这些不吃皇粮的团练能够削减一下太平军的力量了。

李鸿章虽然在翰林院担任文职，但是心中却十分忧心太平军北上的事情，因为过了湖北，太平军很快就会直击安徽，而安徽省的省会，也是门户之地的安庆，那里离李鸿章的老家也不远了。

因为当时正是冬天，所以洪秀全的太平军在武昌停留了一段时间。等到来年春天，天气转暖后，太平军就进入了安徽，安庆也被太平军毫不留情地攻了下来。如果按照这种情况继续发展下去，整个安徽省的沦陷也是早晚的事情了。

知道了安徽被太平军攻入消息，李鸿章整天急得像热锅上的蚂蚁一般，过了几天他终于忍不住了，他找到了他的上司吕贤基，请求吕贤基去和皇上说情，求皇上派兵镇压太平军，收复安庆。

为什么李鸿章要找吕贤基呢？吕贤基除了是他的上司之外，还是他的老乡。吕贤基也是安徽人，这种情况下，吕贤基也急得不行。两人经过一番商议后，吕贤基就上书给咸丰皇帝。咸丰皇帝也没什么办法，他要是能镇压太平军还用等到翰林编修来求情？所以，第二天咸丰皇帝就按照当时江南江北籍贯官员的待遇，让吕贤基回安徽老家，和安徽巡抚一起训练团练。

吕贤基只是请求咸丰皇帝出兵，可从来没想过要自己回去带兵，这下可是倒了大霉了。临走的时候，吕贤基把李鸿章也带上了，吕贤基心想，是你小子让我给皇上递奏折的，这回我倒霉了，你也别想好，正好咱俩是老乡，一起回家练兵去吧。

李鸿章从来没习过武，战场上的谋略也是一窍不通，训练团练什么的他根本一点兴趣都没有。没办法，咸丰皇帝金口玉言，让他去，他也不敢不去。回到安徽以后，李鸿章发现安徽省的情况太复杂了，就像一团乱麻一般，太平军根本就不是全部问题。

当时在安徽省外，洪秀全率领的太平军正在逐步逼近，而安徽省内部更是有由民间秘密组织捻党发展起来的捻军与太平军里应外合。安徽当地的官场也不太平，各级官员互相倾轧、争斗，整个安徽省可以说是内忧外患，不管是官员还是人民都活在水深火热之中。

处在这种环境下，让一直专心研究学问的李鸿章变成了一只呆头鹅，他不懂如何去训练团练、如何指挥战役，也没有学过如何在官场政治斗争中保全自己。唯一让李鸿章感到宽慰的就是他对清政府的信心，他觉得太平军不过是一群趁火打劫的逆匪，早晚会被清政府打败的。自己也不会一直在安徽省训练团练，只要太平军被打败，他就可以回翰林院老老实实地继续做他的编修了。

为了早日回京编纂史书，李鸿章还是想要努力将团练办好的。安徽各地大大小小的团练有不少，都是各地的大地主为了保护自己的利益而组建的，李鸿章的弟弟李鹤章也组建了那么一支。但是这些大地主们组建团练的目的根本就不是为了打败太平军，维护国家的稳定，而是为了自己的利益，因此依靠团练互相争斗的事情经常发生。李鸿章的家乡庐州，这些团练也是如此，太平军、捻军打来的时候，隶属于各大地主的团练就团结在一起抵御，太平军、捻军走了的时候，马上就互相争斗起来。李鸿章感觉十分失望，他一眼就看明白了，想要依靠家乡的团练来抵御太平军的进攻太不靠谱了。

李鸿章悲观地发现自己原来的想法太天真了，如果自己不努力，还想着依靠团练、依靠政府军打败太平军，然后回翰林院，那么他可能真的要一辈子留在安徽练兵了。当时安徽团练主要的负责人有三位，一个是被咸丰遣送回来的倒霉蛋吕贤基，另外一个是安徽巡抚李嘉端，最后一个则是来安徽省训练团练的兵部侍郎周天爵。

李鸿章权衡了一下利弊，觉得自己想要在带兵方面能够独当一面，还是投靠兵部侍郎周天爵最好。于是李鸿章就在周天爵那里做了入幕之宾。

此时太平军还没有深入安徽省腹地，目前，周天爵的任务就是负责消灭活跃在安徽省的捻军。李鸿章跟着周天爵南征北战，终于成功镇压了捻军，李鸿章也在镇压捻军的过程中学到了许多军事知识。没多久，安徽巡抚就放心地让李鸿章带一队兵马单独执行任务了。

咸丰三年（1853年）时，李鸿章手中已经有一支千余人的部队了，并且在八月的时候，李鸿章运用手中的兵力击败了一小股太平军。从此以后李鸿章开始在安徽有了些名气，安徽巡抚也将李鸿章的战功表奏朝廷，为他争取来了一顶六品顶戴。

可是，李鸿章还没有得意几天，麻烦就来了。南京那边的事情处理结束后，太平军开始了北征和西征。负责进攻安徽省的是翼王石达开，把安徽的团练们全部算上，不管是能力还是军力都不够石达开一个人打的。石达开率领着太平军如秋风扫落叶一般占领了一个又一个城市，其中李鸿章的上司吕贤基所驻扎的舒城也受到了威胁。李鸿章赶紧带领自己的士兵前去救援，但是，为时已晚，吕贤基的团练被全部消灭，吕贤基本人也投水自尽了。眼看安徽省怕是已经无力回天了，安徽巡抚也选择了自杀。

面对如此危急的情况，咸丰帝连忙命令福济前往安徽接任安徽巡抚。福济当时对于打仗的事也就是个半瓶子醋，他自己也是慌乱得不行，听说当年自己监考过的李鸿章也在这里，带兵打仗还算不错，赶紧邀请李鸿章作为自己的幕宾。这时候，李鸿章的父亲李文安也被皇上派回安徽，在临淮地区组织团练。

咸丰五年（1855 年）时，与太平军对峙的形势被打破，李鸿章在含山消灭太平军千余人。因为这一仗，李鸿章受到了朝廷的赏赐。李文安与曾国藩也分别发力，三人遥相呼应，李鸿章后来又数次在战场上击败太平军。

就在李鸿章战场得意的时候，一个噩耗传来。李鸿章的父亲李文安在镇压太平军的时候积劳成疾，病逝于军营之中，享年五十四岁。清朝是很讲究孝道的，李鸿章也是个大孝子，父亲去世了，李鸿章必须离开军队，赶回家中为父亲奔丧。李鸿章为父亲奔丧，刚刚离开自己的团练部队不久，石达开就率领太平军发动了进攻，李鸿章的团练部队全军覆没，只有李鸿章为父亲奔丧，逃过一劫。

父亲的去世和团练部队的覆灭让李鸿章大受打击，之后对抗太平军的战斗也是胜少输多。长期的战争让李鸿章疲惫不堪，他根本就不想带兵打仗。心灰意冷的李鸿章请求朝廷允许他为父亲李文安守孝，因为李鸿章对抗太平军也算是立下了不少战功，朝廷同意了他的请求。

古代官员为父母守孝一般要一个丁忧，一个丁忧是二十七个月，在这二十七个月内不得做官，而如果没有特殊的情况朝廷也不会召唤处在丁忧中的人做官。李鸿章为父守丁忧，意味着他有二十七个月的时间休息，有二十七个月的时间反省自己，以便看清自己以后该走什么道路。

这段时间里，李鸿章想了很多。他反省自己过去因年轻气盛，没听老师曾国藩的教导；反省自己太不冷静，太容易冲动；反省自己好大喜功，经常得陇望蜀，想要一口气吃成个胖子。在丁忧期间，李鸿章看清了自己的不足，也没有什么信心在复杂的安徽官面上混下去了。他明白，在官场之上没个靠山是绝对不行的，于是他给当时已经建立了湘军的曾国藩写了封信，希望可以投入到曾国藩的麾下。当时李鸿章的哥哥李瀚章也在曾国藩手下做事，于是曾国藩也邀请了李鸿章。

这时候，不仅李鸿章需要曾国藩，曾国藩其实也同样需要李鸿章。曾国藩的湘军此时刚刚在三河惨败，虽然表面上看兵多将广，其实曾国藩心里有数，这军队里有力气的人不缺，可是有脑子的人却不多。接到李鸿章想要投效的书信后，曾国藩很是惊喜。一来是他已经听说过李鸿章的事迹了，二来是这封信中透露出超凡的胆识和气度，这说明李鸿章已经今非昔比，不是当年翰林院那个文绉绉的年轻人了。

对于李鸿章来说，能够脱离安徽官场上正是他求之不得的，他火速赶到江西南昌，投入到曾国藩麾下，成了曾国藩麾下的一名幕宾。

早在咸丰三年（1853年），太平军打到两湖地带的时候，曾国藩就到了湖南，遵从朝廷的命令组织团练，对抗太平军。实际上到了湖南以后，曾国藩发现团练制度弊端重重，依靠团练是不可能打败太平军的，于是曾国藩就想要组织一支新式的武装队伍。

咸丰四年（1854年），曾国藩组建了湘军。就是这支非政府组织的地主武装，后来战胜了太平军，成为维护清政府统治的主要力量。

李鸿章与曾国藩

李鸿章刚刚成为曾国藩的幕宾时，曾国藩只给他安排了一些跟公文、奏折有关的秘书工作，这种事情李鸿章在翰林院的时候早就做得驾轻就熟，曾国藩给李鸿章安排这种工作难免有些大材小用。曾国藩不是不想早日让李鸿章做些符合他才能的工作，但是他觉得李鸿章为人太过骄傲，年轻气盛，需要好好磨砺一番，待他成熟以后，再委以重任。

曾国藩被称为满清官场第一完人，他对自己的要求非常严格，在生活上更是丝毫不肯松懈。每天早上曾国藩都会在其他士兵之前起床，巡查营房。李鸿章是个年轻人，在生活习惯上难免有些懒散，在曾府，规律的生活让李鸿章觉得很痛苦。有一次，李鸿章想要睡个懒觉，他装作头痛。曾国藩很精明，他一眼就看穿了李鸿章是在装病偷懒，于是几次派家丁去叫李鸿章起床，并且告诉他说如果他不来，曾国藩就和其他的所有幕僚一起等他吃饭。李鸿章不好意思让其他同事等着，只好赶紧起床，衣衫不整地跑到餐厅。曾国藩在饭后狠狠地批评了李鸿章，有其他的毛病不可怕，最可怕的是有撒谎的毛病。

曾国藩就是这样严格要求着李鸿章，全心全力地培养他。在曾国藩的身边，李鸿章学到了很多东西，性情也变得沉稳了许多。李鸿章在多年以后提起那段岁月，都会感慨万端，当年和曾国藩一起吃饭，饭后与曾国藩和同事们一起谈天说地，让他获益匪浅。李鸿章成熟得很快，还不到一年时间，曾国藩就已经放心地将训练安徽马队骑兵的任务交给了李鸿章。

咸丰九年（1859 年），曾国藩得知太平军正在攻击景德镇，景德镇危在旦夕之间，形势非常凶险。曾国藩赶忙派出自己的弟弟曾国荃前去救援，李鸿章作为幕僚跟随曾国荃前往。李鸿章自觉能力已经超过了曾国荃，让他做曾国荃的副手，他很不服气，一度想要离开湘军。经过曾国藩的努力劝说和挽留，李鸿章才心不甘情不愿地跟着曾国荃去支援景德镇。

胡林翼是当时湘军中的二把手，是曾国藩的心腹。当时胡林翼正给朝廷递奏折，希望可以让湘军支援四川，曾国藩和胡林翼都认为如果朝廷批准曾国藩支援四川，那么四川总督的职务应该就能顺理成章地落在曾国藩头上，曾国藩也就摇身一变成为封疆大吏了。

李鸿章知道这件事后，却坚决反对，他给曾国藩分析说，这四川是不能去的，现在太平军的势力都集中在苏南和皖中，四川石达开率领的那支小队伍，那是流寇，为了去打一支流寇，放弃歼灭太平军的功勋，这不是捡了芝麻丢了西瓜吗！

曾国藩原本对此也有些犹豫，在听了李鸿章的分析后，觉得他说的特别有道理。但这个时候，咸丰皇帝已经下达圣旨让曾国藩领湘军入川援助了，总不能违抗圣命吧。就在曾国藩左右为难的时候，李鸿章又给他出了个主意，说让曾国藩先领着湘军往四川去，假装要执行皇帝的命令，另外这头呢，就让胡林翼和和官文赶紧上折子，跟咸丰皇帝说说这事儿的利害。

果不其然，曾国藩的队伍才刚走到湖北一带，朝廷就来消息了，让曾国藩暂缓入川，改道去安徽剿匪。

经过湘军内部的会议决定，湘军要兵分四路，直取太平天国的重要城市安庆。于是李鸿章率领着一支部队从湖北黄州往东行进，最终驻扎在安徽宿松，与太平军的将领陈玉成隔着太湖对峙。

第二年五月，李秀成和陈玉成联军击溃了清政府的江南、江北大营，清政府的官兵几乎全军覆没，紧接着马上向苏杭进军。太平军的行动完全打破了咸丰皇帝的计划，不喜欢汉族官员的咸丰皇帝从来就没有打算嘉奖曾国藩的战功，原本就是打着让湘军冲在前头，最后把功劳分给清政府官兵的主意，但如今江南、江北大营都没了，咸丰皇帝能够依靠对付太平天国的就只剩下汉族官员手中的私兵了。在这种情况下，咸丰皇帝一改往日对曾国藩的吝啬，在六月的时候授予曾国藩兵部尚书的官衔，并且还给了他两江总督的实权。当了两江总督的曾国藩心情大好，也想趁此良机提携一下李鸿章，于是就向朝廷奏请，希望能让李鸿章当两淮盐运使。似乎给曾国藩一个两江总督已经是咸丰帝的极限了，升迁李鸿章的事情被驳了回来。李鸿章很失望，只能继续在曾国藩的麾下做事。

安庆这座城市对于太平天国来说是非常重要的，重要的程度仅次于首都天京（今南京），因为安庆是太平天国唯一的军械制造厂所在地。安庆现在被湘军包围，太平军自然拼命想要解除安庆的危机。太平军很聪明，采取了围魏救赵的策略。此时湘军的主力都在安庆周围，对于湘军来说，大后方的武汉是他们的战略要地。太平军就直接挥师武汉，想要逼湘军回援。曾国藩此时一心想要跟太平军决战，所以他没有分兵救援湖北，反而对安庆展开了猛攻。太平军也不是吃素的，眼见湘军的首领曾国藩一副要拼命的样子，就悄悄派兵，将身在祁门的曾国藩包围了

曾国藩被困在祁门，没有一天不担心太平军突然打过来的，另外让他操心的事情还不只是太平军的问题，京城也出事了。

咸丰六年（1856年），英法联军发动第二次鸦片战争，到了咸丰十年（1860年）的时候，英法联军已经攻占了距离北京只有两百里的天津。所谓唇亡齿寒，咸丰帝赶紧出逃，并且命令曾国藩派出手下的精锐部队北上勤王。

曾国藩从个人角度来说是很不愿意去的，抽调精锐部队去勤王，那么，湘军的战斗力必定大打折扣，身边虎视眈眈的太平军不会放过这个机会。但是如果不去勤王，必定会被天下人骂作败类叛徒，两难之下曾国藩找来众幕僚一起商议。所有的幕僚都觉得应该去勤王，只有李鸿章觉得应该静观其变。

李鸿章将形势分析得非常明朗，英法联军这时候已经到了北京城下了，现在北上，恐怕赶到北京城的时候英法联军都要回家了。而且英法联军的目的和太平军是不一样的，英法联军打进京城无非是想要些金钱利益，而太平军却是想要灭亡大清，哪边更重要就不必说了吧。

曾国藩考虑了一下，觉得李鸿章说的很有道理，按照李鸿章的分析，英法联军撤退怕是用不了多久，只要拖延时间就行了。

曾国藩马上就上书给朝廷，表示北上可以啊，不过带领湘军精锐部队的将领鲍超对去京城的路不太熟啊，能不能让自己或者湘军二把手胡林翼亲自前去勤王呢？这封奏折送到京城用了半个多月，等奏折送到京城以后清政府已经和英法联军和谈结束了，北上勤王自然没有了必要。

李鸿章与曾国藩之间是一种亦师亦友的关系，两个人都是能人，因此也经常因为固执己见而发生矛盾。咸丰十年（1860 年）的时候，曾国藩将湘军总部迁往安徽祁门，这件事情遭到了李鸿章的力阻。李鸿章觉得祁门这个地方不好，虽然易守难攻，但是被人堵住家门口的时候也是跑都跑不掉，建议曾国藩换个地方。曾国藩可是不那么认为，他觉得李鸿章说祁门不好完全是因为怕死，甚至直斥李鸿章："你要是怕死，那你就回家吧。"

曾国藩执意要将湘军总部搬到祁门的事情让李鸿章十分愤怒，他还没消气，另外一件事情又来了。曾国藩有个陪他南征北战多年的好友，名叫李元度，曾国藩在最艰难的时候，都是李元度陪在他身边，曾国藩曾说永远不会忘记李元度对他的恩情。李元度这个人没有什么军事天赋，在曾国藩的推荐之下，他带兵驻防徽州。太平军进攻徽州的时候，他不听曾国藩的命令，擅自出兵迎击敌人，结果被太平军打的大败，徽州也沦陷了。

曾国藩很生气，决定要严惩李元度。他让李鸿章写奏折弹劾李元度，李鸿章不仅不肯，还带着其他的幕僚一起给李元度求情。李鸿章说："如果你要弹劾李元度，那请恕我不能起草奏折。当年老师您兵败靖港，如果不是李元度拉着您，怕是您早就跳水自杀了。"曾国藩兵败自杀未遂一直是他人生中的耻辱，现在李鸿章提起此事来，曾国藩顿时怒发冲冠，愤怒地说："你不写，我自己写。"李鸿章一直憋着气呢，看他先火了，自己也就跟着火了。

曾国藩主要是气李鸿章做事公私不分，虽然李元度从私人角度上对他有恩，但是从公家的角度来说可是犯了大错，后来果真亲自写了奏折弹劾李元度。李鸿章得知以后也是说到做到，带着一肚子气走了，找他在南昌的哥哥李瀚章去了。

李鸿章的离去让曾国藩很愤怒，曾国藩觉得李鸿章是个无情无义的人，居然在自己最艰难的时候找个借口跑了，简直不通情理。李鸿章也很愤怒，李鸿章原本觉得曾国藩是个英雄豪杰，心胸宽广，可以接受别人的意见，想不到也是个刚愎自用的人。虽然两个人吵架吵得厉害，但是冷静下来之后双方依旧互相通信，保持着起码的友谊。

回到南昌以后，李鸿章过得很不好。当时的政局十分动荡，他无处可去，无事可做，只能赋闲在家；曾国藩过得也很不好，当时将湘军总部迁往祁门时李鸿章说的话居然应验了。困境之中曾国藩数次想起李鸿章的好处来，如果当初听了李鸿章的，今天也不会遭遇如此困境了。最终曾国藩趁着太平军的一个大意，立刻带着湘军离开了祁门，这才保住一条命。

李鸿章需要曾国藩，目前他只有在曾国藩的麾下才有事情做，才能继续走上仕途，成就功名；曾国藩也同样需要李鸿章，曾国藩身边很缺少李鸿章这样得力的帮手。两人互相需要对方，但是却谁都不愿意说出口。最终还是曾国藩的另外一个弟子从中调解，李鸿章才重新返回曾国藩的麾下。

回到曾国藩麾下的李鸿章收敛了自己的脾气，开始勤勤恳恳、尽职尽责地做事。李鸿章的改变曾国藩也是看在眼里，于是花了更多的心血栽培李鸿章。在曾国藩的栽培下，无论是李鸿章的个人才能还是对政治等方面的看法都有了显著提高。

机会是留给有准备的人的，李鸿章不断提高自己，并且迎来了升迁的机会。咸丰皇帝在第二次鸦片战争时逃到了热河避难，到了热河以后就再也没有回来，病死在了热河。他的儿子载淳继位做了皇帝。载淳继位的时候只有六岁，什么都不懂，慈禧太后为了从大臣手中夺取朝政大权，联合恭亲王奕䜣发动了政变，从此开始了垂帘听政。

当时清朝的形势很不乐观，而政府又没有什么兵力，只能依靠外来的力量。曾国藩之前攻破了安庆，实力强大的湘军成了清政府唯一对抗太平军的军事力量。为了让曾国藩全力以赴地对抗太平军，慈禧太后将江苏、安徽、浙江、江西等地区统统交给曾国藩管理。曾国藩管辖的地区中，江浙的大部分还在太平天国的统治下，所以江浙地区成为湘军重点进攻的目标。

太平军丢失了安庆后，改变了战略。他们面对湘军的时候开始坚守不出，然后从东部战线攻击政府军，政府军很快就被太平军击溃了，太平军的攻势直逼上海。当时上海是清政府重要的通商口岸，也是各国租界的所在地，上海的官僚和大商人们得知太平军到来的消息，顿时慌了手脚。他们求助于各方势力，甚至病急乱投医地求助过英法联军帮忙对付太平天国。最终他们还是发现曾国藩的湘军才是最靠谱的，于是他们派出了以钱鼎铭为首的一队代表，去请曾国藩来上海。

安庆离上海距离甚远，如果分兵快速前往的话又怕削弱了湘军的势力，所以曾国藩拒绝了钱鼎铭的请求。钱鼎铭与李鸿章的父亲李文安是同年的进士，既然走不通曾国藩这条路，就去找李鸿章帮忙说情了，并且表示如果湘军去援助上海的话，上海的大商人们愿意每月拿出六十万两白银给湘军做军费。李鸿章分析了一下局势，觉得保住上海对湘军有利无害，于是就去游说曾国藩。曾国藩最后同意了派兵去援助上海的计划，也接受了每个月六十万两银子的军费。

虽然计划是定下了，那么派谁去上海好呢？曾国藩最开始是想要让自己的弟弟曾国荃去的，可惜曾国荃一心想要攻下太平天国的首都天京，对上海根本没有兴趣。曾国藩又打算派手下的老将陈士杰去，陈士杰因为要照顾老母，不能去遥远的上海。最终，这件差事就落在了李鸿章的头上。

李鸿章知道要去上海的时候非常高兴，自己终于有了出头人地的机会，证明自己已经可以独当一面了。但是李鸿章考虑到他从来没去过上海，对上海一点都不熟悉，如果到了上海招募不到士兵怎么办，于是对曾国藩提出要回安徽老家先招兵买马。

曾国藩也早就想按照湘军的模式发展一支淮军了，现在李鸿章将此事提出来，正中曾国藩的下怀。另外，他现在觉得李鸿章已经是个出色的人才了，不管是练兵还是带兵，李鸿章都绝对没问题的。于是曾国藩允许李鸿章以自己的名义前去招募士兵，而这支部队可以称为淮军。李鸿章临走之前，曾国藩将湘军中安徽籍的两个营都交给了李鸿章，这些人成了李鸿章起家的根基。

镇压太平军

　　李鸿章的朋友大多在安徽的合肥，这几年李鸿章跟着曾国藩也算是立下了不少战功，在合肥早就有一定的名气了。就在安徽合肥，李鸿章利用自己的名气和曾国藩的名义，很快就拉起了一支部队。合肥当地实力比较强大的团练也都对李鸿章闻名已久，他们也愿意听从李鸿章的调遣。其中最强的几支分别是周公山地区的张树生、张树珊兄弟，大潜山北的刘铭传，大潜山西南的唐氏兄弟，紫蓬山的周氏兄弟，除此之外，合肥附近还有一些官办的团练也前来应征。

　　李鸿章本人此时还在安庆，招募团练的事情都是他通过书信，或者派人替他联络的。有了这些实力强大的团练，李鸿章的淮军在两个月内就招募了几个营的人马。后来李鸿章觉得新建成的淮军并没有什么战斗经验，虽然人数不少，但是战斗力肯定不行。李鸿章又跟曾国藩借兵，曾国藩也不含糊，陆陆续续调了八营的人马给他，其中更有两营是曾国藩的亲兵。等到曾国藩调来的士兵到位后，淮军的人数已经多达十三个营，已经是一支强大的军队了。

　　淮军的主要组成还是原来的湘军，淮军延续了湘军的许多成规，比如湘军的工资，湘军的训练方式，湘军的武器装备等。但是淮军与湘军还有很多不同，湘军是由曾国藩创建的，曾国藩是个忠君爱国的学者，他拥护清政府，深受封建思想的制约，所以湘军选择军官的时候首先选的是科举出身，有一定功名的官员，因此这支队伍的忠君爱国思想极为浓厚，曾国藩也以忠君爱国思想作为激励士兵奋勇战斗的信条。淮军与湘军在这方面则大不一样，李鸿章虽然也是科举出身，但是他不太在意别人的出身，他更在乎的是有没有才华，够不够忠诚。所以淮军军官中什么出身的都有，比如程学启就是太平军的降将，刘铭传则是个私盐贩子。湘军与淮军最大的不同点在于湘军是听命于曾国藩的，而淮军是听命于李鸿章的，他们最大的共同点就是并不服从朝廷的调遣，只服从于曾国藩和李鸿章。

同治元年（1862 年）四月，李鸿章的淮军士兵开始分为三批，从水路出发，由安庆赶往上海。李鸿章刚刚到上海，对上海官面上的情况都不太熟悉，所以先按兵不动，打算了解上海官场的具体情况后再作打算。一段时间以后，李鸿章就明白为什么湘军中的将领都不愿意来上海了。上海官僚之间的争斗非常严重，官员们更关心自己的利益，至于上海是否会落在太平军手中，那是次要的事情。

来到上海也有一段时间了，从来没有任何一个上海官员同李鸿章商量如何消灭太平军，反而江苏巡抚薛焕开始觊觎李鸿章手中的淮军。李鸿章手中的淮军只听李鸿章的指挥，这让薛焕很不高兴，他觉得李鸿章手中握着这么一支重兵直接影响到了自己在上海的地位。薛焕和江苏知府李庆深商量了一下，决定要带着政府军跟太平军交战，让李鸿章看看自己也不是吃素的。

薛焕和李庆深搬起石头砸自己的脚，两人带领的政府军跟太平军交手后，很快就被击溃了。薛焕的部队全军覆没，李庆深本人也当了逃兵。薛焕不理智的出击给了太平军机会，太平军乘胜追击，一直追到了上海附近。薛焕没办法了，只好一改往日的嘴脸向李鸿章示好，希望李鸿章能够救他。

李鸿章看见薛焕受够了教训，准备出兵相救。就在这个时候，朝廷下了一道命令，任命李鸿章为新的江苏巡抚。李鸿章大喜过望，自己终于成为地方大员，也算是出人头地了。但是同时也感觉到担忧，毕竟太平军威胁着上海，如果上海丢了的话，自己的罪过可是比刚刚被免职的薛焕还要大。

不久，太平军将领李秀成就率领十万大军对上海进行围攻。六月份的时候，上海疫病流行，李秀成的军中很多士兵都染上了疾病，无奈之下太平军只好转攻为守，徐徐撤军。李鸿章知道以后迅速带领士兵追击太平军，淮军与太平军开始了第一次交锋。因为李鸿章治军严谨，对于手下无论官职大小、关系是否亲密，统统一视同仁，所以淮军打起仗来特别凶猛，谁都不敢当逃兵。从六月到十月，淮军把太平军打得节节败退，守住了上海。淮军刚到上海的时候，当地的守军和英法联军都嘲笑衣衫破烂的淮军是一支乞丐军。几次胜利以后，人人都对这支穿得破破烂烂的淮军刮目相看了，李鸿章也借着这几次的胜利威名远扬，在上海站稳了脚跟。

原来太平军要打上海的时候，上海是一块烫手的山芋，现在太平军被打败了，上海又成了一块人人想要的香饽饽。富裕的上海可以为军队提供充足的军饷，所以曾国藩也看上了上海这个地方，希望由湘军来管辖上海，而不是李鸿章的淮军。李鸿章也知道上海钱多，所以他舍不得将上海拱手让给曾国藩。他又是给曾国藩写信，又是给朝廷上奏折，据理力争，最终还是保住了他在上海的管辖权。

尽管李鸿章管辖上海是名正言顺的，不过知恩图报的他还是从上海的税收中拿出一部分作为湘军的军饷。曾国藩并不满足于李鸿章所提供的刚好够数的军饷，他希望李鸿章能提供更多的军费。李鸿章知道是曾国藩举荐自己做江苏巡抚的，为了报答曾国藩，半年之内又为他筹集了九万两军饷。

　　李鸿章成了江苏地面上的主人，为了保证淮军的发展，他绝对不能容忍江苏省中存在种种问题，于是他进行了一系列的改革行动。

　　李鸿章首先要做的就是肃清官场，整顿吏治。江苏省的官员腐败到了极点，其中最最腐败的就是上海的官员。为了敛财，上海官吏互相勾结，官吏和商人也互相勾结，地方官员的关系盘根错节，形成了一个巨大的利益网络。李鸿章明白想要整顿江苏的官场也不是一朝一夕可以做到的，于是李鸿章先从招揽人才开始。李鸿章招揽人才不讲求出身，不讲求品德，只讲求能力，很快，他就在自己的身边聚集了一批各式各样的人才。这些人作为李鸿章的幕僚，撑起了淮军的局面。

　　在经济方面，江苏饱受战争的摧残，地方百姓生活十分贫困，还有大批无家可归的流民。李鸿章为了恢复经济，免费给农民发放种子，并且借耕牛给农民，拨出一部分税收来补贴农民，他认为只要农业经济恢复，其他的情况也会渐渐好起来。

　　在教育方面，李鸿章在苏州兴建了两个书院用来培育人才，科举考试也为上海和上海周边的地区增加了乡试名额。

　　外交方面，李鸿章主动与英法联军交好，英法联军也十分佩服李鸿章，还有他率领那支淮军。就这样，李鸿章的淮军和英法联军成了共同对抗太平军的合作伙伴。

李鸿章的种种措施让他的实力急剧增加，手握重兵的他已经成了与曾国藩平起平坐的封疆大吏了。

现在李鸿章要兵有兵，要钱有钱，那么剿灭太平军就成了李鸿章现在的首要任务，他可舍不得自己苦心经营的江苏一个不小心拱手送给太平军。此时淮军的实力已经增强了许多，而淮军又有英法联军作为盟友，再加上李鸿章还收买了不少太平军将领作为内应，里应外合之下李鸿章多次打败太平军，收复了江苏的大部分地区，最后连太平天国首都天京的门户苏州也被他打了下来。苏州被打了下来，太平军拥有的重要据点只剩下天京了。淮军主动出击，一个一个击破了天京周围的城市，将天京团团包围，准备给太平天国致命一击。

攻打天京的主力是曾国藩的湘军，打了两年多还没有什么成果。朝廷对湘军的表现很失望，于是将希望寄托在李鸿章的淮军之上，让李鸿章派兵前往天京支援湘军。对于朝廷的命令，李鸿章感觉很为难。率领湘军进攻南京的是曾国藩的弟弟曾国荃，曾国荃这个人头脑比较简单，又与李鸿章有过矛盾，当他听说朝廷让李鸿章派兵支援他的时候，他马上就以为是李鸿章要来抢他的功劳。李鸿章也知道朝廷的命令会让他得罪曾国荃，于是李鸿章只是象征性地派了两营的人马前往天京支援。

不久，李鸿章又因为曾国荃不停地催他发放粮饷，两人在调用人才的事情上有不同意见，和曾国荃的关系越来越僵。李鸿章为了消除曾国荃的戒心，干脆装起病来，带着淮军在苏州一动也不动。李鸿章还给曾国荃写信，说自己要南下肃清浙江的太平军。结果这件事又引起了湘军另一位领袖左宗棠的不满，左宗棠是闽浙总督，浙江是他的地盘，李鸿章这一行为在左宗棠眼里也是要来抢功劳的。

曾国荃久攻天京不下，清政府又催促李鸿章，让他赶紧率领淮军攻破天京。李鸿章无奈之下只好写信告诉曾国藩赶紧行动，他不能再按兵不动了。终于在七月十九日的时候，曾国荃用炸药炸毁了天京的城墙，拿下了天京。功劳到手了，曾国藩和曾国荃哥俩的面子和功劳也保住了。曾国藩激动地告诉李鸿章："我弟弟的面子全靠你才保下了，真是太感谢你了。"

从这件事情上可以看出李鸿章做事并不贪功，懂得牺牲小的利益来维护全局的秩序，颇有大将之风。清政府在彻底镇压了太平天国运动后，论功行赏的时候，李鸿章晋升为一等毅伯爵。

太平军大致已经被剿灭，但是大清的形势并不稳定。北方还有大量的捻军在活动，南方还有不少太平军的残部，而西北的少数民族也在不停地起义。经过太平天国运动，清政府本身的实力已经处在岌岌可危的地步了。曾国藩、李鸿章、左宗棠等汉族地主和他们的武装成了清政府最大的倚仗。清政府需要这些汉族官员来维护统治，但是又怕这些汉族官员势力太大，将来难以控制。尤其是曾国藩，太平天国运动结束后，湘军已经有十多万人了，而且曾国藩管辖的地区有江苏、浙江、安徽和江西，几乎快有大清朝的半壁江山那么多。慈禧此时唯一能够想到限制曾国藩的办法就是利用李鸿章，让他们互相制衡，达到一种微妙的平衡。

曾国藩很快就看出来了，慈禧对他的实力太大而感到担心，他主动提出湘军人数太多，人员构成冗杂，需要进行裁军。裁军过后，曾国藩的湘军和李鸿章的淮军在实力上也达到了平衡，慈禧心中的大石也算是落地了。曾国藩主动裁军又给李鸿章上了一课，李鸿章非常佩服曾国藩居然能将慈禧的意思看得如此透彻，也更加深刻地理解了权势到底是个什么东西。

一波未平，一波又起。太平军的残部还没有彻底消灭，捻军又在山东兴起。本来就不多的清军在山东遭到了毁灭性的打击，甚至连蒙古亲王僧格林沁都战死在沙场上。这个时候曾国藩刚刚给湘军进行了裁军，慈禧太后选择了实力看上去更强的淮军作为依靠。于是慈禧太后下令让两江总督曾国藩作为钦差大臣，北上监督剿灭捻军的事宜。而李鸿章则以江苏巡抚的身份暂时代理两江总督的职务。两江总督对于李鸿章来说是个巨大的诱惑，为了让曾国藩赶紧去剿捻，好把两江总督的位置给他让出来，他给曾国藩派出了 33 个营的淮军，后来又追加了 10 个营的精锐部队。

让曾国藩带领李鸿章的淮军去剿捻，这可是给曾国藩出了个很大的难题。淮军将领只听从李鸿章一个人的指挥，曾国藩每次下达完命令以后根本没有人执行，军官们凡事都要先请示李鸿章，然后才能行动。李鸿章在淮军之中有绝对的威望，因此也没有给自己的老师太多面子，想怎么指挥还是怎么指挥。毕竟湘军已经不是过去的湘军了，曾国藩有气也只能往自己肚子里吞。

在无法指挥淮军的情况下，曾国藩剿捻没有悬念地失败了，而实力大大被削弱的湘军更是数次被捻军击败。面对如此严峻的形势，曾国藩急得病倒了。为了打开局面，他主动给朝廷写了一封请罪书，并且希望朝廷能够派李鸿章前来帮忙，毕竟只有李鸿章才能指挥淮军。清政府做出的决定十分痛快，根本没有给曾国藩留任何面子，直接召回了曾国藩，任命李鸿章为新的剿捻钦差，全面接替曾国藩的职务。曾国藩觉得自己面子挂不住了，给朝廷递了一封奏折，以稳定军心为由，希望可以不离开剿捻前线。但是清政府根本没有顾及曾国藩的面子，强硬将他调回了两江。

被任命为剿捻钦差大臣的李鸿章十分得意，本来他就没有把捻军放在眼里，他认为剿灭捻军就是白送给他的功劳。轻敌的下场是十分可怕的，不久以后，把游击战当作主要战术的捻军就让李鸿章吃了四次败仗。捻军人数虽少，但是胜在灵活，他们打起游击战来，湘军、淮军只能被牵着鼻子走。捻军各部之间也是非常团结，他们配合密切，互相帮助。淮军各将领一直是各自为战，导致淮军虽然数量和武器上都占有绝对优势，但却一直在打败仗。

受到教训的李鸿章收起了轻视之心，他重新改编了淮军，并且增加了大量的骑兵，骑兵主要是针对捻军数量众多并且骑术精湛的骑兵。

在战略上，李鸿章将东西两部分捻军分割开来，不让被分割在东部的捻军与西部的大部队会师，然后又收买了捻军中的小头目，分别刺杀了东捻军的两位领袖。蛇无头不行，失去了领袖的东捻军很快就被李鸿章消灭了。李鸿章为朝廷立下了赫赫战功，但是朝廷却不想再让李鸿章的势力扩大，所以吝惜对李鸿章和他手下的奖赏。东捻军被基本消灭了，西捻军却依然活跃，西捻军为了拯救东捻军，进攻河北来逼迫淮军分兵。

清政府已经抽不出什么人来防御离京城很近的河北了，只好下圣旨叫淮军来京城救援。但是因为朝廷吝惜奖赏，淮军将领都不愿意北上救驾。因为救驾不利，李鸿章被削去了刚刚得到的世袭骑都尉。这件事情让淮军将领们非常不满，许多将领表示要率军北上，打进京城，李鸿章花了好大的力气才把他们安抚好。

在如何剿灭西捻军的问题上，李鸿章和左宗棠争执了起来。李鸿章觉得应该固守运河，再徐而图之，左宗棠则认为被动挨打不是个办法，应该主动出击，追着捻军的屁股打。两人闹不和，被西捻军的首领张宗禹钻了空子，一路打到天津。李鸿章和左宗棠因为战场失利，两人都受到了连降官职两级的处罚。受到处罚以后，李鸿章和左宗棠才团结起来，靠着湘军、淮军人数众多，决定两个方案一起执行，一边追剿捻军，一边防守运河。

同治七年（1868 年），张宗禹被淮军围困在山东茌平县，最终兵败身死，西捻军就这样被彻底剿灭了。

李鸿章剿灭西捻军的功劳朝廷总不能不赏了，他被封为协办大学士，李鸿章的部下也都得到了封赏。大学士已经是清朝文官中最大的官职了，成为大学士就算是走上了大清官场的巅峰，从此李鸿章成了大清官场上不可或缺的人物。

第二章
宦海沉浮

　　面对西方列强的侵略，李鸿章想要通过洋务运动拯救大清于水火之中。无奈朝中的传统势力太过强大，李鸿章种种的改革计划并没有得以实施。洋务运动虽然为当时的清朝打开了一扇新的大门，但是这扇通往富强的大门却只打开了一条小缝，并不足以让庞大、臃肿的清朝通过。最终，在甲午海战中，李鸿章苦心经营的北洋水师全军覆没，李鸿章彻底失去了朝廷的信任。

弱国无外交

　　李鸿章剿灭捻军以后，在朝廷中的地位一举超越了他的恩师曾国藩，但是他也遭遇了跟曾国藩同样尴尬的境地。清政府对李鸿章也是又敬又怕，李鸿章为了避免清政府的猜忌，主动向曾国藩学习，进行了裁军。裁去了部分老弱病残的兵员，保留的全部都是淮军的精锐，但是淮军的粮饷却没有减少，所以裁军只是让朝廷宽心的一种策略，实际上淮军的实力并没有什么损失。

同治九年（1870年），李鸿章被清政府授予直隶总督的位置。直隶在什么地方呢？直隶就是今天的北京、天津、河北加上河南和山东一小部分。当官自然是天子脚下的官最大，所以直隶总督也是所有封疆大吏中权力最大的。

权力大了，责任也重了。当上直隶总督的李鸿章整天忙得脚不沾地，不管是吏治还是民政或者是防务问题，都要由他亲自处理。李鸿章是个好官，也懂得爱惜百姓，同治十年（1871年）直隶发洪水的时候，李鸿章又要忙着救灾，又要忙着向朝廷申请钱粮，累得筋疲力尽。后来加在李鸿章身上的任务更重了，朝廷撤销了三口通商大臣，原本三口通商大臣的职务由直隶总督兼办，同时李鸿章又兼任了北洋大臣，要处理发展洋务和海防的事情。

就这样忙忙碌碌的，很快就过了半年时间。到了同治十一年（1872年）三月的时候，李鸿章接到了曾国藩病逝的消息。曾国藩因为天津教案被百官指责为卖国贼，给他的打击实在太大了，曾国藩是个特别在意自己名声和品德的人，临死之前还对这件事情念念不忘。

曾国藩的离世让李鸿章深受打击，刚接到信的时候他就哭晕了数次，感觉到了深深的迷茫。老师走了，还有谁能够继续为他在仕途上、在人生的路途上领路呢？曾国藩去世以后，恭亲王奕䜣也因为权势太大，被慈禧太后刻意压制了。曾国藩是李鸿章的领路人，奕䜣则是李鸿章的保护人。现在李鸿章再也没有可以依靠的人，他觉得迷茫、悲伤、痛苦，但是他也知道如果自己稍有不慎，就会被慈禧打压住。

李鸿章此后的主要任务都是跟洋人打交道，对于洋人，曾国藩曾经告诉过李鸿章，要以诚相待，而李鸿章却偏偏按照自己的方法取得了成功。其实说起来，李鸿章跟洋人打交道可是比曾国藩要早得多。

早在同治元年（1862年），李鸿章率兵援助上海，镇压太平天国的时候，他就看透了洋人的嘴脸。当时上海除了李鸿章的淮军之外，还有一支由外国人带领的、清政府出资雇佣的常胜军。这支常胜军的首领是美国人华尔，华尔这个人称不上是什么将军，只能说是个厉害点的美国流氓，经常因为缺少军饷纵容士兵抢劫商铺。后来，华尔在与太平军的战斗中被击毙，继任华尔职位的是英国人白齐文。死了个美国流氓，又来了个英国流氓，白齐文这个人也是特别差劲，李鸿章非常瞧不起他。

对于李鸿章来说，这支军队是清政府雇佣的，就应该由中国人调遣，所以李鸿章要求白齐文服从他的命令。他派白齐文去天京援助湘军，英国流氓白齐文根本就没搭理他。对于李鸿章处处限制他的权力，白齐文恨得牙根痒痒，但是李鸿章是封疆大吏，白齐文斗不过李鸿章，就把气撒在了松江道台杨坊身上。他到了杨坊家里，抢走了杨坊家中的四万两白银，并且毒打了杨坊。做完这些事情后，就大摇大摆地跑回英国军队去了。

白齐文不听李鸿章的指挥去援助湘军，曾国藩没说什么，李鸿章也就想让这件事情过去。但是白齐文毒打杨坊，并且实施抢劫的行为让李鸿章非常生气，他命令手下必须捉到白齐文，并且要拿到常胜军的指挥权。

英国军队觉得得罪了李鸿章这位清朝大官没什么好处，把白齐文交出去是正确的选择，但是英国驻华海军司令迪佛立与白齐文是很要好的朋友，他坚决不肯将白齐文交给李鸿章。李鸿章趁此机会提出常胜军不可一日没有首领，想要收回常胜军的兵权。英国人当然不会同意将常胜军拱手让人，于是厚着脸皮任命戈登为常胜军的新首领。

李鸿章通过英国政府的这个决定明白了这支常胜军对于英国政府的重要性，他们是绝对不会放弃的，于是李鸿章决定曲线控制常胜军。他对戈登曲意逢迎，这让戈登觉得很有面子，他甚至写信回英国，告诉英国政府说李鸿章是中国最伟大的军事家、政治家。之后李鸿章与戈登一直保持着良好的关系，除了中间关于苏州杀俘的事情有过小小的争执。

当时太平天国的八个小头目与戈登达成了秘密协议，愿意投降清政府。但是李鸿章觉得这些人没什么本事，又不忠心，难堪大用，于是就将他们处死了。戈登觉得自己劝降了太平天国的头目，应该奖赏，当他知道李鸿章将这些人杀死的时候，他感觉自己挨了李鸿章狠狠的一个耳光。戈登一气之下拿出手枪去找李鸿章，要跟他拼命，并且还上书清政府，要求李鸿章辞职，不然就要率领常胜军把淮军打下来的地方还给太平军。后来经过双方的调解，戈登原谅了李鸿章，二人和好如初。

同治二年（1863 年），李鸿章率领淮军攻打常州，常州的太平军将领死守城门，拒不投降，这让李鸿章很头疼。李鸿章利用自己的关系找来戈登，借助常胜军的大炮轰开了常州的城门，戈登率领常胜军协助李鸿章的淮军收复了常州。虽然戈登立下了功劳，但是他的这次行动却没有征得英国官方的同意。英国政府觉得这支常胜军已经脱离了自己的控制，于是提议解散常胜军。

解散常胜军的意见正中李鸿章的下怀，所以等到他得知英国政府同意后，马上就宣布解散常胜军。李鸿章的行为让英国人很不满意，英国人觉得解散常胜军只有英国人发布命令才有效，李鸿章的命令是无效的。李鸿章这就开始着急了，好不容易他才等来了这个机会，如果再有什么反复，恐怕解散常胜军就遥遥无期了。于是李鸿章开始游说戈登，他抓住戈登很重视名声这个特点，跟他说常胜军现在名声很差，而且白齐文这种败类更是层出不穷，常胜军往难听了说就是个流氓团伙，赶紧解散了吧。戈登被他说服了，为了保住自己的名誉，他同意解散常胜军，拿着李鸿章给的十九万两白银作为遣散费，回英国了。

李鸿章促成了常胜军的解散，这件事情让清政府的官员认为李鸿章对付洋人颇有一套，以至于后来秘鲁华人劳工的权益问题，都是派李鸿章解决的。

鸦片战争以后，西方帝国主义国家入侵了原本平静的中国，为了谋取利益，资本家们肆意的从沿海地区劫掠百姓卖到世界各地充当劳工。名义上虽然是劳工，但是他们的待遇非常低下，工作环境又极其恶劣，人身自由和财产不受侵犯的基本权利都没有，跟奴隶没什么两样。

秘鲁当时是世界上最大的硝石出口国之一，需要大量的工人来挖掘硝石。1854 年，秘鲁颁布了解放黑奴的法令，一时之间劳动力极为短缺。为了保持的工厂能够正常运作，秘鲁开始鼓励掠夺中国人充当劳动力，人贩子更加肆无忌惮地将中国人掠夺到秘鲁。

在秘鲁，中国工人受到了十分残酷的待遇，死亡率高达 90%。而当时秘鲁的中国劳工人数已经超过了 10 万。在同治八年（1869 年）和同治十年（1871 年）的时候，秘鲁的华工联名给清政府负责外务的总理衙门写信，诉说了他们在秘鲁遭受的非人折磨，希望清政府能够给予他们帮助。这件事情引起了李鸿章的重视，他觉得政府应该帮助这些华工，不然在秘鲁的华工就会一直受到侵害。

同治十二年（1873年），秘鲁负责招工的大使葛尔西耶来到了中国，在英法等国的支持下，秘鲁资方狮子大开口，希望能够同清政府谈判，将买卖华工这件事情合法化。清政府就算再腐败无能，也不会同意这样的事情，于是葛尔西耶与李鸿章在天津展开了旷日持久的谈判。

　　李鸿章想要制定一个正式的招工章程，而葛尔西耶却表示华工在秘鲁已经受到了很好的保护，并不需要正式的招工章程。李鸿章一怒之下拿出了华工联名写的信，怒斥葛尔西耶，要求秘鲁将被拐走的10万华工无条件送回，并且以后不得肆意掳走中国人充当华工。葛尔西耶仗着有英法等国撑腰，根本没把李鸿章放在眼里，但是当他数次受到李鸿章的严词拒绝后，开始威胁李鸿章，要各国公使一起逼清政府就范。

　　各国公使打着调停的旗号，纷纷跳出来，偏向秘鲁说话，但是，李鸿章没有低头，他怒斥英国使者，向他们展示了清政府绝不低头的决心。葛尔西耶没了办法，最后只能在同治十三年（1874年）回到天津跟李鸿章再次谈判。李鸿章的据理力争，在同治十三年（1874年），清政府与秘鲁签订了《中秘查办华工专条》和《中秘友好通商条约》等19款条约。

　　签约后不久，李鸿章就秘密派人到古巴和秘鲁对条约实施的情况进行跟进调查。到了年底，调查结果交到了李鸿章手上。这份报告可把李鸿章给气坏了，华工在秘鲁的待遇比黑人还要惨，他们每天被迫从事非常繁重的劳动，而且经常被毒打，许多华工因受不了虐待而自杀。这份报告充分证明了清政府和秘鲁签订的条约对于秘鲁来说只是一纸空文。

　　光绪元年（1875年），秘鲁大使勒莫尔来到中国进行换约，只有中秘双方政府交换了获得认可的条约，这些条约才能生效。李鸿章刚刚见到勒莫尔，就拿出了秘鲁言而无信违反条约的证据，对勒莫尔进行了严厉的指责。他要求秘鲁大使就履行条约、保护华工这件事情做出书面保证，秘鲁大使拒绝了。愤怒的李鸿章拒绝再与秘鲁大使谈判，他派出自己的门生丁日昌作为谈判的主要人选，自己则在背后指挥。

最后李鸿章以暂缓批准中秘友好条约和将秘鲁违约虐待华工的事情公之于众为威胁，逼迫秘鲁大使承认华工在秘鲁受到了不公正的待遇，并且发布了官方声明，保证在秘华工人身和财产方面的安全。

《中秘查办华工专条》是中国近代第一个保护侨民的条约，这个条约中凝结了李鸿章无数的心血。在长期的辩论中，李鸿章付出了不懈的努力，最终为华工争取到了合法的地位和利益。在保护华工这件事情上，李鸿章是首倡者，也是推动者，他所付出的努力至今仍然值得铭记。

洋务运动

鸦片战争以后，西方列强用坚船利炮打破了清政府天朝上国的幻想。西方列强之所以船坚炮利，主要是因为工业革命带来的生产力飞速发展。清朝官员们不都是抱着陈腐思想的传统官员，一大批有着先进思想的官员已经认清了中西方的巨大差距，并且认为只有学习西方的先进技术和思想才能改变清朝落后的情况。这些有识之士中的领军人物就是李鸿章。

李鸿章认识到西方火器的威力还是在镇压太平天国的时候，当时跟淮军一起作战的常胜军有一支强大的火枪队，李鸿章见识了火器的厉害，所以给淮军也配备了不少先进的枪炮。李鸿章还创办了一批近代的军事工业，他明白至少要在武器上自给自足，国家才能强大起来。

李鸿章刚刚到达上海的时候，他着重考察了租界中外国人的生活方式。外国人的生活方式跟中国人的生活方式有着很大的不同，洋人们无忧无虑、悠闲轻松的生活方式给李鸿章留下了深刻的印象，他意识到只有国家先富起来，人民的思想才会进步，素质才能提高，国家才能强大起来。中国的改革，已经到了势在必行的时候。

通过与洋人交朋友，李鸿章了解到了国外的许多事情。他发现西方国家并不是中国人心中所想的那样蛮荒，洋人也不是什么没开化的野人。西方国家经济富裕，军事强大，政治先进。他还了解到西方国家之所以强大，是因为在清朝闭关锁国的时候，西方发生了工业革命，工业革命的基础和命脉就是煤、钢铁和交通。

在李鸿章递给朝廷关于海防措施的奏折中，他提出了自己关于西方列强的观点。他认为清政府的统治已经到了生死存亡的危急关头，西方列强随时可能对中国发动侵略。清政府没有先进的武器，也没有先进的技术，根本无法形成有效的抵抗。因此，李鸿章在奏折中要求清政府加强海防，以新式的教育改变科举制度，发展属于中国的军工产业。

李鸿章的观点在朝中引起了强烈反响，保守派的官员认为李鸿章是不是脑子坏了，他们还沉浸在天朝上国的幻想中，认为李鸿章不过是在杞人忧天。大清朝康熙帝南征北战，罕有敌手，中原地大物博，乃是礼仪之邦，怎么可能去学那些蛮夷国家，他们的思想根本就是无君无父的野蛮思想，更是要摒弃掉。

对于这种情况，李鸿章觉得非常无奈，他觉得只有变法才能改变已经发现清政府十分的软弱可欺。而清政府没有说明琉球是中国属国的问题，也为日本以后吞并琉球国落下了口实。

日本侵占台湾的事情引起了清政府的注意，海防究竟有多重要也成为了朝堂之上辩论的焦点。李鸿章为总理衙门写了数万字的《筹议海防折》，建议成立南洋、东洋、北洋三支水师用来巩固海防。左宗棠则提出了不同的意见，左宗棠认为成立三支水师，很容易造成意见不同难以领导的情况，同时左宗棠认为不仅是海防，西北部的新疆叛乱也是亟待解决的事情。李鸿章觉得中国目前的主要敌人是外国列强，海防才是最主要的，新疆可以暂时放弃。

最终，总理衙门给出的答案是两者都很重要，并且两者都要重视。李鸿章被派去负责海军防务，左宗棠则主要负责西北新疆的收复工作。左宗棠私下向总理衙门表示了自己的观点，他认为现在中国的主要任务应该是西征，收复新疆，如果西北不稳，那么北方的俄国必定也会趁此机会威胁中国。西方列强与中国并无领土接壤，让他们几分利益又何妨，他们又不能让大清亡国。当时清政府的财政已经到了捉襟见肘的地步，左宗棠的意见得到了总理衙门的赞成，所以主要财力就都放在了左宗棠的西征上。

虽然没有得到清政府的全力支持，李鸿章在出任海军大臣这一期间还是做了很多事情。他开办了水师学堂，建立了大沽口、旅顺口、威海卫等海军基地。

李鸿章为建设海军防线尽了最大的努力，无奈清政府不肯在海防上投入太多，海军的实力一直无法强大起来。但不久以后发生的一件事情就让清政府了解到了海军的重要性。

系列措施为中国军工产业的起步期到了促进作用，也为国防起到了积极的作用。

国家要富强才能不被欺负，军事工业主要是让国家变强，但是国家想要真正富强起来，还需要充足的经济基础，所以李鸿章兴办了许多民用工业。

工业革命是以煤炭为食粮，钢铁为骨架，机械为力量的。中国地大物博，资源并不匮乏，主要是缺少现代化的机械。李鸿章发展洋务主要的目的就是为了清政府能够富强起来，所以首先要能生产先进的武器，要为武器生产服务。李鸿章数次对总理衙门提出要兴办造船厂，现代化的造船厂可以大大地增加清政府的海防力量。但是兴办造船厂缺少必要的机器设备，李鸿章反复计算，发现找洋商帮忙从国外带机器过来，成本极高。派人去机器厂学习如何制造机器，时间又太长，还是直接收购一家制造机器的工厂来得最快。最终李鸿章委托丁日昌收购了上海虹口美商旗记铁厂。

除了围绕军工产业的民用企业外，李鸿章还开办了其他能够赚钱的企业。开平煤矿局、上海机器布局都是李鸿章创办的。另外，中国的电报和铁路也是李鸿章最先创办的。这些产业每年会带来几千万两白银的收入，利润也达到了几百万两。这种一边赚钱一边发展军工的模式是李鸿章走在其他洋务派前面的原因，曾国藩、左宗棠虽然也热衷于洋务运动，但是更多的心思都放在了军工产业上，没有达到李鸿章所获得的成就。

随着军工企业和民用企业的发展，李鸿章觉得培养新一代的人才，让他们懂得西方的先进技术已经迫在眉睫了，只培养写八股文人才的科举必须要改变。

朝廷之中大多数官员还是信奉儒家思想的，所以一下子改变科举制度肯定不行，他只能一步步地发展新的学科。李鸿章不顾政府的反对，成立了洋学校，主要教授一些来自西方的实用科学技术。但是因为学习西方学科并不能参加科举，所以来学习的人很少。

光绪十四年（1888年）时，在李鸿章的努力下，朝廷终于愿意给学习西学的学生机会，李鸿章开办的数家洋学校的学生都以西学参加了科举。这次科举也是中国首次让西学和中学一起考试，给予大家平等的机会。

毕竟中国的科技起步比较晚，西学的各学科也很少有名师可以教很高级的知识。李鸿章为了培养出人才，还试图将一些聪明的学生送出外国留学，可惜遭到了清政府的反对，第一次选派留学生的计划落空了。后来经过李鸿章的不懈努力，留学的事情终于成行，并且引起了一股留学潮流。在头几批留学生中，涌现出铁路工程专家詹天佑、外交人才唐绍仪，还有学者辜鸿铭等人才，留学潮流也让顽固守旧的传统官员认识到学习洋务的潮流是不可阻挡的。

日本经过明治维新以后，渐渐富强起来。看着西方列强在中国获得了大量的财富，日本也不甘寂寞，想要来分一杯羹。同治九年（1870年），日本派出外务大臣柳原前光来中国进行试探，看看日本有无可能像西方列强一样在中国获利。李鸿章友好地接待了柳原前光，李鸿章希望中日两国能够站在共同的立场上，联手对付西方列强的侵略。日本方面可不是这么想的，日本人狂妄地想要在中国获得跟英法等国同样的待遇，他们要求中国对日本开放内地通商，并且享受最惠国待遇。

本以为有着共同遭遇的日本会是潜在的盟友，但最后却发现日本不过是一头还没有长大的恶狼。李鸿章拒绝了日本的要求，日本当时还没有实力对中国进行入侵，最后双方签订了《中日修好条规》和《通商章程》，条约规定双方可以在各自指定的通商口岸进行贸易，尊重对方的领土主权，彼此互不侵犯，并且在一方遭受他国侵略的时候，另一方有义务给予对方帮助。这些条约的签订在明面上粉碎了日本妄图想要在中国与西方列强利益均沾的幻想，并且在表面上建立了一个有利于抵抗西方侵略的东方阵线。

日本在明处没有获得任何好处，开始从暗处寻求利益。同治十一年（1872年）时，琉球国的船只曾被飓风吹到了台湾，当时的中国台湾原住民误以为是敌人入侵，杀害了50余名船员。琉球本是中国的属国，这件事情根本与日本无关，但是日本政府谎称琉球是日本的领土，要求清政府交出台湾作为赔偿。外务大臣柳原前光再次来到中国，他知道李鸿章是不好对付的，于是绕过李鸿章，直接去总理衙门提出要求。总理衙门的态度虽然没有李鸿章那般强硬，但同样拒绝了日本的要求。

同治十三年（1874年），日本见无法要挟清政府就范，干脆动用武力。在美国的帮助下，日本出兵占领了中国台湾的东部琅峤。英国政府对美日这种吃独食的做法非常不满，一面在国际上提出抗议，一面将此事告知了清政府。清政府派福州船政大臣沈葆桢为钦差，淮军将领刘铭传和法国人意日格为助手，带领万余士兵前往台湾。日本由于兵力不足，于是和清政府谈判，提出如果赔偿白银二百万两，日本就可以从中国台湾撤军。日本的要求再次遭到了李鸿章的拒绝，外务大臣柳原前光也被李鸿章痛骂之后夹着尾巴回了日本。

最终，在西方列强的调解下，中日签订了《北京条约》，赔偿了日本五十万两白银。五十万两白银虽然不多，但是经过这件事情，日本已经发现清政府十分的软弱可欺。而清政府没有说明琉球是中国属国的问题，也为日本以后吞并琉球国落下了口实。

日本侵占台湾的事情引起了清政府的注意，海防究竟有多重要也成为了朝堂之上辩论的焦点。李鸿章为总理衙门写了数万字的《筹议海防折》，建议成立南洋、东洋、北洋三支水师用来巩固海防。左宗棠则提出了不同的意见，左宗棠认为成立三支水师，很容易造成意见不同难以领导的情况，同时左宗棠认为不仅是海防，西北部的新疆叛乱也是亟待解决的事情。李鸿章觉得中国目前的主要敌人是外国列强，海防才是最主要的，新疆可以暂时放弃。

最终，总理衙门给出的答案是两者都很重要，并且两者都要重视。李鸿章被派去负责海军防务，左宗棠则主要负责西北新疆的收复工作。左宗棠私下向总理衙门表示了自己的观点，他认为现在中国的主要任务应该是西征，收复新疆，如果西北不稳，那么北方的俄国必定也会趁此机会威胁中国。西方列强与中国并无领土接壤，让他们几分利益又何妨，他们又不能让大清亡国。当时清政府的财政已经到了捉襟见肘的地步，左宗棠的意见得到了总理衙门的赞成，所以主要财力就都放在了左宗棠的西征上。

虽然没有得到清政府的全力支持，李鸿章在出任海军大臣这一期间还是做了很多事情。他开办了水师学堂，建立了大沽口、旅顺口、威海卫等海军基地。

李鸿章为建设海军防线尽了最大的努力，无奈清政府不肯在海防上投入太多，海军的实力一直无法强大起来。但不久以后发生的一件事情就让清政府了解到了海军的重要性。

甲午战争

　　日本不能正面从中国获得好处，开始将目光瞄上了中国的属国，日本的第一个目标就是朝鲜。自古以来朝鲜就是中国的属国，两国之间关系一直很好，而且朝鲜离北京很近，一直是作为中国的第一道防线。

　　日本早在18世纪60年代就开始了与朝鲜的往来，刚开始的时候，日本使臣是抱着和朝鲜建立友好外交关系的想法来到朝鲜的。日本在呈给朝鲜国王的国书中提到了日本的皇上——明治天皇。但是作为大清的属国，朝鲜只承认大清的皇上，其他国家的皇上朝鲜一概不接受。过去两国也有过交往的文书，但是日本在这些文书中从来没有提过皇上的事情。朝鲜人拒绝了接受日本这份国书，也不愿意接待日本使臣。在数次要求遭到拒绝后，日本开始出现叫嚣着要入侵朝鲜的强硬气势。

　　就在光绪元年（1875年），日本海军少佐井上良馨率领舰队来到朝鲜江华岛，测量地形以方便发动战争。朝鲜军队发现了来岛上取淡水的日本士兵，进而发现日本的军舰侵入了朝鲜境内。朝鲜军队发射大炮警告日本人，但是遭到了日本人的还击，并且攻入了江华城内，杀死了大量的朝鲜军民。

　　江华岛事件为日本侵占朝鲜提供了借口，日本舰队回国后，发布了大量扭曲事实的消息，请求日本政府再次对朝鲜出兵。日本政府很谨慎地派遣使臣分别前往朝鲜和中国，一边交涉江华岛事件的解决方法，一边试探清政府的态度。

日本使臣和中国外交官就中国是否为朝鲜宗主国的问题上发生了激烈的争论，这次李鸿章并没有出手，他觉得中国此时强敌环伺，不适合再卷进朝鲜和日本的纠纷之中，于是希望朝鲜能够息事宁人，对日本开放通商口岸，但是又要求日本必须要承认中国是朝鲜宗主国的地位。

光绪二年（1876年），朝鲜背着清政府与日本签订了《江华条约》。条约中规定了朝鲜对日本开放通商口岸的事宜，并且确认朝鲜是个有自主权的国家，并不是清政府的藩属国。清政府没有对此事发表抗议，认为朝鲜为中国的藩属国是中国和朝鲜之间的事情，日本不认同也没关系。但是这样就给了日本可乘之机，之后日本不停地侵略朝鲜，所有的谈判也都是绕过清政府，直接同朝鲜进行的。

光绪七年（1881年），美国派出使臣来通过谈判，希望能够与朝鲜签订通商条约。李鸿章积极促成了这件事情，因为有美国的插手，日本就不好光明正大地侵略朝鲜了。随后英、法、德、意等国也纷纷同朝鲜签约，各国的驻华公使就又多了负责朝鲜外交事务的工作，这也从某种意义上肯定了朝鲜是中国藩属国的地位。

光绪八年（1882年），李鸿章的母亲去世了，李鸿章回老家为母亲守孝。就在这个时候，朝鲜军民因为不堪日本人的压迫，发动了"壬午兵变"，冲入日本使馆杀死了几名日本官员，并且冲入皇宫，亲日的朝鲜国王被吓得逃离皇宫，朝鲜大院君李应借机掌握了朝鲜政权。

兵变发生后，日本马上加快了对朝鲜的侵略，日本派出了一支舰队武力威胁朝鲜，逼迫朝鲜政府割地赔款。面对这种情况，李鸿章马上派出一队淮军进驻朝鲜，以保证朝鲜政府不会在日本的武力下屈服。

结果淮军比日本舰队早一步到达了朝鲜，破坏了日本的计划。最终朝鲜政府只答应了赔款和允许日本使馆驻兵保护的要求。

中国和日本在这件事情上开始较量，李鸿章看见了日本想要吞并朝鲜的狼子野心，从而增加了对朝鲜的支持，借以强化对朝鲜的掌控。而日本也发现了中国在朝鲜问题上的强硬态度，暂时停止了侵略朝鲜的步伐，开始拼命地鼓动朝鲜政府独立，愿意给予朝鲜支持。如果朝鲜独立了，那么日本侵略朝鲜将变得名正言顺，清政府则不好插手了。

光绪十年（1884 年）十二月，在日本的暗中支持下，朝鲜的亲日派发动了"甲申政变"，他们进入皇宫，绑架了亲中朝鲜国王李熙，准备扶植李熙年幼的儿子继位，以控制朝鲜政局。驻扎在朝鲜的清军将领一边将事情通报李鸿章，一边自作主张地开始了行动。袁世凯带领清军和亲中的朝鲜军队在三天之内击败了日军和亲日派的朝鲜军队，平定了政变，李熙又坐回了朝鲜国王的位置。

事变结束后，日本要求朝鲜赔偿战争损失。此时中国正忙于中法战争，没有时间和兵力处理朝鲜的事情，为了让事情尽快平息，只好签订条约给了日本赔偿。

清政府的步步退让让日本人的野心越来越大，日本确实也在获得了大量的赔款，此后得以飞跃式的发展。光绪十一年（1885 年）时，李鸿章被迫与日本首相伊藤博文签订了《天津条约》，承认了朝鲜是一个独立的国家，不再是清朝的藩属国。朝鲜的大事由中日两国共同管理，日本借着这个机会获得了在朝鲜驻军的权力。

光绪十五年（1889 年），因为日本的军事力量越来越强大，在国际上取得了与西方列强同样的地位。美、德、俄等国陆续与日本签订了条约，废除了与日本签订的种种不平等条约。日本这个时候已经具备了侵略中国的能力，成了发展最为迅速的资本主义国家。李鸿章和清政府没有正确地估算日本的实力，他们以为让出些小小的利益就可以满足日本。他们没想到的是日本的野心是随着实力急剧增长的，清政府送给日本那些利益早就无法满足这头恶狼的胃口了。

　　光绪二十年（1894年），朝鲜爆发了东学党起义，朝鲜向清朝求援。日本觉得清政府和总理衙门对中日爆发战争并没有什么准备，认为可以趁此机会对中国发动战争，打中国一个措手不及。于是日本天皇决定劝诱中国参与到镇压东学党起义中，借以寻找借口对中国发动战争。

　　李鸿章面对日本不断地怂恿中国向朝鲜派兵的情况，心中生出一丝疑虑，于是他询问袁世凯，试图分析出日本的目的。袁世凯报告给李鸿章的消息是日本只是对朝鲜的钱感兴趣，好像没有别的意思。李鸿章相信了袁世凯的话，决定向朝鲜派兵，代替朝鲜政府剿灭乱党，并且告诉日本己方并无恶意，镇压东学党叛乱后会马上撤军，光绪帝也对李鸿章的做法表示赞同。

　　李鸿章派兵朝鲜中了日本人的计，对于国际法规不是很熟络的清政府根本没有想到，朝鲜已经是一个拥有独立主权的国家，他们的行为已经算是武力干涉他国内政了。已经找到发动战争借口的日本马上出兵朝鲜，占据有利地形。李鸿章对日本出兵朝鲜非常不满，他派人通过日本领事馆告诉日本政府，清政府派兵去朝鲜平乱了，日本不用派那么多兵进入朝鲜，不然可能会引起争端。

　　日本拒绝了中国的要求，李鸿章只能寄希望于国际上，希望能够依靠其他列强出面调停，逼迫日本从朝鲜退兵。日本对此早有准备，对前来调停的各国许诺承认英、俄等国在华的利益为条件，换取了列强不插手中日战争的许诺，李鸿章的计划完全失败了。

无奈之下，清政府只有跟日本开战了，双方的军队在朝鲜展开对峙。这个时候淮军将领叶志超向李鸿章献了上、中、下三条计策，上策就是继续向朝鲜派遣援兵，主动出击；中策是立刻退兵，以现在的兵力是无法战胜日本军队的，不如退兵免得损失兵力；下策则是坚守绝地，等着日本人来进攻。李鸿章最终选择了中策，依然寄希望于退兵以后可以让其他各国对日本的侵略行为进行干涉，获得支持后再对日本军队发动攻击。

慈禧太后垂帘听政多年，光绪帝此时刚刚亲政，一心想要干出一番大事业，因此拒绝了李鸿章的建议，采取了叶志超的"上策"，继续往朝鲜派兵，与日本开战。两天后，光绪帝就命令李鸿章赶紧增援朝鲜。李鸿章明白叶志超所谓的"上策"其实一点都不高明，日本军队素质和装备都要高过淮军，就算增兵也未必打得过，于是他派刘铭传前往朝鲜，作为军队的总指挥。刘铭传拒绝了李鸿章的要求。时间这么一拖下来，光绪帝就生气了。于是责令李鸿章赶紧出兵，不然以延误战机论罪。

李鸿章千不愿万不愿，也只能部署军队，出兵朝鲜了。他从旅顺、天津等基地抽调了一万四千多名士兵，从鸭绿江进军平壤，又调了两千多人从水路进军牙山，并且派北洋舰队中的济远、广乙、威远三艘战舰护航。7月25日，从水路前进的部队遭到了日本建军的偷袭，运兵船被击沉。28日，日本陆军偷袭牙山清军，日本的不宣而战让清军完全没有准备，被打得落花流水。8月1日，光绪帝正式对日本宣战，甲午战争全面爆发了。

甲午战争是处在一个不平等的地位开始的，日本以有心算无心人，清政府劣势很大。清政府制定的战略方针主要是海上负责防守日本的进攻，而把陆军作为击破日军的矛头。就这个方针的指导下，清政府要先派陆军去朝鲜，然后南下将日军赶出朝鲜。海军则主要是防御朝鲜海口，保证京城的安全。日军很快就洞悉了清军的计划，于是日军加派了大量军力在朝鲜，想要占领朝鲜全境，然后在图谋中国领土。海上只要派出舰队不停地骚扰威海、旅顺，逼迫北洋舰队回防。

·李鸿章因为担心与日本舰队作战损失大量的战舰，告诉丁汝昌以保全舰船、击败敌人为主要目标，不要跟日本人拼命。在这样的思想指导下，丁汝昌有几次追击日本人的机会，最后都放弃了。光绪帝对丁汝昌的不作为很不满意，在 8 月 26 日将丁汝昌革职。李鸿章向皇帝提出了他"保船制敌"的方针，为丁汝昌辩护。光绪帝被李鸿章说服了，此后"保船制敌"就成了北洋海军在战争中采取的主要方针。因为这一方针，北洋海军的防线急剧收缩，朝鲜的主要海口都落入了日本人的手中，日军向朝鲜增援变得非常容易。

9 月 15 日，日军对平壤发动总攻，清军无力抵抗，只能全线撤退，将朝鲜拱手让给了日本。9 月 17 日，11 艘护送着中国士兵回国的北洋水师舰船遇到了 12 艘美国海军的军舰。在双方接近到大炮射程的时候，12 艘军舰悬挂的美国国旗突然变成了日本旗，并且对北洋水帅的舰队发动了攻击。双方在海上大战 5 个小时，北洋水师损失惨重，5 艘战舰被击沉，6 艘被击伤，官兵死伤人数多达 1000 多人。日本舰队也是惨胜，有 5 艘战舰受到重创，死伤士兵有 600 余人。这场战役就是著名的"黄海战役"。

清军在陆上被日军赶出了朝鲜，在海上北洋水师又几乎被打的全军覆没，在这种危难的时候，朝廷中大部分的官员都倾向于跟日本和解。慈禧太后命令户部尚书翁同龢与李鸿章共同解决问题，在慈禧太后的要求下，李鸿章只能请求在天津海关工作的英籍德国人德璀琳前往日本议和。得理不饶人的日本根本没有议和的打算，德璀琳连日本首相伊藤博文的面都没见到，就回了中国。在日军的猛攻之下，李鸿章再次请求德璀琳，希望他能够说服美、德等西方列强的大使，让他们出面调停。在这段时间里，日军连续打下了多座城市，向着旅顺进军了。

旅顺是渤海的门户，绝对不能轻易丢失。清军在旅顺进行了顽强的抵抗，最终还是没有守住旅顺。日军攻入旅顺后，对旅顺的人民进行了惨无人道的大屠杀。负责旅顺船坞工程的淮军将领龚照没有抵抗就逃跑了，这让以亲手创建淮军为荣的李鸿章深受打击。

打下旅顺后，日军就开始向着与旅顺隔海相望的威海卫进军。日军已经占领了旅顺，如果再占领威海卫，那么整个渤海就全部在日军的掌控之下了。李鸿章一改往日"保船制敌"的策略，命令丁汝昌誓死保卫威海卫。

虽然日军打了胜仗，但是长期的作战同样让日军疲惫不堪，此时日本觉得已经占到了便宜，于是开始试探清政府的态度，看看清政府的底线究竟在哪里。日本政府先是对清政府提出了议和的条件，清政府要赔偿日本军费四亿两白银，并且日军占领的地方都要割让给日本。清政府此时急于求和，并且认为还有讨价还价的余地，于是派邵友濂和张荫桓作为代表到日本谈判。

看着自己提出了如此苛刻的条件，清政府还是愿意谈判，日本看透了清政府的无能，觉得可以继续进攻，以获得更大的利益。于是日本政府命令军队打过鸭绿江，入侵辽宁，从而牵制清军的主力，这样就有利于日本海军在辽东半岛登陆了。清军果然中计，在 1894 年 10 月底，日本陆军第一军已经跨过了鸭绿江，第二军也在舰队的掩护下顺利地在大连的花园口登陆了。面对四散溃逃的大连守军，日本不费吹灰之力就全面占领了大连。到了 11 月 22 日，辽东半岛大部分地区都已经落入了日本人的手中。

旅顺、大连等海口已经被日军占领，随后日军开始进攻渤海的最后一道防线——威海卫。威海卫的海上防御力量非常坚固，日军久攻不下，于是就计划从陆上绕过威海卫的海上防线，从后方夺取威海卫。贪生怕死的光绪帝和慈禧太后见辽东半岛已经被攻下，北京城受到了威胁，于是将大部分兵力用于防守北京城的北方门户——辽沈地区。

日本政府也没想过要直接攻破北京城，他们希望的是可以从山东半岛的荣成湾登陆，然后从后方直取威海卫。山东半岛的防守部队只有不到两万人，荣成湾只有 1400 人驻守。清政府此时早就将战略方针更改为全面防守，因此舰队不得驶出海口，主要是作为炮台进行防御。失去了机动性的战舰成了日本海军最好的靶子，还没有发挥出应有的战斗力就被日军击沉了。于是在 1895 年 2 月 2 日，威海卫也落入了日军的手中。

丁汝昌之前因为坚决执行李鸿章"保船制敌"的方针，被朝中百官说是贪生怕死。所以在刘公岛保卫战中，丁汝昌起了死志。上船之前丁汝昌就携带了大量的鸦片，准备在不能战死的情况下服毒自杀。在刘公岛保卫战中，北洋舰队全面溃败，为了不让战舰落入日本人手中，丁汝昌炸沉了靖远舰，又炸毁了定远舰，最后丁汝昌示意手下可以向日军投降保住性命，然后就吞下鸦片自尽了。北洋水师剩余的十几艘战舰统统落入了日本人的手中，李鸿章耗尽心血创建的北洋水师就这样宣告全军覆没。

甲午战争失败后，朝廷中对李鸿章骂声一片，李鸿章也被革职留任，并且光绪帝收回了御赐的黄马褂。

北洋水师全军覆没，清政府担心北京会被日军攻破，因此更加紧迫地要与日本展开和谈。日本方面对于清政府派出的使者不屑一顾，点名要求李鸿章到日本谈判。最后清政府还是要依靠李鸿章来谈判，只好让他官复原职，并且将黄马褂归还，并且授予他全权处理谈判事务的权力。

1895 年 3 月 20 日，李鸿章到达马关。清政府发电报告诉李鸿章，赔偿的底线是两亿两白银。日方的情报部门将此密电截获，通知了负责谈判的日本首相伊藤博文，让伊藤博文在这次谈判中占据了有利地位。

3 月 21 日，首次谈判开始了。伊藤博文提出了日军占领的大沽、天津、山海关一线割让给日本，当地驻扎的清军离开时要将武器和粮食交给日本军队，另外还要补偿日本在停战期间的军费。如果清政府将大沽、天津、山海关割让给日本，那么日军将毫无阻碍地直逼北京城，所以这些条件是无论如何都不能答应的。伊藤博文也知道清政府不会答应，这样他就可以继续发动战争。谈判期间伊藤博文已经派出舰队向台湾进发，妄图先占领台湾，然后在谈判桌上获得更大的利益。

谈判桌上几天的唇枪舌剑没有取得任何进展，李鸿章觉得心力交瘁。就在他走出谈判场所，回到自己行馆的时候，一名日本男子从人群中冲了出来，对着李鸿章开了一枪。子弹打在了李鸿章的左脸上，李鸿章当场就晕了过去。

这名刺客名叫小山，是一名极端的战争分子。他不希望看见和谈的进行，所以前来行刺李鸿章。李鸿章经过医生的抢救，醒了过来。不过因为子弹卡在左眼下的骨缝中，医生也不敢将子弹取出。

李鸿章遇刺的消息为谈判带来了转机，国际舆论纷纷谴责日本。日本担心西方列强会插手此事，只好赶紧更改了条件，宣布停战。李鸿章带着伤继续谈判，日方将条件更改为割让辽东、台湾、澎湖等地，并且要赔偿军费三亿两白银。李鸿章向朝廷请示，朝廷发回的电报也没给李鸿章准确的消息，只是让他酌情处理。李鸿章明白，要是赔偿太多，让朝廷不满意，这个黑锅还是要自己来背。于是李鸿章在谈判桌上使出浑身解数，希望能够少赔偿些，甚至数次在谈判当场老泪纵横。伊藤博文丝毫不肯让步，并且威胁李鸿章，如果不赶快答应日本的条件，日军将扩大作战范围。

1895 年 4 月 17 日，李鸿章与日本签订了《马关条约》，条约中将辽东半岛和澎湖列岛割让给了日本，并且赔偿日本军费两亿两白银。李鸿章脸上的一颗子弹，为清政府省下了一亿两白银，并且消除了日本再次侵华的危机，这颗子弹几乎陪伴了他度过了剩下所有的日子。

李鸿章为清政府鞠躬尽瘁，但是朝廷中的文武百官却骂他是个卖国贼。幸好军机大臣们还是有脑子的，他们集体上了封奏折给光绪帝，说甲午战争的失利不是李鸿章一个人的错，中国的国力不强才是主要原因。

就在全国上下都在对李鸿章口诛笔伐的时候，俄国突然为清政府带来了一个好消息，说愿意为清政府从日本手中拿回辽东半岛，清政府上下欣喜不已。但是哪里有天上掉馅饼的好事？这只不过是俄国的一个阴谋而已。

第三章
鞠躬尽瘁，死而后已

对外战争的数次失利，让清政府变成了西方列强和日本都要捏上一把的软柿子，在欧美经过一番游历的李鸿章思想上起了很大的变化，就当他想要回国一展拳脚的时候，却被皇帝按在了冷板凳上。他冷眼旁观维新变法的进行，明知道一定要失败，却不能说什么，只能最后给予变法人士一些庇护。

庚子之变，让已经走到了人生的尽头的李鸿章不得不再次从冷板凳上站起来，充当大清的消防队员。他签订了《辛丑条约》，时隔不久，便撒手人寰。

周旋列强之间

俄国要帮清政府要回辽东半岛，让清政府上下产生了俄国可以成为一个有力盟友的错觉。俄国其实也是包藏着祸心的，他们一直觊觎中国的东北。在 19 世纪 90 年代初，俄国就开始修建西伯利亚大铁路，这条铁路西起莫斯科，东到海参崴，俄国企图利用这条铁路取得在远东的话语权，从而比其他欧洲国家获得更多的利益。

1895 年，俄国开始私自派人到东北勘测线路，企图在中国东北修建铁路。俄国希望能够避开欧洲其他国家的耳目，与清政府秘密谈判，达成在东北修建铁路的目的。此时俄国沙皇尼古拉二世即将举行加冕仪式，各国都要派出代表前往俄国首都彼得堡祝贺，这个时候就是秘密谈判的最佳时机。

清政府外交第一人李鸿章当然是秘密谈判的最佳代表，于是在 1896 年 2 月，李鸿章代表清政府出使俄国，他身上除了秘密谈判外，还肩负了其他的任务。慈禧太后觉得既然要前往俄国，不如趁机在欧美游历一番，跟西方列强联络一下感情，并且进行一番考察，看看有没有可以加强大清国力的办法。

1896 年 3 月 28 日，已经 74 岁高龄的李鸿章带着两个儿子从上海出发，开始了他的外交之旅。1896 年 4 月 27 日，李鸿章到达了俄国港口城市敖德萨，30 日乘坐火车到达彼得堡。俄国为了这次谈判可谓是煞费苦心，为了让李鸿章有宾至如归的感觉，他们将李鸿章所下榻的地方布置的与中国一模一样，并且沙皇还告诫俄方的谈判代表财务大臣维特，与李鸿章谈判的时候要遵照中国的礼仪。

李鸿章与维特的谈判很快就展开了，俄方的说法是向中国借地修路，给清政府开出了支持中国领土完整的条件。李鸿章觉得俄国在东北修路的做法本身就侵犯了中国的主权，而且借地修路这件事情如果开了先河，西方列强纷纷效仿的话，那么大清朝就会国将不国。维特是个聪明的谈判家，他发现李鸿章虽然没有答应他的意见，但是态度不是很坚决，如果俄方拿出足够的筹码，李鸿章还是会答应借地修路的事情。

5月7日，沙皇秘密接见了李鸿章，开出了更高的加码，包括俄国不会侵占中国领土，如果其他列强想要侵犯中国，俄国愿意做中国最坚强的后盾。李鸿章将俄国开出的加码电报给总理衙门，李鸿章认为沙皇要比维特厚道得多，开出的条件是可以接受的。而且沙皇也是皇帝，说出来的就是金口玉言，不用担心俄方会反悔。

5月8日开始，李鸿章继续与维特谈判，俄方开出的条件变更为：如果中国出事，俄国将无条件给予援助，来换取东北的铁路修筑权。而李鸿章希望以两国互相帮助为条件，换取由清政府自己修建这条通往俄国铁路的权力。

在长达一个月的谈判中，李鸿章步步退让，最后双方签订了《中俄密约》。密约内容是中国与日本或日本的同盟国发生战争时，俄国要为中国提供粮食和军火，中国同意俄国修筑一条从东北连接西伯利亚大铁路的铁路，并且不管是战争时期还是和平时期，俄国可以随意通过这条铁路运送士兵和军需物资。到了签字的当天，维特和沙皇商议，觉得条约上"日本同盟国"的字样会引来欧洲其他国家的敌视，于是删去了这几个字。签约时李鸿章并没有发现，就这样不明不白地签订了改动后的密约。

1896年6月11日，李鸿章离开俄国开始了出访欧美的旅程。一行人先是到达的德国，李鸿章在德国受到了热烈的欢迎。李鸿章与德国外长马歇尔进行了会谈，并且代表清政府感谢德国皇帝威廉二世命令德国干涉日本归还辽东的事宜。此后李鸿章还参观了德国的军队，德国军队精良的武器让李鸿章十分羡慕。之后李鸿章还会见了德国前任的"铁血首相"俾斯麦，李鸿章因为他强硬的作风被称为"东方俾斯麦"，两个俾斯麦见面以后生出一种相见恨晚的感觉。当时德国刚刚研制出了 X 光机，当俾斯麦听说李鸿章左脸中还留有一颗子弹的时候，希望能用这台 X 光机帮李鸿章取出子弹，于是李鸿章就成了中国第一个照 X 光的人。虽然当时德国已经具备了取出这颗子弹的医疗技术，但是李鸿章年事已高，不适合动这种手术，最后这颗子弹还是留在了李鸿章的脸颊里。

7 月 5 日，李鸿章来到了荷兰首都海牙，作为海上强国的荷兰并没有吸引李鸿章的注意，三天后李鸿章就离开了荷兰，前往比利时的首都布鲁塞尔。在比利时，李鸿章拜见了比利时的国王里奥波尔德二世，并且参观了比利时的军事演习和军工厂。因为李鸿章觉得比利时的大炮比较先进，所以非常喜爱。兵工厂的厂长看见李鸿章临走时对大炮恋恋不舍的样子，主动提出赠送一门大炮给李鸿章，并且派人将这门大炮送往了北京。

之后，李鸿章又先后参观了法国和英国，在法国着重参观了报社、博物馆、学校和矿场，这些东西让李鸿章大开眼界。而在英国，李鸿章着重地了解了英国的议会制度，亲自与上、下议员的议员们进行了交谈。李鸿章又参观了英国的造船厂、军工厂和银行。英国的先进科学技术给李鸿章留下了深刻的印象。

欧洲之旅结束后，李鸿章开始了美洲之旅。他先后到达了美国和温哥华，在那里，他受到了热烈的欢迎。但是在美国的时候，因为李鸿章的黄马褂还闹出了不小的笑话。美国媒体当时对中国的了解很少，只知道黄色是皇室的象征。那么李鸿章身穿黄马褂出行，又听说他是中国最高的代表人物，开放的美国人就以为慈禧太后已经嫁给了李鸿章，李鸿章已经是皇室成员了。第二天美国有影响力的报纸纷纷对李鸿章和慈禧太后之间的绯闻进行了各种猜测，李鸿章吓坏了，从此再也不敢穿黄马褂出门了。

10月3日，李鸿章结束了欧美之旅，回到了天津。这次访问对于当时的中国有着重要的意义，李鸿章本人也在游历当中获益匪浅。旅行归来的李鸿章思想发生了巨大的改变，西方先进的科学技术、政治经济、军事文化等方面都给了他很大的冲击。李鸿章希望中国能够富强起来，能够变得向西方列强一样先进，因此他开始对资产阶级产生好感。但是李鸿章此次出行签订的《中俄密约》严重破坏了中国的主权，并且为日后列强在中国建立势力范围埋下了伏笔。

回国后，李鸿章因为思想上的改变，一心想要励精图治，让清朝向西方国家一样富强。内心自居大清第一能臣的他万万没有想到，回国以后迎接他的将会是搁置与轻视。

风雨飘摇老臣心

1896年，李鸿章结束了欧美的访问。回国以后李鸿章一心想要回到直隶总督的位置上，为大清贡献自己的力量。正在他准备大展拳脚的时候，一件小事让李鸿章发现自己已经不是被清政府最为倚仗的那个能臣了。

李鸿章回到北京的第二天就进宫向光绪帝和慈禧太后汇报出访的见闻，汇报结束出宫时，路过了被英法联军烧毁后正在重建的圆明园。圆明园的重建工程深受光绪帝和慈禧太后的重视，每隔几天他们都要来视察重建工程，所以圆明园也被列为禁区。李鸿章刚刚从国外回来，并不知道有这个禁令，所以他进入圆明园以后被光绪帝以擅入禁地的罪名罚去了一年的薪俸。事情虽然不大，但是李鸿章明白这不是一个朝廷重臣应受的待遇，他已经失势了。从此，他韬光养晦，过起了赋闲的生活。

1897 年，俄国和德国勾结，强行租借了山东胶州湾。英法等国家得知原来侵略中国还有这种方法，纷纷效尤，在中国谋求利益，租借土地。光绪帝迁怒于李鸿章，几乎革去了他除了文华殿大学士之外的所有职务。

胶州湾被德国强行租借以后，德国士兵在山东的活动日渐增多。一群德国士兵闲逛的时候路过一间孔庙，他们进去肆意破坏孔子的雕像。这件事情引起了以儒家思想为指导思想的中国知识分子的愤怒。梁启超和康有为非常气愤，发表了一篇名为《圣像被毁，圣教可忧，乞饬驻使责问德廷，严办以保圣教呈》的文章，并且大量印刷分发给其他的人。康有为和梁启超的宣传得到了社会的一致肯定，官员们纷纷上书朝廷，要求朝廷严肃处理此事，还有许多官员要求光绪帝进行变法。光绪帝自从亲政以后还没做出任何成绩，面对朝臣们纷纷上书要求变法，光绪帝似乎找到了名垂青史的捷径。

康有为上书光绪帝，详细说明了变法如何进行和变法会带来的好处。光绪帝则迫不及待地将变法的事情告诉给了慈禧太后，慈禧太后也同意了。光绪帝此时雄心万丈，觉得大清的富强似乎就在眼前。1898年6月11日，光绪帝正式发布诏书，宣布清朝变法开始。变法6天后，光绪帝召见了康有为，与康有为进行了一番长谈。康有为慷慨陈词，为光绪帝描绘出一幅变法后的美好画卷。

　　李鸿章冷眼旁观着这一切的发生，凭着他阅人无数的经验和对传统中国知识分子的了解，他看出了康有为不过是个想法天真、才能有限的人。参与变法的知识分子没有从政经验，也没有什么计划谋略，不具备政治斗争的手腕，更不懂得什么时候该前进、什么时候该妥协。光绪皇帝本人也是一个意志薄弱、才疏学浅、浮躁虚荣的人。所以光绪皇帝想要依靠这些只会纸上谈兵的书生进行维新变法，根本不可能成功。

　　不出李鸿章的所料，没过多久光绪皇帝就罢黜老臣，任用维新派的人。那些被罢黜的老臣纷纷跑到慈禧太后面前哭诉。李鸿章自从甲午战争失败后一直让光绪帝看不顺眼，所以早就赋闲在家的他再次被革去了总署大臣的职务。李鸿章压根没把这事放在心上，反正他早就赋闲在家了。

　　维新派提出的美好意见毕竟是建立在想象的基础上，真正实施起来极其困难，官员的任意任免造成了北京政局的混乱。随后，光绪帝接见了前来访华的日本前首相伊藤博文，希望能够聘请伊藤博文作为维新变法的顾问，并且还召见了驻扎在天津的新军将领袁世凯。

　　原本政局混乱就让慈禧太后感觉到地位受到了威胁，现在光绪帝更是召见了手中握有兵权、随时可以动摇清朝统治的袁世凯。慈禧太后再也不能容忍了，在 1898 年 9 月，慈禧太后发动宫廷政变，将光绪帝软禁在中南海的瀛台，并且派人抓捕梁启超和康有为。梁启超和康有为见到大事不妙乘机脱身了。谭嗣同、康广仁、林旭、杨深秀、杨锐、刘光第这六人没有逃走，想用自己的鲜血唤醒百姓的变法意识，于是在菜市口被斩首了，史称戊戌六君子。

李鸿章认为大清是需要变法的，只是康有为和梁启超根本不能让变法成功。虽然他没有参与光绪帝的变法行动，也没有参与慈禧太后的政变，但是出于对变法的认可和对维新派的同情，他暗中保护了许多被搜捕的维新人士。在康有为和梁启超流亡国外的时候，李鸿章还给他们写了一封信，信中李鸿章称赞了二人为国效力的忠心，希望二人可以继续研究西方的文化，提高自身的素质。将来有一天有机会再次改革的时候，一定会重用二人。李鸿章虽然觉得康、梁二人此时难成大器，但是依然相信二人精进自己的水平以后还是可堪大用的。

戊戌变法失败以后，慈禧太后打算废掉光绪皇帝。不过慈禧太后担心西方列强会横加干涉，所以想要李鸿章帮忙打听一下洋人的态度。李鸿章已经赋闲多日，早有东山再起之心，这件事情就是最好的机会。于是他告诉慈禧太后，只要自己被任命为两广总督，各国的大使就会前来祝贺，这样就可以趁机打探消息了。慈禧太后清洗掉了朝中的维新派，此时正值用人之际，就同意了任命李鸿章为两广总督。

在李鸿章就职的时候，各国公使果然前来祝贺。李鸿章也是趁机完成了慈禧太后交代的任务。各国公使的意见十分一致，那就是绝不承认光绪帝之外的皇帝。

1900 年 6 月，八国联军攻陷了北方海岸的门户大沽炮台，三天后又占领了天津，紧接着八国联军浩浩荡荡地朝着北京城进发了。慈禧太后对此感到非常害怕，6 月 21 日，清政府宣布与各国宣战，并且电报各省总督，命他们派兵前来京城消灭洋人。

　　时任两广总督的李鸿章也接到了要求北上勤王的电报，面对这封电报，李鸿章想了很多。首先他知道就算倾整个中国之力，怕是也无法抗衡西方列强，如果真的北上勤王，激怒了西方列强，那么大清可能真的有亡国之灾。如果不去勤王，虽然抗旨是大罪，但是集中兵力保证中国南方不会发生动乱，至少可以保住大清的半壁江山。于是，李鸿章回复朝廷的电报只有八个字："此乱命也，粤不奉召。"时任两江总督的湘军旧将刘坤一和时任湖广总督的洋务派张之洞都唯李鸿章马首是瞻，知道李鸿章不去勤王后，也做出了同样的决定。

　　清政府同时向十一个国家宣战，依靠的只有战斗力微弱的朝廷军队和连军队都算不上的义和团。对于捕杀洋人，朝廷开出了重赏，杀一个男人就赏白银五十两，杀一个女人赏四十两，杀一个小孩赏三十两。

　　重赏之下，必有勇夫，各国的使馆在义和团和朝廷军队眼中就成了长满银子的摇钱树。各国使馆中的平民和士兵加起来也不少，足足有三千多人。他们一边组织抵抗，一边等待着各国派出援军解救。

　　7 月 14 日，来自日本、美国、奥匈帝国、英国、法国、德国、意大利还有俄国的四万五千名士兵组成联军赶来支援，直隶总督裕禄兵败自杀。清政府此时仍不打算放弃，因为义和团和清军多达十五万人，主张议和的大臣许景澄和袁昶被处死。一个月后，十五万的义和团和政府军被八国联军击败。8 月 16 日，八国联军全面占领了北京城。慈禧太后、皇室成员和许多大臣逃出北京城，逃往西安。

德国的军队比其他国家要晚两个月到，在德国皇帝的强烈要求下，德军将领瓦德西成了八国联军的领袖，并且带领着联军士兵在北京城内烧杀抢掠。在清政府全面出逃的情况下，俄国也开始了趁火打劫。俄国沙皇除了联军的士兵外，还派出了二十万大军占领了中国东北，吉林、沈阳等地都成了俄国的囊中之物。

慈禧在逃往西安的途中，下令官兵调转枪口，剿灭义和团，并且将围攻使馆的罪责全部推到了义和团身上。义和团就这样被中外实力联合剿杀了，轰轰烈烈的义和团运动宣告失败。面对北京城被占领的情况，慈禧太后又想到了跟洋人打了多年交道的李鸿章。她发布诏令重新任命李鸿章为直隶总督兼北洋大臣，并且作为全权特使和各国进行谈判。

李鸿章已经调任为直隶总督了，这事总不能再不管了。就这样，大清的消防员李鸿章在 1900 年 7 月 17 日以 77 岁的高龄再次出山。

9 月 29 日，李鸿章到达了天津，回到自己生活了 25 年的直隶衙门，他心中感慨万千。天津遭到了八国联军毁灭性的破坏，放眼望去，满目疮痍。

11 月初，李鸿章开始与联军进行谈判。联军表示，想要议和，那么首先要做到以下六件事情：一、严惩义和团的领导人和围攻使馆的决策人。二、禁止中国购买军火。三、防御大清海路门户的大沽炮台要拆除。四、各国要自己保护使馆，在使馆驻扎卫兵。五、清政府要付大量的战争赔款。六、天津和大沽之间，距离北京城很近的地方要驻扎各国士兵。

这六件事情毋庸置疑严重侵害了中国主权，李鸿章无论如何也不能答应。但是如果他不答应，各国就不会退兵，太后和皇帝就只能流亡在外。李鸿章很矛盾、很挣扎，也很难过，在返回住所以后，他就一病不起。

原本打算狮子大开口然后再和李鸿章讨价还价的各国终于沉不住气了，万一李鸿章死了，那么还有谁敢来谈判呢？各国之间只有俄国与中国接壤，其他各国总不能长期耗在这里，于是各国纷纷露出自己的獠牙，提出了自己的要求。其中俄国的野心最大，想要占领中国的东北三省。德国、日本、意大利、法国也想要瓜分中国的土地。只有英国和美国是以对中国的贸易为主，瓜分中国对他们没有好处，无异于杀鸡取卵，所以坚决反对各国瓜分中国土地的要求。最终，各国商议的结果是既要钱，又要给中国一个教训，让中国每个人都出一两银子，共计四亿五千万两白银，分为 39 年还清，连本带利中国一共要还九亿八千万两白银，以中国的关税和盐税作为担保。

议和条件一公开，南方的总督们就坐不住了，这么巨大的数额，可以说是在今后的几十年中大清的钱财都是别人的。这些封疆大吏们联合起来，以张之洞为首，告诉李鸿章不能同意这种条约。李鸿章也不想签这份条约，但是数万联军还驻扎在北京城，如果他们再度开战要怎么办？难道真的因为这些银子放弃大清的半壁江山？好不容易才争取来和谈的机会，难道要因为争一时的口舌之快让谈判破裂，让大清再次生灵涂炭？

李鸿章此时已经卧床不起了，他没有精力再与八国联军周旋，也没有力气在像当年一样痛骂狮子大开口的各国公使了。他只能致电慈禧，希望慈禧太后能以国家社稷为重，当机立断地签了这份条约。慈禧太后仔细地看了条约中的款项，发现鼓动义和团杀洋人的她并没有成为罪魁祸首，自己可以赶紧回京城重掌大权了，所以就同意了条约的签订。

谈判历时九个月，期间李鸿章数次吐血，医生也诊断说李鸿章已经命不久矣。最终，在 1901 年 9 月 7 日，李鸿章代表清政府和 11 个国家在北京签订了中国近代史上赔偿金额最大、最为丧权辱国的《辛丑条约》。

条约签订后，联军表示要确定第一批赔款的数目和看见清政府处理攻击使馆的祸首才肯撤军，这些祸首就是义和团的领袖和领导清朝官兵的皇室成员。李鸿章怎么能让那些皇亲国戚被就地正法，于是又同洋人展开了谈判。最终李鸿章保住了皇亲国戚们的命，但是他却已经没有精力再与洋人在赔款的事情上扯皮了，此时的李鸿章已经心力耗尽，奄奄一息了。

11 月 7 日，李鸿章在全国人民的唾骂声中离开了人世。慈禧太后接到李鸿章去世的消息，瞬间眼泪就涌出了眼眶，她明白清朝此时大局未定，却再也没有人能为她分担了。为了表彰李鸿章的功绩，李鸿章在死后被追封为一等侯，加官太傅，并且享受国史馆为他立传的待遇。

图书在版编目(CIP)数据

帝国的智囊团. 大清名相 / 古岳著. —北京：
中国华侨出版社, 2015.11 （2021.2重印）

ISBN 978-7-5113-5816-5

Ⅰ.①帝… Ⅱ.①古… Ⅲ.①政治家-列传-中国-清代
Ⅳ.①K827=2

中国版本图书馆 CIP 数据核字(2015)第285828号

帝国的智囊团. 大清名相

著　　者 / 古　岳
责任编辑 / 严晓慧
责任校对 / 高晓华
经　　销 / 新华书店
开　　本 / 670毫米×960毫米　1/16　印张/19　字数/280千字
印　　刷 / 三河市嵩川印刷有限公司
版　　次 / 2016年2月第1版　2021年2月第2次印刷
书　　号 / ISBN 978-7-5113-5816-5
定　　价 / 48.00元

中国华侨出版社　北京市朝阳区静安里26号通成达大厦3层　邮编:100028
法律顾问:陈鹰律师事务所
编辑部:(010)64443056　　64443979
发行部:(010)64443051　　传真:(010)64439708
网址:www.oveaschin.com
E-mail:oveaschin@sina.com